戦時期の労働と生活

法政大学大原社会問題研究所／榎 一江
［編著］

法政大学出版局

戦時期の労働と生活◉目次

戦時期の労働と生活

序章　戦時期の労働と生活をめぐって

榎一江

はじめに

本書は、戦争によって人々が平時とは異なる非常時の生活を送った時代を対象とする。一九四五年の敗戦に至る戦時期は、一般には、一九三一年の「満州事変」、一九三七年からの「日中戦争」、一九四一年からの「太平洋戦争」を通して「十五年戦争」と呼ばれる時期を指す。それは、戦争が日常であった時代といえる。(1) とはいえ、人々の生活は開戦と同時に激変したわけではない。とりわけ生活という日々の営みは、開戦後も継続しつつ総力戦を支えていたのである。(2)

戦時期の断絶／連続については、大いに議論されてきた。しかし、近年では「貫戦《トランス・ウォー》」という概念で、一九三〇年代から一九五〇年代にかけての戦争と復興の時代をとらえる試みがみられる。たとえば、アンドルー・ゴードンは「貫戦期の生活史」という問題を設定し、消費と娯楽の領域においても戦前・戦時・戦後を貫いたプロセスを理解することの重要性を指摘している。(3) 戦時期の「労働と生活」に焦点を当てる本書も、その前後の時期を視野に入れ、この時代を貫く構造的な変化をとらえたいと考えている。

ところで、敗戦までの日本において、「労働」は端的には「肉体労働」を指していた。「労働者」はブルーカラーを意味し、事務職員や技術者は「職員」「社員」等と呼ばれていたし、「労働条件」はブルーカラーの働く条件で、事務職員や技術者の場合は「待遇」と呼ばれていた。「労働時間」はブルーカラーの働く時間で、事務職員や技術者の働く時間は「執務時間」と呼ばれ、「労働市場」は「肉体労働者の集まる場所、職業紹介所」を指していた。(4)

武田晴人は、「労働」という言葉が近代になって作られた言葉であり、輸入学問、とりわけ経済学においてlabourの訳語として世紀転換期に定着し、「骨折ってはたらく」ことを意味するものとなったことを跡付けた。例えば、一八八四年に刊行されたアダム・スミス『富国論』経済雑誌社版でそれは「勤労」と表現されており、訳語が定まっていなかった時代には「力作」「労力」といった言葉があてられていたという。近世まで主に「はたらく」意味でつかわれた「労動」と異なる用語があてられたのは、その意味の違いを訳者らが感じ取っていたからであろう。国字としての「働」がつくられてようやく「労働」が定着したという。(5)

この歴史の浅い「労働」が輸入学問や労働者の運動において盛んに使われたのに対し、政府が多用したのは「勤労」であった。これは、総力戦において、西洋からの輸入概念である「労働」ではなく、日本的な概念としての「勤労」を中軸に置いた生産体制が意図されていたことを示している。戦時体制とともに「労働」の使用は一般にも避けられるようになり、国家への奉仕といった意味が付与された「勤労」一色となったが、敗戦後の労働運動の興隆とともに「労働」の使用が復活し、「肉体労働」のみならず「精神労働」をも含む広い用法が定着した。一方、「勤労」は法律用語や政府統計として残っているものの、戦時色の強い言葉として認識され、現在に至っているのである。

その意味で本書の特徴は、後述の「勤労」イデオロギーをめぐる議論に包摂された「戦時期の労働と生活」に焦点を当てる点にある。これは、産業報国会の研究を端緒とする本書の成り立ちによるところが大きい。本書は、法政大学大原社会問題研究所の「社会問題史研究会」メンバーを中心に取り組んできた科研費プロジェクト「戦時期の労働と生活をめぐる基礎的研究」（基盤研究C、平成二四〜二七年度、代表榎一江）をもとにしている。この「社会問題史研究会」は、「協調会研究会」を引き継ぎ、研究所所蔵資料を利用した歴史研究を推進するために結成された。この科研費プロジェクトでは、産業報国会関係資料（桜林資料）の再整理を行い、国際比較を含む戦時労働組織の研究を進めてきた。また、産業報国会の下部組織となった労働科学研究所旧蔵資料（約二八〇箱）も受贈し、整理・分析を進めている。こうした産業報国会をめぐる研究プロジェクトの成果をさらに発展させ、広く「戦時期の労働と生活」をテーマとする自由な討議を行うため、経済史のみならず、政治史、法制史、女性史など様々な分野の研究者を新たに迎え、本書が企画されたのである。

以下、本書の端緒となった二つの研究所所蔵資料とその研究の可能性について簡単に紹介したうえで、本書の構成を示しておこう。

一　戦時期研究に関する所蔵資料

1　産業報国会関係資料

産業報国会関係資料は、桜林誠より法政大学大原社会問題研究所に寄贈された資料群である。[6] 産業報国会とは、一九三八年に「産業報国連盟」の発足を以てスタートした産業報国運動のもと、全国の企業・事業所単位で会社役員・職員・労働者の全員加盟組織としてつくられた組織である。これにより、労働組合など既存の労働組織は解散して産業報国会に再編されていき、一九四一年には八万五千以上の団体に五四七万人が参加し、ほぼ全国の工場・事業場を網羅するものとなっていた。そして、一九四五年八月の敗戦を経て、労働組合に再編成されていったのである。このように、産業報国会が存在したのは一〇年にも満たなかったが、研究蓄積は多い。従来、否定的にとらえられていたこの組織について、大河内一男は、事業所ごとに全員加入の従業員組織がつくられ、例外なく全国的にその網の目が張りめぐらされた事実を重要視し、戦後の企業別組合との接続を示唆した。[7] 以後、戦後の企業別組合との連続／断絶の諸相が産業報国会をめぐる一つの重要な論点となり、研究が蓄積された。その一つの到達点は、佐口和郎『日本における産業民主主義の前提――労使懇談制度から産業報国会へ』（東京大学出版会、一九九一年）であろう。ここでは、産報政策の展開過程が「勤労」イデオロギーを軸に分析される。産報政策には、総力戦を遂行する上で労働者の自発的協力を調達しなければならないという目的のもと、日々の労働に国家への奉仕＝「勤労」という半ば公的な性格を持たせ、それへの労働者の能動的なかかわりを促すという意図があった。さらに、再編産報のイデオロギーは原則と不可分となり、労働者は「勤労」をなす限りにおいて他と差別されない国民＝「勤労者」として認められ、生活の恒常性を保障される存在として位置づけられることになった。それは、「家族手当」として具現化し、労働者自身にも一定のリアリティをもって受け入れられたとする。ただし、この研究は、政策から抽出したイデオロギーを軸に論じられ、それが労働者にどう受け入れられたのかという点については、若干の事例を傍証としているに過ぎない。これに対し、近年では産業報国会の活動をとおして労働者の日常がどのように調整・再編されたかという問題領域の解明が進みつつある。具体的には、産業報国運動の生活統制や「勤労文化」に着目する研究が進んでいる。(8) 産業報国会関係資料は、こうした新しい研究動向をさらに発展させる可能性のある資料といえよう。

2　労働科学研究所旧蔵資料

産業報国会の研究が進展しているとはいえ、その多くは中央本部の活動に限定した議論であり、その下部組織に関するものは多くない。その一つとして、われわれが注目したのは労働科学研究所であった。

労働科学研究所は、大原社会問題研究所の研究員であった暉峻義等が所長となり、一九二一年に設立された倉敷労働科学研究所の後身組織である。(9) 一九三六年、大原社会問題研究所と同様に大原孫三郎の手を離れた倉敷労働科学研究所は、日本学術振興会に寄託され、東京へ移転して日本労働科学研究所として再出発した。戦時下の一九四一年には、大日本産業報国会へ統合されてその下部組織となったが、敗戦後の一九四五年一一月に財団法人労働科学研究所として再建された。初代所長の暉峻義等は組織の変遷にもかかわらず、一九四八年一二月に退任するまでながく所長を務め、「労働科学」を牽引した。その後、創立五〇周年を迎えた一九七一年に川崎市へ移転した労働科学研究所は、充実した書庫を有する図書館や宿泊施設を伴う研修施設を持つ研究機関として活動を続けていたが、二〇一五年九月、公益財団法人大原記念労働科学研究所へと組織を変更するとともに、川崎市から渋谷区へと移転することになった。この移転に伴う図書館の閉鎖により、資料が失われる危険性があったため、大切に保管されてきた創立以来の貴重な資料は、その一部を他大学等が引き取ることになったのである。[10]

われわれが貴重な資料の引き受けを申し出、許可を得て搬出作業を行ったのは、二〇一五年の夏から秋にかけての時期であった。法政大学大原社会問題研究所では、主に暉峻義等関係資料と戦前を中心とする資料群を受贈し、翌二〇一六年の夏に研究所地下書庫に一部を配架することが出来たが、整理途中で公開には至っていない。したがって、当該資料を本文中で利用する場合は、「(未整理)」と注記しておくことにする。

労働科学の創立者となった暉峻は多くの役職を歴任し、多くの著作を残した。その略歴および著作目録は、暉峻義等博士追悼出版刊行会編『暉峻義等博士と労働科学』一九六七年にまとめられているが、近年、産業心理学や医学の分野以外で、この再検討が進みつつある。たとえば、裴富吉は、労働科学の生成と展開を日本経営学史における経営労務論の一源流ととらえた。[11] また、中山いづみは、労働科学が女性の体の賃労働への適応が不十分であることを「科学的」に証明することで、女性労働者の低賃金や不安定雇用を正当化したという従来の批判に対し、「二〇世紀前半の人間の労働をジェンダー的に理解するための基礎を築き、近代日本の社会・労働政策に大きな影響を与えた」と再評価した。[12] 社会政策史では、杉田菜穂が暉峻の社会衛生学に注目し、大河内一男の社会政策論と重ねてみせた。[13] このように暉峻義等や労働科学は、すでに歴史研究の対象となっており、多様な角度から再評価が進められつつある。労働科学研究所旧蔵資料は、こうした分析を行う際に欠くことのできない重要な資料といえよう。

二　本書の構成

本書の刊行は、産業報国会関係資料、労働科学研究所旧蔵資料という大原社会問題研究所所蔵資料を活用した研究の推進を目的とし、歴史研究を行う研究員を中心に企画された。幸い、専門分野の異なる意欲的な研究者に加わっていただき、より広く「戦時期の労働と生活」をテーマとする共同研究の成果としてまとめることが出来た。本書の構成は、以下のとおりである。

まず、第一部「変容する国際環境と戦時日本」は、国際社会の動向とともに戦時日本を理解する手掛かりを探る。戦争が国家間で生じる以上、国際関係の中で戦時日本をとらえることが重要であることは言うまでもない。

第一章「戦前期日本における『防共』概念の社会的意義と後景思潮」（立本紘之）は、本格的に「防共」概念が登場する一九三五年に注目し、戦時へと至る日本社会で防共概念が持ちえた意義を考察する。日本社会の思潮変容を読み解き、本書に通底する見方を提起する。

第二章「産業報国運動は手段か目的か――鮎澤巌の視点から」（松田忍）は、一般に戦争遂行のための手段とされる産業報国運動こそが戦争目的だったのではないか、との刺激的な問いを立てる。戦間期の国際労働問題から、産業報国運動における勤労概念の意味を考察する。

第三章「産業報国会とドイツ労働戦線（DAF）――成立過程の比較と日本におけるDAFに対する認識」（枡田大知彦）は、ドイツ労働戦線との比較によって日本の産業報国会の成立過程を検討する。同時代的にも類似の組織とみられてはいたが、本格的な歴史研究として分析されるのはおそらく初めてであり、ドイツ経済史の専門家ならではの論考といえる。

第二部「変容する社会と戦時政策」は、人々の生活に大きな影響を与える政策形成の場面を捉える。戦時政策として重要な意義を持つ人口政策、労働政策、厚生行政に焦点を当て、具体的な法制度ができるまでの過程に注目する。

第四章「戦時『人口政策』の水脈」（金子良事）は、従来優生思想との関連で注目されてきた「人口政策確立要項」（一九四一年一月閣議決定）について、失業対策を中心とする人口政策の系譜を見出し、国土計画との密接な関係を示唆する。

第五章「戦時期の労働科学」（榎一江）は、大日本産業報国会の中央研究機関となった労働科学研究所が行った調査研究について検討し、敗戦直後に綴られた研究員の自省記録を通して、社会科学研究の自由がなかった時代に労働科学が果たした役割を論じる。

第六章「戦時期の医師会関係議員と厚生行政――加藤鐐五郎を事例として」（手塚雄太）は、厚生行政を事例とし、戦時期の議会・政党研究に一石を投じる。愛知県・名古屋市の医師会を支持基盤とする加藤鐐五郎を事例として、衛生（医療）や生活（栄養）に関する分野を扱い、玄米食問題にも触れる。

第七章「戦時期における女性労働政策の展開――総動員体制下の健康と賃金に焦点をあてて」（堀川祐里）は、戦時工業化とともに注目された新しい女性労働をめぐる政策について検討を加え、健康に関する調査研究や賃金に関する議論がどのように進展したのかを明らかにする。

第三部「変容する社会と戦時生活」は、人々の生活領域に及んだ戦時期の政策が、どのような論理と構造を持っていたのかを問う。遵法運動、貯蓄奨励運動、国民精神総動員運動といった運動が、強制ではなく自発的な協力に委ねざるを得ない構造が描出される。

第八章「戦時期の生活と『遵法運動』」（出口雄一）は、人々の生活に大きな影響を与えた価格等統制令をはじめとする経済統制法令に対して、その遵守を促す「遵法運動」の論理に注目する。

第九章「昭和戦時期の国家財政と家計――貯蓄奨励の論理と構造」(米山忠寛)は、経済統制下の「貯蓄奨励運動」に着目し、当初の政策目標とは異なる形で旧来の生活改善運動に組み込まれるなど、社会との接点を持ちながら進む政策の具体的な展開過程を追う。

第十章「パーマネント報国と木炭パーマ――なぜ戦時中にパーマネントは広がり続けたのか」(飯田未希)は、戦時期に排除されながらも流行した女性の髪形(パーマネント)に注目し、パーマネントをめぐる攻防から国家総動員体制下における人々の重層的な関係と女性たちのしたたかな戦略を描出する。

以上のように、本書は、すべての章が産業報国会や労働科学研究所を直接的な研究対象としてはいないが、いずれも「戦時期の労働と生活」を理解するうえで重要な論点を提起しているといえよう。

おわりに

本書は、産業報国会の研究に端を発しながら、戦時期の労働と生活というより広いテーマで編まれている。従来、一九四〇年の大政翼賛会を一つの到達点とする「銃後」社会のあり方は、ファシズムの視角によって研究がすすめられてきた。一方、一九三九年に国民健康保険法が、一九四一年に労働者年金保険法(四四年厚生年金保険法に改正)が公布されるなど、戦後の社会保障につながる政策に注目すれば、福祉国家の源流を戦時期に求めることも可能であろう。戦時日本を「ファシズム国家」とみるか、「福祉国家」とみるかは論者によって議論の分かれるところである。これに対し、本書は一九三〇年代から五〇年代に至る時期を見通し、戦争遂行のために推進された運動や政策がどのような論理をもって展開し、人々の生活や労働のあり方にどのような構造的な変化をもたらしたのかを注意深く検討することを目的とする。その際、総力戦体制をめぐる議論が国内に視野を閉ざしがちであったのに対し、国際関係に留意して議論を進める。本書の試みが、戦時期を内在的に理解する手がかりとなれば幸いである。

註

(1) 成田龍一「まえがき」『岩波講座アジア・太平洋戦争6　日常生活の中の総力戦』二〇〇六年、岩波書店、x頁。

(2) 大串潤児『「銃後」の民衆経験――地域における翼賛運動』岩波書店、二〇一六年は、民衆の戦争経験を通して、人びとが「戦争の〈当事者〉」であったことをいかに考えていたのかという問いを突き付けている。

(3) アンドルー・ゴードン「消費、生活、娯楽の『貫戦史』」『岩波講座アジア・太平洋戦争6　日常生活の中の総力戦』岩波書店、二〇〇六年、一二三―一五二頁。同様に、佐々木浩雄『体操の日本近代――戦時期の集団体操と〈身体の国民化〉』青弓社、二〇一六年は、体操をテーマに「民衆体育の時代（一九三〇―三六年）」、「国民体育の時代（一九三七―四一年）」、「国民錬成の時代（一九四二―四五年）」にわけて分析を行い、「戦後の体操」を論じている。

(4) 野村正實『学歴主義と労働社会――高度成長と自営業の衰退がもたらしたもの』ミネルヴァ書房、二〇一四年、四三―四九頁。

(5) 武田晴人『仕事と日本人』筑摩書房、二〇〇八年、二九―五六頁。

(6) 桜林資料は、一部マイクロフィルム化され、東京大学社会科学研究所に所蔵されている。なお本節は、榎一江「産業報国会研究の可能性」『大原社会問題研究所雑誌』六六四、二〇一四年二月、一―四頁をもとにしている。

(7) 大河内一男「『産業報国会』の前と後と」長幸男・住谷一彦編『近代日本経済思想史Ⅱ』有斐閣、一九七一年、七三～

一〇七頁。
（8）たとえば、及川英二郎「産業報国運動の展開――戦時生活統制と国家社会主義」『史林』八二―一、一九九九年、高岡裕之「大日本産業報国会と『勤労文化』――中央本部の活動を中心に（戦時下の宣伝と文化）」『年報・日本現代史』七、二〇〇一年がある。
（9）本節は、榎一江「特集にあたって」（特集「労働科学研究所旧蔵資料」）『大原社会問題研究所雑誌』六九二、二〇一六年六月、一―二頁をもとにしている。
（10）広島大学、立教大学、大分大学、専修大学等と連携して実施した資料移管の経緯に関しては、前掲特集「労働科学研究所旧蔵資料」を参照されたい。
（11）裴富吉『労働科学史の歴史――暉峻義等の学問と思想』白桃社、一九九七年。
（12）中山いづみ「大原社会問題研究所と労働科学の誕生」『大原社会問題研究所雑誌』五九一、二〇〇八年、四―九頁。
（13）杉田菜穂「日本における社会衛生学の展開――暉峻義等を中心に」『経済学雑誌』一一三―一、二〇一二年、二―二五頁。

第一部　変容する国際環境と戦時日本

第一章　戦前期日本における「防共」概念の社会的意義と後景思潮

立本紘之

はじめに

戦前期日本国内で「防共」の文言が本格的に登場するのは、岡田啓介内閣外相広田弘毅による所謂対中「広田三原則」（排日取締・満洲国独立黙認＋相互交流・共同防共）が閣議承認を得た一九三五（昭和一〇）年一〇月四日及び、翌一九三六（昭和一一）年一月の議会公表以後のこととなる。要するに防共とは「防」ぐべき「共」産主義、更には左翼思想と日本の関わりの歴史から見るとかなり新しい概念なのである。[1]

陸軍出先機関の「華北分離工作」下の事実上の傀儡政権「冀東防共自治委員会」（三五年一一月。翌月「冀東防共自治政府」に改組）成立と重なる防共の問題に関しては旧来専ら、三六年の「日独防共協定」を軸に政治（外交）・軍事領域から捉えられてきた。例えば田嶋信雄の諸研究に示された日独交渉史や、満洲―中央アジア―欧州を繋ぐユーラシア防共回廊構想などは陸軍の大陸・対ソ戦略上の防共意義・有用性を示す代表例だろう。[2]

総じて防共とは軍部の大陸進出の論理的根拠、あるいは国際的孤立打開を目指す政府の対独軍事協定を隠す妥協の産物と考えるのが一般的であった。そしてこの概念は空疎な方便・建前と考えられ、背後にある防共協定の内実（中国侵略・日独提携等）＝「防共協定史」の外交・軍事領域からの実証的解明に研究の重点が置かれる傾向にあった。

こうした中で特筆すべきは酒井哲哉が提示した「防共的国際協調主義」[3]概念である。酒井は共同防共が中・英等との共通外交目標共有により日本の国際的孤立打開・中国問題解決を図る現実的な構想で、防共概念自体も当時の日本国内の諸政治勢力間の一致点足り得たことを論稿中で述べ、同概念の現実的意義を明示している。

対ソ・コミンテルン協定の基盤としての防共はその後一九三九（昭和一四）年八月二三日の独ソ不可侵条約締結＝「複雑怪奇」な欧州情勢の中で政治的死滅を迎える。先述の田嶋・酒井始め防共問題に触れた研究者間でもその点は一致するが、一方対米開戦直前まで陸軍中心に中国本土「防共駐兵」は固執され続ける。[4]

これらを考慮すると防共は一定の長期的持続性を要する国策としては非現実的で、日本の侵略意図を隠す方便とする論は実証的に見える。酒井の防共的国際協調主義論でも防共協定の英蘭等への拡大交渉失敗や、中国国民政府の広田三原則拒絶を経て防共は現実性・実現性を徐々に失い、結果的に「反英」に道を譲るとの観点に立っている。[5]

以上が旧来の研究史上の防共概念の位置付けとなろう。ここで筆者は防共概念が本格的に登場した三五年に着目したい。この年日本共産党最後の中央委員袴田里見が検挙され、袴田の中央部と対立していた分派組織「多数派」がコミンテルン裁定を受け解散している。更に同年のコミンテルン第七回大会で「人民戦線」戦術が採択され、社会民主主義勢力や更に広汎な「反ファシズム」諸勢力を含む統一戦線運動が目指される。つまり三五年は日本国内で共産党壊滅＝「掃」共完了・国外で共産党新戦術成立＝「防」共の必要性が表面化という過程を経た共産主義対策変容の年と考えられる。[6]

だが旧来の研究ではソ連政府（外交当局）・中国共産党が主な共産側ファクターで、防共協定の直接対象たるコミンテルン（「人民戦線」「ゾルゲ事件」関連でのみ触れられる）とその影響下の日本国内運動は看過されてきたと筆者は感じる。

また防共概念成立過程、具体的には大正末〜昭和初期の国内における思潮変化も再検討したい。大正末の日本では一九二三（大正一二）年六月の第一次共産党事件・九月の関東大震災・一二月の摂政裕仁親王狙撃事件（虎ノ門事件）等を契機に国民精神作興の動きが高まる。この動きと前後して明治天皇の事績顕彰が本格化し、「皇祖皇宗」へ連なる日本の「皇統」再認識とそれを通じた国民再統合が試みられる。

伊藤隆はかつて大正中期以降の日本社会思潮を「進歩・復古・革新・漸進」の軸を組み合わせ類型化した(7)。筆者はその内の「復古―漸進」領域で大正末〜昭和初期に現今社会を否定、「あるべき」社会＝「名」に現実の社会＝「実」を合わせんとする動きが活発化し、後々防共概念成立・拡大に影響を及ぼす「後景思潮」の一つになると考える。

この名実一致希求志向に加え、防共を考える上でのもう一つの鍵が「所を得る」という概念である。この言葉はルース・ベネディクト『菊と刀』第三章章題として知られるが、一九四〇（昭和一五）年九月二七日の「日独伊三国軍事同盟」（事実上の防共協定強化同盟）締結の際条約前文・天皇の詔書に「万邦ヲシテ各々其ノ所ヲ得シムル」と記述されるなど防共とも深く関連している。

所を得るという言葉には個人・組織に自身の「役」への精励を促す意味が含まれ、大正期以降のデモクラシー潮流の中で自由・自我希求意識が高揚した社会ではこの言葉も旧陋視されていく。だが大正末の精神作興や明治事績顕彰・称揚意識などを経て、放縦・詭激を戒め人々に所を得た振舞いを求める動きが再度活発化する。

以上の点から筆者は防共の前提となる国内思潮の流れを見ていくことが、戦時へと至る日本社会で防共概念が持ち得た意義・同時代的実効性の再検討に繋がると考える。そこで本論文では、戦前期日本での防共概念登場までを日本社会の思潮変化・社会運動の流れ等も含めて考察し、防共先進国日本の誕生と人々があるべき社会の名実を合わせ、所を得るべく行動する過程を表出する。そしてその過程で防共概念とその後景思潮が方便を超え、戦時下日本社会にいかなる意義を持ち得ていったかを考えたい。

一 「掃共」時代の日本社会と思潮の変容

1 大正末期日本社会の諸問題と対抗思潮

大正期の日本では国内外の大きな変化がもたらす諸要素が国民を揺さぶり始める。一九一四（大正三）年からの第一次世界大戦は、日本に新領土（山東半島・独領南洋諸島）をもたらし、一九一九（大正八）年の大戦終結に際してのヴェルサイユ会議参加・同条約で発足した国際連盟常任理事国入りなどを経て、日本は世界「五大国」の一角へ飛躍する。

だが同時に日本には所謂「ワシントン体制」下で世界の眼を意識した国家運営（多国間協調外交による排他的拡張抑止など）、即ち五大国の一角＝世界基準に則る形の規範性が求められていく。そしてそれは大戦後、日本が得た成果を素直に喜べぬ複雑な感情も国民に生起させた。例えば法学者林毅陸は当該期以降の日本外交を、列国の思惑を心配して、極めて卑屈なと申すならば、言葉が強すぎるかもしれんが、あまりに気力のないような態度であつた。所謂協調外交に努め、列国に感情を出しそれと阻隔を来すが如き事を努めて避けると云ふ事で、あまり独立的の外交とは云へない

状態だったと後年回想している。(8) ヴェルサイユ・ワシントン両会議に出席、協調外交の先導者の一人である林のこうした感想に当時の状況への複雑な感情が窺える。

また大戦終結に前後し日本は長期的不景気状態に入る。景気後退は人々の生活不安などを招き、デモクラシー潮流と相俟って社会運動の再興をもたらす。その流れに拍車を掛けたのが一九一七(大正六)年一一月の「ロシア十月革命」である。社会主義国家誕生は社会運動に大きな意義・確かな理論を与え、以後日本社会に強い影響を及ぼす。

当該期日本社会に関する言説には「民主」的社会変容への支持・賛美が増す一方、変化への警戒・疑義も見られた。その際批判されたのが世界の眼の象徴＝欧米思想である。

例えば一九一八(大正七)年のシベリア出兵(ロシア革命干渉戦争)と同時期に著された長島隆二『西伯利亜出兵幷に対支政策を論じて国民精神の改造に及ぶ』では、「欧州文明の欠陥」は「その根本基調をなして居る利己的個人主義」とした上で、

かゝる文明には到底世界の真の平和、人類の真の幸福を支持する力はない。故に少くとも東洋に於ては自ら平和を維持する方法を考へなくてはならぬ、この点に於いて東洋全局面に対する大責任が日本に帰したのである。(9)

と述べられる。大戦長期化・ロシア革命など混迷の元凶を「欧州文明」そのものに見て、混迷打開の主導者日本をそれに対置する考え方が窺える。続けて長島は「大責任」を持つ日本は「公明正大」「正義人道」を基に「野心欲望を抑へ、大責任の自覚より来る大犠牲の精神」で東洋諸国に臨むよう訴える。

要するに東洋・世界で主導的立場を得た日本に掛かる責任と、その上で日本が取るべき模範的振る舞い・あるべき形を模索する言説と言えよう。利己の果ての混迷を収拾し切れぬ欧米・道義のために犠牲を厭わぬ日本という構図は以後徐々に顕在化していく。西欧の影響から東アジアを守るという意識は「アジア主義」研究等で日本の「汎アジア的政治的使命」の一つとして語られ[10]、長島の文章もその文脈で読み得る。だが大正末、その防御の主敵は現実の植民地奪取→欧米思想浸潤へ変化したことも同文章から窺える。

現今世界を疑い、率先して規を示し得る道義国家日本を希求する声について述べたが、彼らの多くにとっての精神的拠り所が「明治天皇」と「明治」と言う時代の精神であった。当該期の社会変化に対し意識的な人々は伊藤隆の言う「進歩」と「復古」[11]即ち、

変化を肯定＝日本へのデモクラシー適用目指す（更に変革希求→社会主義方面にも）

変化を否定＝「あるべき」社会への懐旧意識の下変化の抑止目指す

の二パターンに大きく別れた。そして後者に属す人々にとって現状否認―懐旧意識の対象となったのが明治だった。この傾向は大正天皇が病弱で国民から「見えない」天皇だったことも影響している。見えない天皇では東洋・世界の模範的国家に相応しい模範的統治者足り得ず、欧州帝室崩壊等にも代表される諸混迷に対応し得ない

からである。

そうした人々が「見えていた」模範者明治天皇とその時代を称揚するのは自然であった。一九二〇（大正九）年一一月創建の明治神宮・一九二六（大正一五）年一〇月完成の神宮外苑（明治天皇・昭憲皇太后の事績絵画を展示する「聖徳記念絵画館」などの施設を持つ）といった目に見える記念顕彰空間完成はこうした明治顕彰の一つの到達点であり、見えない大正天皇に変わる国民統合模索の動きが窺えよう。[12]

この時期、社会風潮を戒める動きは政府からも生じる。その代表が二三年一一月「国民精神作興ニ関スル詔書」[13]である。同詔書では「先帝」明治天皇期の「国民精神ノ涵養振作」による「国家ノ興隆」を称え、その「前緒ヲ失墜」せぬため「浮華放縦ノ習」・「軽佻詭激ノ風」を戒め、「一己ノ利害ニ偏セスシテ力ヲ公益世務ニ竭」すことを求めている。

折からの明治顕彰の動きも踏まえ、「一己ノ利害」から生まれた風習（＝大責任を担い得ぬ欧州文明の産物）を抑止し、国民全体が「公益世務」への尽力＝己の役分への立ち返りを求めるこの詔書は、同年の関東大震災を受け「上下協戮」を説くものだったが、昭和期に至っても体制内社会運動に援用されるなど影響力を持ち続ける。[14]

2　昭和初期日本の「掃共」と思潮の深化

二六年一二月二五日、大正天皇が崩御し、摂政裕仁親王が即位。新時代昭和が始まった。

しかし不景気・世情不安は続いており、前年一九二五（大正一四）年制定の普通選挙法に伴う無産政党結成・二六年一二月の日本共産党再建などを画期に社会運動は一段と高揚を見せる。日本へのコミンテルンの影響の顕在化・革命理論伝播の本格化はこの時期であり、[15]一九二八（昭和三）年の「三・一五事件」、翌一九二九（昭和四）年の「四・一六事件」という二つの共産党弾圧事件は日本での「掃共」戦の始まりの号砲と言える。

一方この時期を別視点から見る際の鍵となるのが「維新」である。昭和期にこの言葉が脚光を浴び始めるのは第一回普通選挙・昭和天皇即位の大礼の年、昭和三年である。同年は一八六八（明治元）年から六〇年＝「戊辰」の年に当たり、年頭から新聞等で「第二戊辰」＝維新を意識した新たな飛躍が謳われた。[16]

関東大震災から大正天皇の服喪を経て国内の明朗一新を目指す意識も窺えるが、先に触れた明治顕彰の動きもこの刷新意識に大きく作用した。つまり明治期成立の立憲制の新画期＝普通選挙・明治から続く皇統の宣揚式典＝即位の大礼が戊辰の年に重なることで顕彰機運が高揚し「明るい」明治時代の再認識が進むと共に、社会変容否定の意識が再強調され、更には懐旧を超えた再変容（あるべき時代・社会へ復す）意識への深化までもがもたらされたのである。

その結果二八年以降維新の語は一人歩きしていく。現今社会否定意識を強く持つ人々は懐旧意識から更に歩を進め、「昭和維新」の名で力の行使を伴う改変を目指す者まで現れ始める（「復古—漸進」から「復古—革新」へ）。[17]この動きの根底には懐旧意識→あるべき社会に相応しい自己修養→国民精神作興詔書などの意を体し得た修養達成者（＝模範者）[18]が主導する力の行使も辞さぬ社会変革へという思考の飛躍があろう。

つまり現状否認—懐旧意識→精神作興称揚—作興達成の過程で大責任を自覚し得る域に達し得たと感じた人、即ち達成者たる自身こそがあるべき社会＝「名」に現今の社会＝「実」を合わせねばならぬとの強い希求意識が昭和維新の根底に存在したのである。維新を志向する勢力は一九三〇（昭和五）年のロンドン海軍軍縮条約や一九三一（昭和六）年九月の満州事変勃発などを画期に社会的影響力を増すが、その背景にはこうした達成者による名実一致を求める強い変革志向があった。

加えて昭和維新が一人歩きを始めた時期は、世界恐慌の日本への本格的波及期でもある。恐慌は欧州文明・西欧思想否定意識に更なる実を与え、西欧文明の産物である世界秩序の綻び・無力化までも認識され始める。要するに「大責任」を持つ日本に対する「没落」西欧の不見識・無力さを批判する空気（恐慌で没落せざるソ連への警戒とある種表裏一体）が、国際連盟に代表される世界秩序への反発の背景には存在した。

こうした状況を受け、世界の欠陥を正し得る日本の大責任を果たすに相応しい国民創成が模索されていく。その動きの凝集点としてこの時期機能し得たのが「昭和維新」であった。社会変容対抗諸思潮を一つに纏めて方向付けする凝集点としての一概念というこの構図は後々意味を持ってくる。

二 「防共」概念の登場とその意義

1 国内掃共の完了と名実一致希求の加速

少し時代は下り一九三二（昭和七）年一〇月、静岡県熱海での共産党全国会議一斉検挙（熱海事件）で、戦前期最大の量的拡大を誇った共産党組織は壊滅的打撃を受ける。以後一年余り小規模な中央部再建が続くが、全国横断的組織活動は収束に向かう。

共産党中央は翌一九三三（昭和八）年一二月末の宮本顕治ら残存幹部の検挙、一九三五（昭和一〇）年二月最後の党中央委員袴田里見検挙により完全に活動停止する。また袴田検挙の前年袴田中央部に反発し結成された、党分派組織「多数派」も三五年中に自発的に解散を遂げた。[19]

更にこの時期共産党問題の大転換点となったのが三三年六月の佐野学・鍋山貞親による「共同被告同志に告ぐる書」[20]の発表と、それを受けた共産党獄中幹部の相次ぐ「転向」である。同声明の重要点は以下の三点となる。

①党運動と大衆の乖離はロシア革命理論の日本への機械的適用が原因

②一国社会主義を可能とする日本の客観的情勢成熟に言及

③それを無視した天皇制打倒方針などの押しつけ(三二年テーゼ)批判

彼ら転向幹部がロシア革命理論を信じ得ていた大正末は先述のように、未だ現状否認—懐旧意識の段階だったが、その後の精神作興—作興達成者による社会の名実一致希求意識の顕在化に伴い日本の特殊性・連続性が次第に広く認識されていく。転向の背景としてこの思潮変化は重要となろう。

また転向は体制側から見れば「まつろはぬ」者の「まつろはし」の顕在化でもあった。そしてこの「まつろはし」が皇統、特に「神武天皇」顕彰の中で言及されてきた点が転向現象に大きな意味を持つ。例えば大久保弘一『日本精神信解』では神武天皇東征に関し、

やむを得ずして武器を用ひらるゝ場合に於ても、常の道、即ち正義正道に従つて、まつろはぬ者をまつろはし給ふたのである。

故に一旦は敵したものと雖も、まつろふに至つたものは之を愛撫して、各々其所を得させ給ひ、又其平定を受けたものは、限りなき皇化に浴したことを無上の光栄として、随喜するに至つたのである。

という記述がある。「敵」した者も「まつろはし」を受ければ赦し・慈しみ、「各々其所を得させ」＝それぞれの能力に応じた役を与え取り込む、というあり方が神武天皇の事績の中で既に称揚されているのである。[21]

それを当該期に敷衍すると「国体ヲ変革」＝「敵」した者でも「転向」＝「まつろはし」を受ければ赦し・慈しみ、能力を生かす形で「所を得」させるのが日本的共産主義対策ということになる。そしてこの形で掃共を達成した日本は共産党対策の模範的な事例として道義的優位性を誇示し得るとの観点から転向が重要視されていく。

以上の流れを経て日本は三〇年代中盤に国内掃共をほぼ完成させたと言える。

ここで当該期の共産党運動外に目を移す。三〇年代中盤日本では滝川事件・天皇機関説事件に代表される言論・学問抑圧が進む。この時期に関し旧来看過されてきたのが先述の皇統顕彰で、日本は皇統の連なりを示す記念の節目を相次いで迎えていく。

まず第一は三三年一二月二三日の皇太子明仁親王誕生である。即位後七年での昭和天皇直系男子誕生は皇統・国の形の連続性を人々に広く印象付けた。次いで翌一九三四（昭和九）年には三月「建武中興六百年記念祭」、五月「大楠公（楠木正成）六百年祭」という形で「天皇親政」と、それに最期まで従った忠臣の姿が再認識された。[22]

このような三〇年代前半の相次ぐ皇統顕彰記念の節目は、皇統の事績たる「まつろはし」や社会の名実一致、所を得させるといった所為の確からしさをも改めて人々に印象付け、国民・思潮再統合の加速にも繋がっていく。

2　防共概念の登場とその背景

一九三五年八・九月に陸海軍・外務省により対支政策方針声明案文（先述広田三原則）の調整が行われた。原則の内二つ（排日取締・満洲国承認）は数度の討議を経て大きく変化するが三つ目の「共同防共」に関しては、[23]

外蒙等ヨリ来ル赤化勢力ノ脅威カ日満支三国共通ノ脅威タルニ鑑ミ支那側ヲシテ外蒙接壌方面ニ於テ右脅威排除ノ為我方ノ希望スル諸般ノ施設ニ協力セシムルコト

とされ、この案文決定までは以下の経緯となる。

八月五日　陸軍対案＝国民政府側に防共に必要な「諸般ノ施設」の設置求める案文提示
九月三日　係官話合決定
九月二〇日　印刷（一〇月四日修正）案＝「施設ニ協力」求めると修正。外務省案の「合作」の文言消滅
（これまでの「意味合ヲ一切抱合」し「大体同趣旨」の形に）

この部分は最も変化の少ない箇所である。「諸般ノ施設」（飛行場・通信施設等軍事関連）の防共上の必要性は明確で、根幹に関わる修正ではない。重要なのは九月の最終決定段階の「意味合ヲ一切抱合」する修正である。「諸般ノ施設ニ協力」とトーンダウンしながら、一方で国民政府と日本との「合作」による防共の要素が削られている。

この文言の最終的相違の背景には複数の要因が考えられる。

第一は同年七月二五日〜八月二〇日開催の「コミンテルン第七回大会」での「人民戦線」戦術採択と、それを受け中国共産党が国民政府へ抗日統一戦線結成を促した「八・一宣言」である。共産党以外の合法無産勢力・民主諸勢力含む広汎な「反ファシズム統一戦線」の結成と日独名指しでの主敵認定及び、その精神の具現化兆候は防共に関する案文成立が必須との認識に繋がる。

第二は先に述べた共産党分派「多数派」の解散である。既に三四年中に拠点を関西に移し残存幹部が小規模に活動する状態だったが、三四年一〇月・三五年八月の二回に亘り同派を分派と認定、解散を促す声明がコミンテルンから出される。二度目の声明は丁度案文討議期間中で、掃共達成国として国民政府に優位性を持って防共案を提示し得る客観的条件が期せずして備わったと言える。

第三は同年八月〜一〇月の天皇機関説問題に対する「国体明徴声明」を巡る動きである。同問題への政府公式声明は八月一〇日、即ち案文の討議中である。その後案文印刷直前の九月一八日に事件の当事者美濃部達吉の貴族院議員辞職―問題再燃を経て、三原則公表―国体明徴再声明という流れになる。社会の名実一致希求意識表出の一事例たる国体明徴の明確化・実効化の動きと、三原則案文の最終決定はリンクしていると考えられる。[24]

要するに社会変容対抗諸思潮（名実一致・まつろはし・所を得る他）に感化され日本は掃共を達成・道義的国家の域に達し得たとの自己認識が、共同防共を謳う案文作成にも影響を及ぼしたと言える。そして大正末以降最大の社会変容要因が芟除され、道義的優位性の下、国外へ則を示す段階に移行したことこそ三原則を成立させ得た要因となる。[25]

結果として社会変容対抗思潮群は防共の旗の下に纏まり、同時に防共概念は国際協調・国内政治勢力間の妥協的一致（対ソを軸に）機能も示し始める。つまり防共概念は国策化過程で現実の諸政治勢力・諸思潮間の最大公約数的一致点となったのである。

思潮のみの凝集であれば先述の昭和維新もそうだが、防共の場合は国内政治・国際協調の面でも一致点足り得たことに特徴がある。国内諸矛盾・混淆状態を取り纏める凝集点としての機能を防共概念が持ったことは重要な意味を持つ。

以上の経緯を経て成立した広田三原則は、一〇月七日の広田外相と国民政府蔣作賓大使の会談で早速提示された。[26]これに先立ち国民政府側は三五年二月、王寵恵による中日関係改善三原則（満州事変以前への復旧前提の和平具体化・相互独立尊重に基づく対等交流・策謀行為を廃した友誼的交際）を提示しており、広田三原則はそれに対する日本側回答の側面も持っていた。

会談で国民政府側は、現段階での共同防共は不要とし、広田三原則拒絶の姿勢を示す。事実三三年からの第五次掃共戦で国民政府軍は共産党根拠地瑞金を陥落させ、一大逃避行（「長征」。三四年一〇月〜）へ追い込んでいた。国民政府も自国の掃共戦収束を認識しており、日本が主導権を握る共同防共を呑む理由はなかった。

またこの時期に軍事面では三五年末、先の案文調整過程で陸軍が固執した「諸般の施設」協力に応じ得る現地自治勢力「冀東防共自治政府」が支那駐屯軍の影響の下誕生している。同政府は三原則交渉停頓下での名実一致希求意識の産物でもあるが、中国側に広田三原則の意義を疑わせる効果ももたらす。[27]以後陸軍の華北分離工作と政府の共同防共を巡る交渉は外務当局者変遷（岡田内閣・広田―広田内閣・有田八郎―林内閣・佐藤尚武）に伴い変転しつつ展開され続け、満州国承認と並ぶ日中間の懸案と化していく。

三　国際関係諸条件の変化と防共概念

1　日独防共協定とその思潮的意義

一九三六年二月の陸軍青年将校による「二・二六事件」（＝昭和維新の思潮凝集力消失）で倒れた岡田内閣に代わり翌月広田弘毅が首相に就任した。先述三原則決定の当事者であった広田の内閣期の大きな出来事が日独防共協定成立（三六年一一月二五日）である。

同協定交渉は前年より陸軍主導で秘密裏に進んでいた。日独の対ソ軍事同盟構想に端を発する交渉過程で、日本側の交渉中軸だったドイツ駐在武官大島浩曰く「反共産主義という大きなマントをかぶせた提案」[28]＝コミンテルン対象の防共協定案が三五年一一月にドイツ側から出され、一年の交渉の後協定は締結された。その内容は以下の三つである。

①コミンテルン活動の相互通報・活動防止のための緊密協力
②同組織の破壊工作を受ける第三国に対する防衛行動・協定への勧誘
③五年の条約期限

加えて以下の二つの非公表付属協定があった。

①日独の内一国がソ連から攻撃を受けた場合もう一国はソ連を援助しない

②本協定の意思に反するソ連との政治的条約を結ばない

防共的国際協調が漸く形になった協定だが、日独（日欧）の国情相違（「まつろはし」に基づく転向政策・家族主義的思考様式他）[29]などから協定を疑問視する声も存在した。

例えば当時最大の合法無産政党社会大衆党は協定反対声明文中で、防共自体は否定せぬがドイツへの防共協力要請は「国体に対する正しき認識と信任とを欠如」し「むしろわが国体に対する冒瀆」かつ「わが国政治文化能力の恥辱であり醜態」だと批判している。[30]元来三反主義（反共産主義・反資本主義・反ファシズム）を掲げてきた同党だけに、協定は批判するが防共の自明性は疑わないというスタンスは理解出来る。国内諸政治勢力の最大公約数的一致点としての防共概念の姿はここからも窺えよう。

防共協定締結に前後し転向政策にも大きな変化が生じている。それが三六年五月制定の「思想犯保護観察法」である。

同法は三四・五年の治安維持法改正案審議未了[31]を受け、改正案の保護観察部分のみを法制化したものである。「思想犯」＝治安維持法違反での執行・起訴猶予者及び、刑期満了出獄者の再犯を防ぐための「保護」「観察」体制構築が同法の目的となる。実践面では全国に新設した「保護観察所」への付託や交友・通信の制限などにより悪思想の再浸潤を防ぎ、奉仕活動や教化（寺院・教会等）を通した転向状態維持が図られた。

このように転向に教化・観察の要素が導入され始め思想犯の転向基準も変化、三三年頃には政治活動放棄のみでよかったが、三六年頃には「日本精神」体得まで求められていく。この転向基準変化の背景には以下の諸点が考えられる。[32]

①共産党の組織的活動の終焉＝「掃共」達成の自覚・優位性認識
②その一方での「人民戦線」など「偽装」的共産主義者への警戒[33]
③防共への移行＝他国の模範たる対策の必要
④大正期以降否定的だった「欧州文明」の国ドイツとの協定締結＝日本の優位性の象徴「まつろはし」の現実的・継続的な機能性を示す必要

防共協定に話を戻すと、協定締結に前後し日本は中国国民政府・イギリス・オランダへ第二項に基づく防共協定への勧誘を行う。だが国民政府の拒絶は変わらず、英・蘭との交渉も不成立となり[34]、結果この時点では防共的国際協調は限定的なものに終わる[35]。

2　日中全面開戦と防共の位置付け

一九三七（昭和一二）年七月七日の日中現地軍の衝突「盧溝橋事件」はやがて全面戦争へ発展する。ここで注目したいのは日本の戦争目的である。例えば三七年一二月二四日の「支那事変対処要綱[36]」では、

事変勃発以来帝国政府ハ南京政府ニ於テ速ニ其ノ抗日容共政策ヲ棄テ帝国ト提携シテ東亜ノ安定ニ寄与センコトヲ切望

してきたことを前提に「南京政府」の長期抵抗・「帝国ノ占拠地域ノ拡大」に応じた方策が示され、その中で「防共親日満政権」を北支に樹立・漸次拡大し「更生新支那ノ中心勢力」とする案が提示された。日本が「支那ノ中心勢力」に「抗日容共政策ヲ棄テ」協力を要求した点を含め防共の重要性が窺える。

国民政府は三六年一二月の「西安事件」の後徐々に共産党と接近し、三七年九月に正式に「第二次国共合作」が成立、その前月の「中ソ不可侵条約」締結も含めて「容共」から「連共」へ歩を進めた。日本側の戦争大義の説明に防共の文言が使われた背景にはこの中国での「容共」名実一致の事実も存在した。

一九三八（昭和一三）年一一月に近衛文麿首相が発した所謂「第二次近衛声明」[37]は、「東亜新秩序」概念が初めて示された声明として知られるが、その中で「今次聖戦究極ノ目的」は「日満支三国」の「各般ニ亘リ互助連環ノ関係」の樹立を根幹に、「東亜ニ於ケル国際正義ノ確立」「共同防共ノ達成」「新文化ノ創造」「経済結合ノ実現」により建設される「東亜新秩序」だとされた。

そして「帝国ガ支那ニ望ム」のは新秩序建設「任務」の「分担」であるとの日本側の「真意」を理解しそれに協力すること、要するに国民精神作興詔書の精神＝国民全体が「公益世務」へ尽力＝己の役分への立ち返りを求めるという構図の中国への敷衍が声明の肝だった[38]。そしてこの観点発生の背景にはあるべき社会＝「名」への現今社会＝「実」の一致を掃共達成で成し得たという道義的優位性の存在が挙げられる。端的に言えば、

日本＝掃共達成の模範者・先達者として未だ掃共未達成の「支那」を正しく主導

中国＝掃共先達者日本に従い防共新秩序建設に協力、名実一致状態へ

という役の達成を求めたのが、第二次近衛声明＝東亜新秩序の要点となる。

第二次近衛声明の裏では事変終結を目指す汪兆銘工作が秘密裏に進んでいた。以後同声明に準じ新秩序建設任務を分担し得る「支那」政権確立が模索され、四〇年三月南京国民政府（汪兆銘政権）樹立に至る。同年一一月に締結された「日華基本条約」[39]第三条には「共産主義的破壊工作」への共同防衛＝共同防共が盛り込まれ、満洲国も交え日満支共同防共の名実一致が実現された形にはなった。

結果的に「支那ノ中心勢力」に新秩序建設の任務分担を求める「聖戦」目的は達成されるも、「東亜ニ於ケル恒久的平和」を核とした「世界全般ノ平和」[40]への貢献は汪兆銘政権が「支那ノ中心勢力」との国際的承認を得られぬ内は不可能で、重慶蔣介石政権との戦争は以後も続いていく。

四　防共の政治的死滅と後景思潮のその後

1　防共協定強化問題と防共概念の無力化

長期化する事変終結を目指す日本は重慶政権支援体制打破・交戦意思喪失を目指す外交工作も試みていく。重慶政権を支援する米英ソを外交的に牽制すべく、日独伊（三七年一一月防共協定に参加）三国の軍事同盟締結を目指す動きもその一環である。

日本政府は三九年一月同盟締結方針を正式決定したが、重慶政権支援の牽制が目的で、締結国が第三国から軍事行動を受けた場合の参戦は構想外だった。だが日本国内には対英ソを見据え参戦規定を要求する勢力が存在し、ドイツ側からも同規定要求の声が上がり、結果協定強化交渉は一時停頓状態となる。[41]

先述のように三五・六年段階から陸軍の対ソ軍事同盟構想は不動で、イデオロギー協定は後付けの概念だった。要は独伊との軍事同盟の流れを軸とする防共協定史と、後景思潮の成立も含めた防共概念史が別個に存在し、防共協定という事象を結節点に、三五〜三九年の間両者が結びつく点が防共を考える上で重要だと筆者は考える。この観点にこそ協定強化問題の本質も存在するからである。

先に防共概念が日本国内諸政治勢力の一致点だったと述べたが、防共協定から軍事同盟へと向かうことで防共協定・概念が分離、勢力間（外務省・陸軍を軸）の矛盾噴出・交渉停頓に繋がる。[42]防共協定締結に最後まで反対した東郷茂徳（駐独→駐ソ大使）は同協定を一九世紀欧州の精神協定「神聖同盟」に擬え無意味さを説いたが、[43]締結国の防共努力のみが希求された防共協定では、各国が独自の方法で役分を果たし「所を得」さえすればよく、その点で防共協定は日本国内の名実一致維持機能を果たし得ていた。

例えば当時の平沼騏一郎首相の談話[44]にも、日本は「全体主義」でも「個人主義」でもなく「生粋の天の道」を行くとの言説が出てくる。前者は独伊、後者は英米などを指し、両者に精神的に拘束されぬ状態を示すものだろう。そして「天の道」とは「一切のものに処を得せしめ」る「政治の極致」だと平沼は述べる。「所を得る」ことへの時の政府主導者のこうした言説（平沼の特異性を差し引く必要あるが）にこそ防共協定が精神同盟たる故の利点（他国に掣肘・誘引されぬ独自の精神性を保ち自主行動が可能）が窺える。

また防共概念は同概念の旗の下に集う諸後景思潮と相俟って「聖戦」目的を担保し得る道義的主張にもなり得た。つまり掲げ続ける限り名実共に挙国一致・戦争目的を表出可能という点でも防共協定は有意義なものだった。

だが防共の「マント」を取り去り軍事同盟へと向かう試みはこうした政治的挙国一致・精神的自由の喪失を招き、三九年八月「独ソ不可侵条約」を受けた強化問題白紙化後も国内政治勢力間の不一致は続いていく。つまり防共協定強化問題はその後の事変解決・帝国国策方針などを巡る問題収拾・利害調整の難化に繋がる転換点だったと言える。

2　三国軍事同盟と「防共」後景思潮の前面表出・再凝集

三九年九月一日のドイツ軍ポーランド進攻に端を発した第二次世界大戦が勃発、日本は欧州戦争不介入・事変への注力を声明し局外に立った。

一方強化問題白紙化後も防共協定は効力を保っていた。同様に防共概念自体も新聞紙上の時局分析記事に、「帝国の防共精神は不変」で事変処理目的・目標として「中外に訴へ且支那民衆にも約束した事柄」故に、ドイツと違い「ソ連との急角度的協調政策は考へられない」と見通しが出るなど有効性を保ち得ていた。[45]

その後政府は近衛文麿首相（再任）の下翌四〇年七月二六日「基本国策要綱」[46]を決定する。同要綱は「八紘を一宇とする肇国の大精神」を政府文書に初めて掲げたことで知られるが[47]、「国内体制の刷新」の項の「官民協力一致各々其の職域に応じ国家に奉公することを基調とする新国民組織の確立」は防共後景思潮の観点からも興味深い。

この確立目標は同年一〇月公事結社「大政翼賛会」として具現化する。模範者・達成者の観点から表出される「所を得る」概念を先述したが、防共協定強化問題で露呈した日本国内の諸矛盾＝名実不一致状態の再度解消には模範者・達成者を戴く必要があった。そこで「基本国策要綱」具現化↓「大政翼賛会」という「所を得る」組織の誕生には東亜新秩序構想の提示者＝日中戦争の目標を示した模範者近衛の登場が不可欠だったのである。[48]

また先述日華基本条約の枢密院審議の席上（四〇年一一月二〇日）近衛首相は、

今次事変が聖戦たるの意義は防共に於て最も明確なるべく日「ソ」関係の如何に拘らず防共は飽く迄之を堅持すべき決意(49)

である旨述べている。「聖戦」意義明確化の象徴として防共堅持を謳う所に、同概念の聖戦道義・精神担保面での重要性が窺える。しかし防共の思潮凝集力はこの時期徐々に減少し、公の場からも防共の文言が姿を消し始める(50)。代わって「所を得る」に代表される後景思潮群が前面に表出していくが、所謂「新体制運動」や「所を得る」方針を掲げた大政翼賛会はこの流れの現れと言えよう。

少し時間を戻す。四〇年五月、ドイツが西方侵攻を開始、一ヶ月ほどでオランダ・フランスは降伏し欧州で独伊枢軸と対峙するのはイギリス一国となった。この状況で防共協定強化問題が再度浮上する。日独交渉は同年九月本格化し、対米戦争自動参戦規定の刷り合わせ等を経て九月二七日「日独伊三国軍事同盟」は締結された。「はじめに」でも少し触れたこの同盟条約前文(51)では「恒久平和ノ先決要件」として、日独伊三国が「万邦ヲシテ各其所ヲ得シムル」形での「各其地域ニ於ケル当該民族ノ共存共栄ノ実ヲ挙グルニ足ルベキ新秩序」建設維持が目標とされる。条約では更に「世界至ル所ニ於イテ同様ノ努力ヲ為サントスル諸国ニ対シテ協力」惜しまぬ旨が謳われた。「所ヲ得」しめた「民族ノ共存共栄」の「実ヲ挙グル」「新秩序」は従前の東亜新秩序を超える新概念、所謂「大東亜共栄圏」の名でこの時期以後本格的に使用されていく。

戦後この同盟が「平和に対する罪」を裁く過程で焦点となり、強化元の防共協定も所謂侵略戦争準備の「共同謀議」の産物とされていく。だが防共協定・軍事同盟共に、精神的に見れば日独伊三国が「所を得」て各地域の模範者・主導者の地位を相互保障する程度のものであった。そしてこの地域主導者たるに当たって防共概念は最早必然ではなかった。その原因となるのが三九年の防共協定死文化・交渉過程での国内政治勢力分裂による最大公約数的一致点・世界戦略としての防共の意義喪失だった。

しかし防共後景思潮（名実一致・まつろはし・所を得る他）は防共の意義喪失後も意義を失わず逆に前面に表出していく。そしてこれら後景思潮群の新たな凝集点として登場した概念こそ、当該期に現れた「大東亜共栄圏」ではなかろうか。

このことは先述「基本国策要綱」に関しての松岡洋右外相談話[52]にも表れている。松岡はここで初めて本格的に「大東亜共栄圏」を「皇道の大精神に則り、先づ日満支を一環とする」ものであると規定する。そして「皇道」とは「各国民、各民族をしてその処を得せしむることに帰着する」と自身の信念を述べている。

また談話中では「皇道を宣布して公正なる世界平和の確立に貢献」という大正期以来の名実一致希求意識に基づく世界的「大責任」実現が謳われる。そしてその「道程に横はるところの有形無形一切の障碍を排除するはもとより更に進んで我に同調する友邦と提携」し、「天より課せられた我民族の理想と使命の達成を期す」旨が述べられるが、これは敵の「まつろはし」であり、「同調」しさえすれば「友邦」＝赦し・慈しみ、能力を生かす形で所を得させるあり方である。要するに大東亜共栄圏とは防共概念の死滅と、その後の防共後景思潮の前面表出↓新たな凝集点創出の一証左なのである。

河西晃祐は、松岡が「世界平和の確立」の具体案として「夫々の共栄圏尊重」を基本とする「日、独、伊、蘇、米及英」の平和条約締結＝「勢力圏」に基づく世界秩序構想の下、三国同盟拡張を模索したと述べている[53]。松岡作成の「帝国外交方針要綱[54]」に記された「夫々の共栄圏尊重」はまさしく「所を得る」概念の具現化で、国際協調一致点としての共栄圏構想（国内諸政治勢力の一致点創出も目指す[55]）という点からも大東亜共栄圏概念が社会変容対抗思潮の新たな凝集点となったことが窺える。つまり大正末期に表出した社会変容対抗思潮群が、防共の旗の下でその後景思潮として機能→防共概念の死滅後は後景思潮群が前面に表出→新たな凝集点として大東亜共栄圏概念登場、防共に変わる挙国一致の旗へという流れが存在したのである。

だが共栄圏概念の下諸思潮が纏まるには、これまで見てきた防共の時と同様ある程度の時間と決定的転換をもたらす情勢変化が必要であった。やがて一九四一（昭和一六）年一二月八日の対英米全面開戦に続く南方進軍・占領行政を通じた実地経験が情勢変化を、一九四二（昭和一七）・四三（昭和一八）年の有識者座談会（「近代の超克」・『世界史的立場と日本』）や、四三年一一月の「大東亜会議」等が概念深化をもたらす。戦局悪化に伴い同概念の意義も減じるが、概念深化の模索は戦時期を通じ続けられていく。

おわりに

本論文を纏めると以下のようになる。

大正期日本では社会変化への憂慮と「聖代」明治への懐旧意識の中「名」＝あるべき社会に「実」＝現今社会を合わせることを希求する意識が生まれる。

昭和に入り日本は特異な「まつろはし」の体現＝「転向」を交える形で「掃共」を達成、相次ぐ皇統顕彰記念の節目等で喚起された名実一致希求意識も相俟って、道義的優位性・主導性を獲得、その意識を隣国に敷衍する共同「防共」概念が創出された。

この防共概念はやがて独伊との防共協定に結実。日中戦争を「聖戦」足らしめる道義的目標及び、国内諸政治勢力・諸思潮の一致点・凝集点となり、「挙国一致」「国際協調」を担保する概念としても機能した。

やがて防共協定強化問題に伴う一致点としての意義喪失・独ソ不可侵条約での防共協定死文化などを経て防共概念は政治的に死滅する。その結果防共後景思潮が前面に表出し、更に新たな凝集点「大東亜共栄圏」概念に集い日本の精神的結節点となっていく。

こうした流れを辿ることで防共協定史の文脈だけでは把握し切れない防共概念史及び、後の大東亜共栄圏に繋がる精神史的発展過程の捉え直しが可能となろう。

また戦前・戦時期の人々は本論文で見てきた思潮の興隆─凝集の流れの中で生き、その影響を受け続けた。人々の精神は時に作興・動員を求められ、果ては「日本精神」への回帰まで称揚されていく[56]（無論その流れに抵抗・傍観の態度を示す者も存在[57]）。

言うなれば思潮・概念は戦前・戦時期の人々に近接した存在であり、当該期の思潮変容を長いスパンで追うことは本書の趣旨にも合致すると筆者は考える。

紙幅の関係等で本論文終盤部（防共→大東亜共栄圏への跳躍）は駆け足の形となったが、この点も含めて今後稿を改めて論じていきたい。

註

（1）日本では長らく「赤化防止」「主義取締」がすでに国内に入った危険思想への対処という受身的姿勢を示す用語として用

いられてきた。また「反共」の語は一九三七年の「国際反共聯盟」創設以後、その機関誌『反共情報』など限定領域での使用に留まっていた。後述の掃共↓防共の流れの中「攻勢防御」的要素を備え得た防共の語はかなり異色な存在と言える。

（2）田嶋信雄『ナチズム極東戦略――日独防共協定を巡る諜報戦』講談社、一九九七年、同『日本陸軍の対ソ謀略――日独防共協定とユーラシア政策』吉川弘文館、二〇一七年他。

（3）酒井哲哉「日本外交におけるソ連観の変遷（一九二三～三七）――日本外交史の枠組の再検討」『国家学会雑誌』九七巻三・四号、東京大学大学院法学政治学研究科、一九八四年四月、「防共概念の導入と日ソ関係の変容」『北大法学論集』四〇（五・六―下）、北海道大学法学部、一九九〇年九月参照。

（4）一九四一年一一月の日米交渉「甲案」には、陸軍の主張を受け「北支及蒙疆ノ一定地域」への駐屯が明記された。その背景には北支共産化の実情説明でアメリカの理解を得られるとの認識の存在（防共的国際協調の残滓か）が挙げられる（波多野澄雄『幕僚たちの真珠湾』吉川弘文館、二〇一三年、一四六、一四七頁）。

（5）前掲酒井「防共概念の導入と日ソ関係の変容」では、ソ連側が極東情勢・日本外交変遷過程で防共的国際協調に基づく包囲網を常に警戒し続けたこと（一一四七～一一五三頁、一一五七～一一五九頁他）がテーマの一つとなっている。その後日中戦争の長期化に伴う「排英気運」高揚が日本の外交目標分離（防共と反英）を生み、独ソ不可侵条約を経て後者へ一本化される（一一七一、一一七九、一一八〇頁）と酒井は述べる。

また井上寿一は防共が国内諸政治勢力の合意軸だった期間の存在に触れて、広田三原則に並行して行われた陸軍華北分離工作で広田外交の対外的道義性と国内「政府内政治勢力の提携関係」は崩壊し、防共合意軸は失われたと述べる（『危機のなかの協調外交――日中戦争に至る対外政策の形成と展開』山川出版社、一九九四年、第六章）。

（6）防共と掃共を明確に区切る考え方は、日独防共協定締結の際の警察・司法関係の共産党検挙功労者の大量叙勲からも窺える。

（7）伊藤隆『近衛新体制――大政翼賛会への道』中公新書、一九八三年、二二、二三頁。

（8）林毅陸「皇太子殿下御誕生記念日に際して」（『講演』第四年一月下旬号、聯合通信社、一九三五年一月、三頁）。これは後年の記念行事講演録であり、後述の諸変化を経ての言説となる。なお林の経歴に関しては『国史大辞典』11、吉川弘文館、一九八九年、六九八頁参照。

（9）長島隆二『西伯利亜出兵并に対支政策を論じて国民精神の改造に及ぶ』、やまと新聞社、一九一八年、五〇～五三頁。

(10) ピーター・ドゥス／藤原帰一訳「植民地なき帝国主義――『大東亜共栄圏』の構想」『思想』(四)(八一四)、岩波書店、一九九二年四月、一一三頁。
(11) 伊藤隆前掲書、同上。
(12) 天皇の病状公表は一九二〇年三月。明治神宮創建・顕彰の広がりを巡る動きについては佐藤一伯「明治神宮造営と明治聖徳論の展開」『神道宗教』第二一二号、神道宗教学会、二〇〇八年一〇月に詳しい。なお「聖徳記念絵画館」の顕彰絵画が出揃って完成記念式が開かれたのは、広田内閣期の三六年四月二一日である(山口輝臣『明治神宮の出現』吉川弘文館、二〇〇五年、一九八頁)。
(13) 大蔵省印刷局編『官報』号外、一九二三年一一月一一日。
(14) 須崎愼一『日本ファシズムとその時代―天皇制・軍部・戦争・民衆』大月書店、一九九八年で長野県「下伊那精神作興会」とその主導者森本州平を対象に同詔書の影響が考察されている。
(15) 拙稿「一九二〇年代日本左翼運動における『知』の転換――ドイツからロシアへ」『東京大学日本史学研究室紀要』一七号、東京大学日本史学研究室、二〇一三年三月参考。
(16) 『東京朝日新聞』一九二八年一月一日社説「戊辰年頭の辞」での「第二戊辰」、同一月四日社説「国民は解散を期待す」での「昭和維新」など「戊辰」「維新」を意識した言説が見られる。その後内務省選挙ポスターに「昭和維新輿論政治ガ実現ス」(「五箇条の御誓文」を強く意識)の文字が入るなど維新意識の具現化が進む。
(17) 伊藤隆前掲書、同上。
(18) 「模範者」の運動主導は当時左翼運動にも見られ(例：プロレタリア文化運動での文芸評論家蔵原惟人。前掲拙稿参考)、当該期日本社会に象徴的な考えと言える。
(19) 伊藤晃「日本共産党分派『多数派』について」、運動史研究会編『運動史研究』1、三一書房、一九七八年参考。
(20) 以下松田道雄編『近代日本思想大系』35、筑摩書房、一九七四年、三七一～三八〇頁参照。
(21) 大久保弘一『日本精神信解』川流堂小林又七商店、一九三六年、五四頁。著者大久保は後年二・二六事件参加部隊兵に投降を促す「兵ニ告グ」の放送文起草者となった人物で、言わば皇統に連なる「赦し」の語り部的存在である点が興味深い。
(22) 三四年は「神武天皇東遷二千六百年」でもあり記念行事も開かれた。また「建武中興六百年」と同じ三四年三月の満洲国帝政移行も皇統顕彰を考える上で重要となる。

(23)以下「対支政策〔廣田三原則〕決定の経緯（外務省東亜局一課調書）」、『現代史資料』8、みすず書房、一九六四年、一〇二〜一〇八頁参照。

(24)三五年は「日露戦捷三〇年」に当たる（講和条約締結九月五日）。この点が想起させる精神的優位性も国体明徴・防共とリンクし、思潮形成に影響したのではないか。また同年七月外交文書等の国号が「大日本帝国」に統一される。日本の道義的達成の点を加味すると、この決定がこの時期なされた意味も窺えよう。

(25)広田外相就任以降、日本を「東亜の安定力」と見なす言説が多用され始めたことと、国内掃共完了のタイミングの一致という点は考慮されるべきであろう。

(26)「広田外相、蔣大使会談要録第三、四回」、外務省編『日本外交年表並主要文書』下巻、原書房、一九六六年、三〇四〜三〇八頁。

(27)井上前掲書、二〇八〜二一五頁。

(28)読売新聞社編『昭和史の天皇』20、読売新聞社、一九七二年、一三三頁。同著ではコミンテルン第七回大会で日独が「帝国主義者と名ざしできめつけられた」直後の同盟締結は「諸外国へのハレーションが大きすぎ」る＝コミンテルン言説を裏付け兼ねないため「マント」をかぶせたとある（一三七頁）。

(29)満洲国建国・華北分離工作主導者の一人土肥原賢二は著書で「共産主義者や反革命派や政治犯」は西欧では「虐殺されてゐる」が、日本では「転向の道が与へられ」、「国家の一員として働くことを喜ぶ」のは日本人の持つ「家族主義」的特質が根底にあると述べる（土肥原賢二『対支国民綱領の根幹』新友社事務局出版部、一九三八年、二二頁）。

(30)河野密『日本社会政党史』中央公論社、一九六〇年、一四六頁。

(31)三四年は「予防拘禁」制度・「右翼団体」取締を巡る合意形成失敗が、三五年は先述の天皇機関説問題での審議停頓（審議前提として国体見解闡明を政府側に要求）が原因（奥平康弘『治安維持法小史』岩波現代文庫、二〇〇六年、一七九頁）。

(32)奥平前掲書一七七〜一八八頁。同著では三六年末「東京保護観察所で執務上の便宜のため協議決定した『思想進化段階論』」への「日本精神」記述登場を転向基準変化の証左とするが、変化の背景には筆者が示した諸要素の交錯があろう。

(33)国際反共聯盟機関誌『反共情報』では、偽装転向や合法偽装し活動する共産主義者を足利尊氏に擬え排撃を謳う声も見られた（赤神崇弘「転向政策の表裏」、『反共情報』（四）一、国際反共聯盟、一九四一年一月、六四頁）。

「尊氏」は当該期に「まつろはし」で赦されぬ代表例であった。尊氏は数度の寝返りを経て天皇（当時正閏とされた南朝）を敵にし、幕府権力を得て生涯を全うした点が建武・楠公顕彰で高揚した忠君意識に反する故排撃されたと筆者は考える。
（34）前掲『昭和史の天皇』20、三七五〜三八四頁。
（35）三九年二月満州国・ハンガリー、三月スペインとの間に防共協定が結ばれ、防共的国際協調は一応広がりを見せた。
（36）前掲『日本外交年表並主要文書』下巻、三八一〜三八四頁。
（37）「国民政府と雖も拒否せざる旨の政府声明」、同四〇一頁。
（38）三八年は同詔書の渙発から一五年の年で、同年の詔書渙発日一一月一〇日は昭和天皇即位の大礼から一〇年目に当たる記念の節目の時期でもあった。
（39）『官報』第四一七三号、一九四〇年一一月三日。
（40）同上。
（41）座談会「日本の外交――三国軍事同盟秘史」（吉野源三郎編『日本の運命』評論社、一九六九年）一九八〜二〇〇頁。
（42）同上。
（43）朝日新聞社法廷記者団編『東京裁判』中巻、東京裁判刊行会、一九六二年、七一一頁。山路章（元外務省東亜局第一課長）証人の証言。
（44）『東京朝日新聞』一九三九年一月一六日。
（45）同一九三九年八月二九日。
（46）内閣制度百年史編纂委員会編『内閣制度百年史』下巻、内閣官房、一九八五年、二三三、二三四頁。
（47）河西晃祐『大東亜共栄圏――帝国日本の南方体験』講談社選書メチエ、二〇一六年、一〇九頁。
（48）伊藤隆前掲書では近衛が全政治勢力から「悪く思われていない」＝「上から」の挙国一致遂行最適任者だったと述べられている（二三〇、二三一頁）。
また近衛新体制の立役者の一人風見章は、当時の国民が「時局を収拾してくれるものと言えば、近衛氏のほかに人なしとして、同人にだけ望みを繋いでいるという有様」だったと後年述べている（矢部貞治『近衛文麿』読売新聞社、一九七六年、四七七頁）。
（49）『現代史資料』9、みすず書房、一九六四年、七〇三頁。

（50）米内光政内閣時の議会答弁で有田八郎外相が「防共の根本方針不動」を述べた（『東京朝日新聞』一九四〇年二月五日）が、防共の語は総じて重要性を減じていく。
（51）『官報』第二七七三号、一九三六年一一月二八日。
（52）『東京朝日新聞』一九四〇年八月二日。「大東亜共栄圏」に関しては河西前掲書も参考。
（53）河西前掲書、三九頁。
（54）「帝国外交方針　昭和十五年九、十月」、アジア歴史資料センター、「B02030011600」。
（55）河西前掲書では当時懸案となっていた「南部仏印進駐」巡る政軍間の対立を押し留め（五一頁）つつ、「夫々の共栄圏」相互承認という外交的成果で国内外の問題解決を試みた松岡の思惑とその実現可能性が述べられている（五五頁）。しかし現実には「日ソ中立条約」が両国の「勢力圏」相互承認担保にならず、独ソ開戦、日米交渉破綻を経て松岡はこの構想を放棄したと河西は述べる（七〇〜七二頁）。
（56）三〇年代中盤の組織的左翼文化運動の終焉・「日本浪漫派」の勃興なども「防共」概念の成立と時を同じくする現象であり、この観点も交えた検討が必要であろう。
（57）前者は獄中非転向共産党幹部などに代表される姿で、後者は井上寿一『理想だらけの戦時下日本』（ちくま新書、二〇一三年）で描かれた「国民精神総動員運動」に踊らぬ民衆の実態などに表象される姿であろう。

第二章　産業報国運動は手段か目的か――鮎澤巌の視点から

松田　忍

はじめに

戦時経済において、労働の現場では勤労概念が鼓吹され、職場秩序の維持及び生産能率の向上が図られたことは広く知られている。その実態の解明は、産業報国運動研究として、主として経済学の分野から推し進められてきた。

岡崎哲二による先行研究整理[1]を踏まえて研究状況を概観すると、一九六〇年代から一九七〇年代にかけては、「それぞれの企業に労働者を密着させる作用をした」とする孫田良平[2]や、戦争末期に労働秩序が崩壊しなかった根拠を産報の職場組織に求め、戦後の企業別組合との連続性を指摘した大河内一男[3]が存在する。一九八〇年代以降、労働生産性の向上と労働者の統合実態の解明が進んだ。西成田豊[4]、桜林誠[5]は戦況が苛烈になるにつれて、統合力を失っていく産報を描き、さらに産報の機能を数量的に分析する試みに取り組んだ岡崎哲二は、一九四一年前後までの産報には労働争議参加率を低下させ、一九四二年までは労働生産性を高める効果があったと結論づけている。その後の研究動向も産業報国会の経済的効果に沿って展開しているように思われる。[6]

そうしたなかにあって、佐口和郎[7]が勤労概念の鼓吹を唱えたことに産報の特色を見いだしている点は注目される。近年の通史においても一九四〇年一一月に閣議決定された勤労新体制確立要綱を「労働者を経営者とともに国家に奉仕する勤労者としてとらえ、勤労者なるが故に人格を承認される存在である労働者の自発性・戦争協力を喚起しようとするものであった」[8]と捉えており、佐口の視点は現在まで継承されている。

ところで先行研究が産報の「失敗」として捉える戦時期末期は、未熟練な若年労働者、女性労働者が職場に動員され[9]、労働力の希薄化（ダイリューション）が急激に進行した時期であった。同時に一九四三年以降、青年労働者をターゲットとして、勤労概念を生活に導入することを訴える書籍が大量に発行されている。[10]現実的には職場秩序が崩壊しつつある時点においてなお、人格承認による生産性向上にこだわりつづけたのはなぜなのだろうか。それは戦況が逼迫しているがゆえの、やむにやまれぬ選択だと結論づけてよいのだろうか。

さらに勤労概念により職場秩序を維持しようとする試みは戦後まで継続する。高瀬弘文の指摘[11]によると、日本国憲法に勤労の義務の条項が盛りこまれる際に、①法律上の強制力をもたせるか、強制力を持たない道徳的なものかをめぐる議論、②「労働の義務」を主張した社会党勢力と「勤労の義務」を主張した保守勢力との議論は存在したものの、勤労（労働）の義務を憲法に盛りこむこと自体には広汎な勢力が賛意を表明したとされる。

二度の大戦の結果、欧州諸国が動員の対価として福祉を供給する方向へと変貌を遂げるなか、破滅的な敗戦を経験してもなお、政治権力が勤労概念を強調し、そして国民からも大きな反対がおこらないことを自明の事象だとみなしてはならない。

たとえば有馬学[12]は、一九三〇年代の労働政策が、経済の合法則性への準拠からその修正・打破へと変化する際の思想的背景を問うている。有馬は同時期の労働政策の重要な特色として、「日中戦争の勃発が国内体制打破のきっかけとなる認識」「合法則性を捨ててでも、重工業化の進展に注力することで『日本的低位性』を脱しようとする発想」「現状の民衆ではなく、主体性をもったあるべき民衆を想定して産報の理論が組まれていること」を挙げている。

有馬の視点を産業報国運動に位置づけて理解するに、戦争遂行の手段としての労働政策が捉えられた側面はありつつも、むしろ戦争を利用して、主体的な勤労意欲を持った民衆の育成をはかったといえるのではないか。第二次世界大戦は経済戦、思想戦として戦われた側面があるのであって、米英を中心とする世界秩序の次なる体制をめぐる争いでもあった。そのもとにおいては、勤労概念を社会秩序の基盤に位置づける産業報国運動は戦争遂行の手段ではなく、目的となりえる側面があったのではないかとするのが、本論文の主張である。

以上を踏まえ、本論文では、一九三〇年代の日本が、自由主義を土台とする経済の合法則性を捨て、家族主義を土台とする勤労概念を選択するに至る過程において、労働が位置づけられた枠組みについて概観したい。その際に直接的に産業報国運動について取り扱うのではなく、戦間期の国際労働機関（ＩＬＯ）で勤務し、戦間期の国際労働問題をヨーロッパでみてきた鮎澤巌に焦点を絞りたい。

鮎澤巌はコロンビア大学にて労働問題を研究して、一九二〇年に博士号を取得後、前田多門の勧めによって、ジュネーブのＩＬＯ本部の業務に携わった人物である。ＩＬＯ東京支局長であった浅利順四郎が一九三五年に死去したあとを受けて、第二代東京支局長を務め、一九三八年一一月に日本がＩＬＯへの協力を打ち切るに到るまでを見届けている。

労働政策は国際的な協力のもとにしか成立しないとの確信を持ち、労働組合の発展を正義と見なした鮎澤の視点からみると、皇国労働観を報じ、産業報国運動に邁進した戦時日本の労働状況はいかなるものとして捉えられたのだろうか。

一　ソーシャル・ダンピング問題とその反応

一九三〇年代において日本の労働状況が世界各国の注目を浴びるきっかけとなったのが、ソーシャル・ダンピング問題である。まずはその概要を奥和義の先行研究に依拠しながら確認する[13]。

いわゆるソーシャル・ダンピング問題の発端は、満州事変が一九三一年九月一八日に勃発して以降、赤字公債の続発と不換紙幣の膨張とからなる軍需インフレーションが進行し、同年一二月一三日に金輸出が再禁止されたことにあった。以降、円為替相場は低落をつづけ、一九三三年にようやく平価の約四〇%で安定したが、このため日本商品は世界市場で非常に安く売られることとなったのである。一九三三年四月、英国政府による日印通商条約廃棄通告をはじめ、欧米各国から南アフリカにいたる世界各国が日本商品に対する関税引上げ、輸入制限の措置をとり、日本は不正競争によって海外市場進出を行なっている、という非難が提起された。問題は、生産費以下での販売、為替ダンピング、ソーシャル・ダンピングの三者が複合して、ダンピング問題が発生したことにあり、「高度の集中と独占と、労働強度・労働生産性の高位と植民地的低賃金の結合していることが、ヨーロッパのダンピングと異なる特色であった[14]」。

日本に対する批判を強く繰り広げたのはイギリス綿業資本であり、「政府の補助金政策、第二に商標の偽造、第三に為替ダンピング、第四に低賃金」の四点が非難項目として挙げられた。そして、これらの中で最も問題にされたのが低賃金＝ソーシャル・ダンピングであり、次いで為替ダンピングであった[15]。そして一九三三年のＩＬＯ総会で、イギリス、オランダ、インドの代表が日本はソーシャル・ダンピングによって、海外市場進出をはかっているとの非難がなされた。

こうしたソーシャル・ダンピング論にはいくつかの反論が存在した。

もっとも著名なものが高橋亀吉の反論である。[16] 賃金の国際比較は貨幣賃金でなく実質賃金で行わなければならないこと、さらに実質賃金の算定にあたっては当該国の生活習慣、文化程度、生活水準などにより数多くの困難が生じることを指摘し、生活習慣などを考えた時、日本の賃金水準は必ずしも低いとは言えないと結論する。

また石橋湛山はより原則的な立場からの反論を試みている。[17] 個々の産業における生産性を国際的に比較し、生産性と賃金水準との乖離を問題として、「製品一単位あたりの賃金を国際比較する」ことが必要であり、この方法で考えれば日本は必ずしも低賃金だと言えないと主張したのであった。

第一八回国際労働総会に労働者代表として出席した菊川忠雄の回想[18]によると、ソーシャル・ダンピング論議が日本商品排斥決議へとつながるのではないかとの懸念が強かったため、北岡寿逸政府代表は「日本の産業労働事情の実情」を紹介する数字を準備し、浅野良三資本家代表も「弁明の材料」や「観光局の日本紹介フイルム」も携行していたが、実際会議に参加すると「それほどのこともな」く、「日本の神経を刺戟しないように慎重な考慮」が払われていたという。

しかしながらソーシャル・ダンピング問題が大きな問題に発展する可能性があったのも事実であり、バトラー局長、モーレット調査部長、鮎澤、上井、出井ら労働局のメンバー、帝国事務所の吉阪所長、横山在ジュネーブ総領事らによって、国際労働総会開会前に、問題の沈静化が図られていたことを菊川は指摘している。そしてそれは「国際労働機関の内包する、眼に見えぬ貴重な存在価値」でもあった。[19]

日本を視察したモーレットの報告書を受けて、国際労働局長バトラーが第一八回国際労働総会に提出した報告では、「高橋蔵相のインフレーション政策が、日本の生産の巨大な増加とその輸出貿易の驚くべき躍進との一要因」とされ、ソーシャル・ダンピングが日本の貿易急進の第一の要因とはされていない。一九三一年には一一億七九〇〇万円であった日本の輸出は、一九三三年には一九億三二〇〇万円とほとんど二倍になった。生産能力の急激な拡張や労働条件の急激な劣悪化だけではこの変化を説明できず、「日本の競争の全性質を一変させた主要な要因は、明らかに通貨の減価」であり、日本の労働費および一般費をその主要競走国に比べて、「約二分の一から三分の二の割合で引下げた」とバトラーは報告している。(20)

二 ソーシャル・ダンピング問題の記憶

ソーシャル・ダンピングを認めた人物としては、「労働者階級への搾取強化」を指摘した向坂逸郎や「低賃金の基礎それ自体を日本資本主義の基礎基底と関連づけを明らかにし、飢餓輸出の基盤を明らかに」した平野義太郎が挙げられ、労働団体もまた「国内的労働条件の改善を求め、いわゆるチープ・レーバーの緩和を要請する」方針を取った。(21)

それに対して、ダンピング問題を火消しする役割を担った鮎澤はダンピングを認める発言を残すことはなかった。鮎澤にとっては、ＩＬＯを通じて、ダンピング問題における日本の立場について理解を求めたことにより、問題が拡大せずに済んだことは一つの成功体験となった。すなわち「資源、領土、人口、移民、通称、関税等の諸問題に就て世界に向つて大に主張し、大に要求すべきことを持つてゐる」(22)からこそ、国際労働機関とのつながりを重視せねばならないと鮎澤は考えた。そして国際会議において日本の主張が為されている限り、「我が国の労働条件や社会立法などは世界の諸国に比して差支へないであらうか」と憂えたり、「外国が如何に批判するかなどは顧慮する必要がない」とした。(23)

しかしそれは鮎澤が日本の労働問題を軽視したことを意味しない。一九四六年になって「過去の日本に於ては全国のレヴエルがまち〳〵であつたし、又国際的レヴエルと比較しては余りに低く世界の進歩を妨げてゐた」[24]との述懐を残しており、また一九三七年六月時点においても、フリーダ・アトリーの著書を引きつつ、次のように述べている。

頭に鉄の兜を冠り、身体には鉄の鎧を纏ひ、物々しいいでたちであるけれどもその脚部、その足を見ると、そこは土で出来て居る。……日本と云ふ怖ろしいジャイアント即ち巨人の足底をなす所の人民、勤労階級、民衆の社会状態彼等の生活状態、彼等を保護する所の社会的施設立法等を見ると、そこだけは鉄で出来て居ない泥土である。ネグレクトされて居る。必ず覆るだろうと云ふことを示唆してゐます。これは間違つておりませうか。[25]

すなわち、日本独自の問題として労働問題を考えていく必要を鮎澤は提示したのであった。また「国家の足」として労働問題を捉える発想は、鮎澤がアジア・太平洋戦争を理解していく上での前提となっていく。

一方で、ダンピング問題は、低廉な賃金で労働力を供給する日本的生活への自信をより強める記憶を残した。たとえば北岡寿逸は次のように述べている。

低賃金といはれるが、生活のシンプルであることと、生活費の至廉なることを見落としてはならない。紡績女工にしても一日十五銭の食費で国立栄養研究所の栄養価値十分なりと保証する食事が摂れるのである。従つて彼等は食費を払つてあと賃金の三分の二を貯金することの出来る境遇にある。[26]

また高橋美之は日本の労働者の能率はイギリスのそれに近いのにも関わらず、賃金は三分の一に過ぎず日本の三分の一の能率しか上げていないインドの労働者と同等であると誇りを込めて論じている。[27]

さらに、のちに展開する産業報国運動においても、ソーシャル・ダンピングは日本的労働慣行の強みを示した事件として記憶されている。たとえば一九三四年に来日したモーレットを自社工場に迎えた渡部旭(パイロット万年筆)は、モーレットに月給制度のことについて説明をした際に、「休んでも給料を出すといふ処は」分かってくれましたが、「残業しても休日出勤しても給料は払はぬといふ処に来ますと、それで労働者が働らくわけがないと言つて、こちらの言ふことを真に受けません。……案内役の鮎澤氏に、ミスターワタナベの言ふことは本当かと念を押す始末[28]……」と述べている。

彼らにとっては、国際労働機関は「歴史上の事実と労働をネセサリー・イーヴィルとする思想」すなわち労働苦患説を押しつける団体としか感じられなかったのであり、国際労働会議は労働苦患説の宣伝組織であるとされたのである。[29]

三　国際労働機関への協力打ち切り

一九三七年に盧溝橋事件が勃発すると、不拡大方針が取られたにも関わらず、戦線は拡大した。同年一〇月にアムステルダム・インターナショナルと呼ばれる国際労働組合連合(IFTU)の機関誌第三九号に、同年にチエコスロバキアのプラーグで開催された第八一回国際労働局理事会の労働者代表団が行った日本の対支行動非難決議を掲載されたことから、日本労働組合総連合、愛国労働組合全国懇談会、愛国労働農民同志会といった労働団体からは、反日的決議をする国際労働機関からの脱退が主張された。

国民同盟総裁であった安達謙蔵は、一九三八年一月二〇日の同盟大会において以下のような演説をおこなった。

欧州大戦後国際労働機関の成立した時代思潮は如何であったかを回顧する必要がある。かの時代においては、この機関の立案者並に参加者は国際経済主義、自由通商主義を目指してこの機関を立案し、またこれに参加したのである。彼等は自由通商の基礎として各国における労働条件の均質を必要とすると考へたのである。世界はもはや国際主義、自由通商主義の世界ではない。労働者の地位の向上、待遇の改善は最も必要なることではあるが、之等は各国特殊の事情を研究し最もその国に適合した方法を撰ぶべき時代となった。我国は此の見地よりして国際労働機関より脱退すべきである。(30)

こうした動向に対して、国際労働局東京支局長であった鮎澤は「国際労働機関と日本」と題する論考を発表し、一貫して国際労働機関において日本が果たしてきた役割を強調し、経済新興国である日本の発言は常に重要視され、「片言隻句」まで諸外国代表の関心を集めてきたことを示した。たとえば前節で示したモーレットの報告書は英語、フランス語、スペイン語、日本語などに訳され、「日本の産業、貿易」を論じる海外の著述にしばしば引用される「権威的」なものと受けとめられていると鮎澤はしている。(31)

以下は国際労働総会に関する鮎澤の文章である。

政府側、使用者側、労働者側と言ふやうに立場を異にした代表が出席してをり、各々その独自の立場から、自由に日本の特有の事情を説明して、日本全体としての主張を世界の人々の間に徹底さすことが出来る仕組みになつてゐる。日本に関して無智なる者、日本に対して誤解を抱く者、我が日本の真意について疑念を挿む者、日本の行動に対して反感を持つ者、日本に就て善かれ悪しかれ何等かの関心を有するすべての諸外国代表を前にし、全世界の視聴をあつめて、我国の実情を堂々と、何の遠慮もなく説明し納得せしめる機会を、この総会が提供してゐる訳である。(32)

日本のように「天然資源に乏しく、国土狭小にして、過剰なる人口を支へつゝある」国が「今後の存立と繁栄とを期するためには領土的考慮を措いては、他に産業的発展」以外に途はなく、その「平明なる事実を世界に向つて説明し、納得せしめること」自体が「世界平和への大きな貢献である」としたのである。(33) そしてその責務から「逃避、退嬰」しようとする日本の現状を鮎澤は憂えている。

工藤誠甫によれば、当時の聯盟においては、日中戦争勃発に対して、事実上効力がない対日制裁をおこない、日本の対聯盟協力が打ち切られることをおそれる空気があったとしている。すなわち日本の対聯盟協力が終止した場合、中国及び満洲国における阿片密造の取締が困難になること、アジア諸国における経済的事業が継続困難になること、世界経済市場における日本の進出が国際労働局の制肘を失って益々激烈となること、日本委任統治領の状態監督困難となることなどの困難が直ちに生じると考えられたからである。(34)

しかし結果的に一九三八年一一月に日本は国際労働機関への協力をうちきり、一九三九年三月に東京支局が閉鎖されることとなる。

四　東京支局閉鎖直後の鮎澤巌

東京支局が閉鎖されたのちも、欧米に対して日本の経済・労働の実情を欧米諸国に訴える必要はありつづけ、日本と英米との相互理解をもとめての広報活動の試みは続けられる。一九三九年四月一日には「米英から外資を導入して日本並びに東亜の経済建設の一助とし、当時支那問題を中心に極めて憂うべき状態に達していた米英との緊張を緩和すること」を目的として日本経済連盟会に対外委員会が組織されている。同委員会は広報活動として、「海外向東亜経済事情紹介のための月刊写真情報East Asia Economic Newsおよび英文経済叢書Far Eastern Economic Intelligence Series」を刊行するとともに、定期海外向け放送の実施、米英の有力実業家や政治家を招待して日本の財界人との懇談会を組織し、米英人が日本の工場を視察するための斡旋などをおこなった[35]。

同委員会のメンバーを確認する。委員長には郷誠之助、副委員長には澤田節蔵が就き、大蔵省から迫水久常、外務省から岸偉一、曾弥益、商工省から新井茂、美濃部洋次、興亜院から毛里英於菟、海軍から柴勝雄、陸軍から景山誠一、日本銀行から荒木栄吉、日本工業銀行から荒井誠一郎、満洲国大使館から野田清武が委員として参加した。そして委員会の事務局局長には高嶋誠一、事務局次長として鮎澤巌が就いている[36]。

しかしながら、経済問題に関する米英との相互理解をはかる当初の事業目的は日独伊三国同盟の締結が決定的な要因となって困難になり[37]、同委員会は再編を迫られる。そして日米開戦を予想しつつ各国の戦力を調査しておく必要を論じた迫水、美濃部の意見が通り[38]、国際事情の調査研究へと目的を変更し、一九四一年五月二九日には世界経済調査会として発足することになる[39]。

世界経済調査会には、当初から米州経済研究部、欧州経済研究部、英帝国経済研究部、世界機構研究部、船舶研究部、人的資源研究部、世界大戦経済史研究部がおかれ、その他各種委員会が設置された[40]。澤田節蔵の回想によると、研究面での中心は「対外委員会時代から熱心に補佐してくれていた」鮎澤巌や蘆野弘が担い、特に鮎澤は世界機構研究部の主査をつとめている。[41] さらに研究者の確保などの人事面は鮎澤が主に担当した。[42] 鮎澤は日本経済連盟会対外委員会および世界経済調査会をベースに研究と言論活動とを進めていくことになる。まず東京支局閉鎖後の鮎澤が取りくんだのがユージン・ステーリー著 *World Economy in Transition*（一九三九年四月刊行）の紹介であった。[43]

同書を紹介したのは国際労働機関が日本に強い関心を抱くのは、日本を圧迫するためではないことを主張するためであった。鮎澤の発想の土台にあるのは経済発展により狭くなる経済世界イメージであり、それぞれの国の特殊事情を説明し合い、相互理解をおこなうことなくしては平和が実現され得ないとの確信であった。[44]

ステーリーの主張のうち、特に鮎澤が注目したのは、鉄道、飛行機、ラジオによって「距離征服のテクノロジイ」が一九世紀以降急速に発達し、「コスト・ディスタンス」が低減した結果、「全球経済《プラネタリーエコノミー》」が実現しつつあり、人間の経済生活が「世界的」になりつつあることであった。[45] 生産物が国境を超えていきかう世界においては労働問題も「世界的」に連動するのであり、鮎澤にとっては「産業労働の問題が本質的に欧州のみに局限されず『世界的』である」ことを「世界は極東や、その他、欧州以外の地域に於る産業の発達を度外視」できないことを意味していた。[46] それゆえに国際労働局が「アジア諸国なかんづく日本に対し特別の関心と興味とを示し、この日本国に特有なる産業及び労働の事情が世界に於て正しき認識を以て精確に紹介さるゝこと[47]」に努力を払ってきたとしている。

またステーリーが日本に詳しく触れている部分についても鮎澤は紹介している。ステーリーは日本が戦争に向かっているのは「経済的重圧の感じ」ゆえであるとした。過去六〇年に日本の人口は約二倍となると同時に、一人当たりの実収入もほぼ倍となっている。しかし米国と比して比較にならぬほどの狭小な国土に多くの人口がひしめく日本の危機感を同書は説明している。

たとえば日本からのアメリカ移民についても、アメリカが他国に許しているクオータ制を日本からの移民に適用しても、一年にわずか一四六名の入国許可を与えればすむにもかかわらず完全なる移民拒絶をおこなったことや、日本製品に対する「悪質」な貿易制限が行われはじめたことが「経済的重圧の感じ」の原因となっているとステーリーは評価している。

ステーリーは事変が拡大する東アジア状勢において、日本の生活標準が向上し、各種制限にも関わらず輸出貿易も栄えている以上、「世界の経済的障壁に遮られて余儀なく今日の行動を〔日本が〕取るに至った」とまではいいえないとしつつも、「世界は日本に対して、他の道を撰ぶよりは、経済的改善の道を進む方がよいと言ふことを実感さすやうな積極的なるものは何者をも提供せずして」、実力行使に対する「口実とスローガンを与へてしまつた」と述べている。

ジュネーブで長い交友関係を持っていた(48)鮎澤とステーリーに共通しているのは、日本と英米が相互理解を深める回路を失いつつあることに対する深い失意であった。

五　戦時期における鮎澤の研究対象

日本経済連盟対外委員会が世界経済調査会へと改組して以降、鮎澤はアメリカ経済の状況に関する研究と戦後の世界秩序に関する研究とをおこなっている。まずはアメリカ経済分析について触れる。

一九四一年時点の論考でアメリカがヨーロッパ戦線に参加したとしても、アメリカ国内に労働問題をもとにした動乱がおこることはあり得ないと鮎澤はしていたが、[49] それでもなおアメリカの労働状況が戦時生産をどの程度実現できるのかを検証する目的でもつて、一九四二年、鮎澤は「米国抗戦力の限度」を執筆した。[50]

鮎澤は「フランスは一九四〇年ドイツに破られたと言ふよりは、一九三四—三六年、人民戦線下に敗れてゐた」のであり、労働問題がフランスの敗因であったとするフランスのペタン元帥のことばを引きながら、「米国の抗戦力の限度は、……資材や原料の多寡によつて定まるのではなくして、最後的には米国々民の持つ戦争意識の強弱による」としている。[51]

特に指標として鮎澤が重視しているのが罷業である。一九三七年から一九四〇年にかけて四、七四〇件から二、四五〇件へと減少していた件数が、一九四一年一月から七月の間には二、五〇五件発生し、参加人員も一九三七年の一、八六〇、六二一人が一九四〇年には五七五、〇〇〇人へと減少していたのが、一九四一年の一月から七月だけですでに一、三二〇、〇〇〇人に増加している。[52]

また公正労働標準法によって一週間四〇時間の労働時間制限がなされており、戦時生産局長官ネルソンが軍需工場のうち二〇%が一週五日しか操業していないと述べていることを引いている。[53]「希望的観測」を排除しつつも、自由主義国家アメリカの生産力が枢軸国に対して不利な状況にあることを鮎澤は指摘している。

次に、第二次世界大戦後の世界秩序構想に関する鮎澤の発言について触れる。経済倶楽部にて鮎澤がおこなった二つの講演「戦後の世界秩序に就いて」[54]、「ヴェルサイユ体制の崩潰過程とその将来」[55]について検討したい。

「ヴェルサイユ体制の崩潰過程とその将来」では、「ヴェルサイユ体制の崩潰過程」は「国際聯盟没落の物語」であり、「英帝国及び仏帝国が其の制覇の地位から落ちて行くといふ話」、さらには「敗戦国ドイツを抑圧して置くといふ仕組みが覆へされて行く過程のお話し」であるとしている。[56] 鮎澤の歴史認識を確認しよう。

二〇世紀初頭から第一次世界大戦の勃発までは、一九〇〇年のパリ万国博覧会、万国郵便連合、国際赤十字委員会、一八九九年と一九〇七年には世界平和会議などに代表される「国際主義発達の時代」であって、自由主義経済、民主主義的政治体制が優越的なシステムとなり、イギリスを中心とする金本位制のもとに、貿易障壁を設ける発想が薄かったことが指摘されている。(57)

第一次大戦後設立された国際聯盟に関しては、国際貿易の復興を前提として、一九二七年のジュネーブ国際経済会議で戦争の原因となりうる通商上の障碍などの経済問題について議論の場を設けることができたことなどが国際聯盟の活動の成果として挙げている。(58)その一方で一九二八年に成立した不戦条約に対する鮎澤の評価は極めて低い。戦争を国策実現の手段とはしないことを取りきめたところで、戦争に訴える国と話し合う「コンファレンス」の回路が存在しないと無意味だと考えたからである。(59)鮎澤に貫かれているのは経済問題を議論する「国際経済機関」のような組織、あるいは国際労働会議で、各国がそれぞれの主張を繰り広げ、相互理解を深めることこそが必要であるとの認識であった。

欧州の戦後復興は多くをアメリカ資本の力によっていたため、世界恐慌の勃発以降、アメリカが保護政策をとり、アメリカの助力に依存していた世界の経済界は動揺を来すことになる。「一九二九年三〇年以後の亜米利加の採つた通商政策は決して自由主義を旗印に掲げて世界に説教する国の名誉」ではないと鮎澤は強く批判している。(60)そして国際聯盟は「衰微時代」へと向かうことになるとした。(61)

鮎澤は、第二次世界大戦の勃発を止めることができなかったヴェルサイユ体制の欠陥を七点あげているが、そのうち主要なものを確認する。まず国際秩序を保つための平和機構と懲罰を目的とする懲罰的講和条約を混ぜ合わせて戦後処理をおこなった問題がある。そして平和機構の本質的欠陥として、「静的」にいつまでも「スタチック」の状態に保とうとする努力自体が原則的に誤っていた。「動的」なものである人類社会に合理性を与えていくだけの努力が欠けていた。さらには大国アメリカが参加せず、国際的な問題について「自分の都合の好い時にだけオブザーヴァ」をだす点で「ユニヴァーサリティ」（普遍性）を欠いていたことが挙げられている。(62)

こうしたヴェルサイユ体制の失敗の先に、第二次世界大戦後の世界秩序は構想されるべきと鮎澤は考えた。第二次世界大戦はどのような戦後世界をもたらすと鮎澤はみたのだろうか。「戦後の世界秩序に就いて」論じた講演をみる。

まず戦後においては「シングル・フォミユラ」（一つの公式）で世界に恒久平和が保障されうる筈がないとの認識が示されている。それは国際聯盟の崩潰過程を目の当たりにした鮎澤の結論であった。

それは米英の戦争目的に対する批判にもつながっている。大戦勃発直後の一九三九年一一月二六日のラジオ放送においてチェンバレンが「自由の擁護」「侵略的な精神の打破」を語り、さらに一九四〇年二月二四日のバーミンガムにおける演説では、軍備の縮小を基底とした永続的な平和、通商の円滑化と生活程度の向上、失業問題の解決、信仰の自由の保障を語るのみであり、一九四一年八月一四日に発せられた八ヵ条から成る米英の共同宣言に対しては、民族自決原則の繰り返しであり、自由な貿易、労働の標準を実現しようとする戦前の動きに、アメリカは非協力的であったことを指摘して、厳しく批判している。鮎澤にとっては英米両政府が主張する戦争目的は、もはや崩潰し実現可能性のなくなった「シングル・フォミユラ」で世界を再建しようとするものであり、実現可能性がないと感じられたのである。国際聯盟に深く関わり、聯盟の活動に非協力的なアメリカの姿を目の当たりにしてきた鮎澤の深い失意が歴史観の前提になっていることがわかる。

そもそも第二次世界大戦は、世界の新秩序をめぐる争いであるとの認識が示されている。かつての戦争が破壊工作であり、敵の降伏をまってから「リコンストラクション」（再建設）をおこなっていたものが、総力戦においては「破壊と建設」とが同時進行する点に注目している。そしてドイツが戦争遂行と同時に、人口の移動、国境の制定、生産計画の策定、金融制度・通貨工作・通商貿易の編成などの「建設」を進めつつあることを例に挙げて、日本もまた「大東亜の建設」に直ちに着手すべきことを主張している。

講演では戦後の世界秩序および国際聯盟の再建案に関するいくつかのプランが紹介されている。

まずは一九三二年の段階ですでにだされていたフランスのブリアンの提案である。これは国際聯盟に国際警察軍を組織し、侵略行為をおさえることを目指した。

それに対して、鮎澤が特に注目しているのはアメリカ人のクラレンス・ストレートが記した"Union Now"にみられる世界連邦の構想であった。ただしこの提案は文字通り「世界」の結合を論じたものではなく、民主主義を標榜する国家群による連邦の構想であった。さらにクーデンホーフ＝カレルギーの構想では世界を五つの国家群に分ける。すなわち「欧羅巴がその一群であつて、それから露西亜がさらに一群をなす。又日本を中心として、此の東亜の方に一つの国家群が出来、それから英帝国と亜米利加がおのく一つの国家群を形成することになる」こととして、その各連邦内においては外交、軍事、経済、通貨、資本組織を一元化し、連邦間の調和を保つプランであった。鮎澤にとっては「大東亜戦争」の戦争目的と、世界平和の実現との調和を可能とする案であり、一九三九年一〇月六日のドイツ議会におけるヒットラーの演説における、経済組織の再編や「真の自由や正しい平和」を実現するための世界構想[63]をも、この世界連邦の構想にひきつけて鮎澤は理解しているとみられる。

さらに戦後体制の構築について鮎澤は次のようにも述べている。「会議に於て戦敗国側はその既成事実を正式に『確認』すると、云ふだけにど〔ママ〕とまり、講和会議に於ける『談判』や『懸け引き』によつて戦後の新機構が作られたり、その後になつて始めて『戦後の再建設』に着手するなどと云ふ悠暢なものではないのであらうと思はれます」。すなわち第二次世界大戦が新たなる経済体制のあり方をめぐる争いであることを鮎澤は明確に意識しており、経済体制の建設に成功した国家が戦勝を達成し、そしてその経済体制が戦後の優越的な体制になるというのである。次の引用からもそれは明らかであろう。

今次の戦争に於ては、破滅的作戦と同時に建設的工作と、生産拡充活動とが、並行的に行はれる。戦局の進展に伴つて戦捷国側では占領地域に着々と建設作業を進め、本国と占領地域に亘る広汎な新経済体制を樹立し、生産、運輸、配給、交通、通信、金融、労務等の経済活動の萬般について、すべて綜合計画の下に、新機構が、戦争進展過程に於て着々と形成されていく。(64)

さらに第二次世界大戦が経済の強固さをめぐる「経済戦であり、思想戦である」(65)と鮎澤は締めくくったのであった。

おわりに

労働問題を主たる活動領域とした鮎澤であるにも関わらず、敗戦に至るまで、また戦後においても、産業報国運動や皇国労働観に対する評価を直接知ることのできるような発言はほとんど確認できない。ただ「近代的資本主義経済の出現によつて賃金階級が生れ、政治的に得た自由を経済的には喪失した。この意味において、労働組合運動は、その失われた自由をとりもどす自由へのヒューマニズムの運動である」(66)との信念をもつ鮎澤が労働組合運動を消滅させた産業報国運動を積極的に評価したとは到底いえないであろう。

その一方で、日本の労働環境の特殊性を鮎澤は主張し続けており、特殊であるからこそ国際機関を通じて、日本の経済発展を危惧する諸国に対して、説明を果たす責任があることを重視したのである。

しかしながらその鮎澤においてすら、ヴェルサイユ体制および国際聯盟の失敗を踏まえて、「シングル・フォミユラ」の崩壊を認めざるを得なかった。世界の秩序をめぐる争いであり、建設が目的である第二次世界大戦において「大東亜の建設」に直ちに着手すべきであると鮎澤がいうとき[67]、労働の日本的特殊性もまた戦争の手段から、戦争の目的へと転化していったといえるのではないか。

註

(1) 岡崎哲二「産業報国会の役割――戦時期日本の労働組織」(岡崎哲二編『生産組織の経済史』東京大学出版会、二〇〇五年)。

(2) 孫田良平「戦時労働論への疑問」(『日本労働協会雑誌』一九六五年七月号)。

(3) 大河内一男「『産業報国会』の前と後と」(長幸男・住谷一彦『近代日本経済思想史Ⅱ』有斐閣、一九七一年)。

(4) 西成田豊「日本ファシズムと労資関係――産業報国会史論」(『社会学研究』二五号、一九八七年)。

(5) 桜林誠『産業報国会の組織と機能』(御茶の水書房、一九八五年)。

(6) たとえば西澤眞三「戦時期日本の労資関係――産業報国会の成立と崩壊」(『大阪府立大学経済研究』五五巻四号、二〇一〇年)。

(7) 佐口和郎『日本における産業民主主義の前提――労使懇談制度から産業報国会へ』(東京大学出版会、一九九一年)。

(8) 宮本又郎・阿部武司・宇田川勝・沢井実・橘川武郎『日本経営史――江戸時代から21世紀へ』新版(有斐閣、二〇〇七年)二五九頁。

（9）佐々木啓「総力戦の遂行と日本社会の変容」（大津透・桜井英治・藤井讓治・吉田裕・李成市編『岩波講座　日本歴史』第一六巻、近現代四、岩波書店、二〇一五年）。
（10）たとえば代表的なものとして坪井敏男『勤労青年の生活』（健文社、一九四三年）。
（11）高瀬弘文「『あるべき国民』の再定義としての勤労の義務——日本国憲法上の義務に関する歴史的試論」（『アジア太平洋研究』三六号、二〇一一年）。
（12）有馬学「戦時労働政策の思想——昭和研究会労働問題研究会を中心に」（『史淵』一二〇号、一九八三年）。
（13）奥和義「ソーシャル・ダンピング論議について——日本におけるソーシャル・ダンピング問題（1）」（『経済論叢』一一三号、一九八七年）。
（14）同前。
（15）同前。
（16）同前。
（17）同前。
（18）菊川忠雄「ソシアル・ダンピング問題の事など」（『世界の労働』一九三九年三号、二一六—二一八頁）。
（19）同前。
（20）国際労働局東京支局「ソシアル・ダンピング問題に関するバトラー局長の意見」（『官報』一九三四年六月二〇日）。
（21）前掲奥和義「ソーシャル・ダンピング論議について」。
（22）鮎澤巌「国際労働機関と日本」（『科学主義工業』一九三八年四号）四四頁。
（23）鮎澤巌「労働条件より見たる本邦繊維工業の世界的位置　昭和十二年六月十一日経済倶楽部定例午餐會に於て」（『経済倶楽部講演』一五四号、一九三七年）五六頁。
（24）「鮎澤巌氏に聴く」（『社会事業』二九巻四号、一九四六年、一五—一八頁）。
（25）前掲鮎澤巌「労働条件より見たる本邦繊維工業の世界的位置」五七頁。
（26）北岡寿逸「ソシアル・ダンピングに答へて——帝国政府代表の立場」（『エコノミスト』一九三四年五月一日号）。
（27）高橋美之「ソーシアル・ダンピング論」（『東洋経済新報』一九三四年七月二八日号、六六頁）。
（28）渡部旭「工員月給制度について」（大日本産業報国会編『産報指導資料　第九輯　工員月給制度について』一九四一年、

一一頁)。
(29) 同前。
(30) 工藤誠甫(元ILO東京支局長)「ILOと日本　脱退までの10年(4・最終回)　遂にILO脱退、国際協力を打切る」(『世界の労働』第四一巻第七号、一九九一年)四〇頁。
(31) 前掲鮎澤巌「国際労働機関と日本」二五―四五頁。
(32) 同前。
(33) 同前。
(34) 前掲工藤誠甫「ILOと日本　脱退までの10年(4・最終回)　遂にILO脱退、国際協力を打切る」。
(35) 世界経済調査会『三十年の歩み』(世界経済調査会、一九七一年)一頁。
(36) 同前一―二頁。
(37) 澤田節蔵・澤田壽夫『澤田節蔵回想録――一外交官の生涯』(有斐閣出版サービス、一九八五年)二三〇頁。
(38) 同前。
(39) 前掲世界経済調査会『三十年の歩み』二―三頁。
(40) 同前四―五頁。
(41) 同前四―五頁。
(42) 前掲澤田節蔵・澤田壽夫『澤田節蔵回想録』二三二頁―二三四頁。
(43) 一九四二年には鮎澤は全訳書を刊行している。ユージン・ステーリー著、鮎澤巌・佐藤敏行共訳『全訳世界経済の転換』(世界経済調査会、一九四二年)。ステーリーはシカゴ大学を卒業後、米国労働総同盟のために労働問題関係の調査に従事し、一九三二年以降ロンドン、パリ、ジュネーブなどで国際経済研究を研究する。帰米後、国際経済の教鞭を執った人物である。
(44) 前掲鮎澤巌「国際労働機関と日本」。
(45) 鮎澤巌「ユージーン・ステーリィ『世界経済の転換』に就いて」(国際関係研究会編『国際関係研究』第一輯、一九四〇年)。
(46) 前掲鮎澤巌「国際労働機関と日本」四一―四二頁。
(47) 同前四二頁。

(48) 前掲ステーリー『全訳世界経済の転換』六頁。
(49) 鮎澤巌「米国に於ける労働問題」(太平洋協会編『現代アメリカの分析』生活社、一九四一年、二四三頁)。
(50) 鮎澤巌「米国抗戦力の限度」(『時局雑誌』第一巻第四号)。
(51) 同前九一頁。
(52) 同前九〇頁。
(53) 同前九〇頁。
(54) 鮎澤巌「戦後の世界秩序について」(『経済倶楽部講演』昭和一七年一〇号、一九四二年)。
(55) 鮎澤巌「ヴェルサイユ体制の崩潰過程とその将来 昭和十八年第一輯」(『経済倶楽部講演』一九四三年一月一八日発行)。
(56) 同前一頁。
(57) 同前三—四頁。
(58) 同前二六頁。
(59) 同前二六—二七頁。
(60) 同前二八頁。
(61) 同前二七頁。
(62) 同前四六頁。
(63) 前掲鮎澤巌「戦後の世界秩序について」一四—一五頁。
(64) 前掲鮎澤巌「ヴェルサイユ体制の崩潰過程とその将来」四八頁。
(65) 同前。
(66) 鮎澤巌「人道主義と労働組合」(『ニューエイジ』一号、一九五〇年)二一頁。
(67) 前掲鮎澤巌「戦後の世界秩序について」二四頁。

第三章　産業報国会とドイツ労働戦線（ＤＡＦ）
——形成過程の比較と日本におけるＤＡＦに対する認識

枡田大知彦

はじめに

本章の課題は、第二次世界大戦へと向かう時期のドイツにおける労働者の組織、ドイツ労働戦線（Deutsche Arbeitsfront 以下、ＤＡＦ）に対する同時代の日本の研究者の認識と産業報国会（運動）（以下、産報）の当事者の認識を検討し、同時期の日本における労働者の組織である産報とＤＡＦの共通点および相違点を明確にすることにある。

一九三三年のナチス党の権力掌握以降、再軍備を進めつつ「経済の奇跡」とよばれた景気回復を実現したドイツは、三九年のポーランド侵攻を皮切りにヨーロッパで電撃的な勝利を収めていた。同国は、「拡張政策」を推進するための経済および労働（勤労）についての「新体制」を確立させつつあった当時の日本において、さまざまな面で「参考」にされるべき対象として言及される場合が少なくなかった。とりわけその労働政策についての関心は非常に高いものがあったように思われる。(1) 例えば、東京美術学校講師であった小塚新一郎は、青少年指導者独逸派遣団幹事として、四一年に三ヶ月間、ドイツの若年層を中心とした工員養成のあり方を視察した。その目的はドイツ軍の上記のような戦果の要因を探ることにあった。すなわちそれは優秀な「科学兵器」によるものであり、その「科学兵器」は周到な勤労青少年の訓練によって生み出されたとする仮説にもとづく渡独であった[2]。こうした状況であったから、ある意味では当然に、ナチス期の労働政策の重要な柱、要ともいえる労働者の組織、DAFのあり方は、日本で注目される対象となり[3]、パンフレット類も含め数多くの翻訳を通じても紹介されている[4]。産報とDAFの関係については、例えば、すでにみた小塚は、DAFについて「日本では産業報国会が之に当」[5]たるとして、両組織の類似性をあたかも前提であるかのように論を進めている。労使の当事者についてみると、例えば、八幡製鉄所の労働組合、日本製鉄従業員組合の顧問であった伊藤卯四郎は三八年五月、DAFを視察した経験をふまえ、「従来の社会民主主義的立場を放棄し」、労働組合は国家による「革新」的統制に呼応して運動し、労働者の自主的協力に支えられた「真の産業報国会」を作り上げるべきだと主張するに至っている[6]。使用者の団体である中部産業団体連合会は三九年六月、産報とDAFの共通点(「労資一体」という理念)と相違点(産報における「指導者原理」——事業所(経営)においては使用者を「指導者」、従業員を「従属者」とする——の欠如)を指摘している[7]。そもそも三六年に提示された産報の原型の一つといわれる政策構想「労資関係整調策」は、ナチス党の権力掌握直後のドイツに留学した経験のある内閣調査局専門委員の南岩男が「ドイツのナチスにヒントを得て」立案したものであった。南は第二次大戦後、産業報国会が、DAFと、労働者に余暇活動を提供したその下部組織である「歓喜力行団(Kraft durch Freude, KdF)」[8]とに影響を受けた自身の構想によるものであったと述懐している[9]。戦後積み上げられた産報を対象とした研究においても、産報およびその源流に位置する諸方策等のあり様が「ナチス・ドイツの国家労働統制法に影響され」ていたことが主張されてきた[10]。

上記のように産報とDAFの関係は、当時すでに強く意識されていたし、その後の研究においてもさまざまなかたちで論じられてきた。[11] ただし、一見すると酷似しているようにもみえる両者の異同について正面から比較・検討した研究は、必ずしも多くは存在しない。[12] 森戸辰男『独逸労働戦線と産業報国運動――その本質及任務に関する考察』（改造社、一九四一年五月）は、産業報国運動が曲がり角にさしかかった四〇年頃、こうした課題に取り組んだ労作である。まず、本章では、森戸の主張を検討したうえで、産報およびDAFが形成されていく過程のあり方を描き、両者の共通点と相違点を明らかにしたい。

産報の指導者たちは四〇年一一月、来日したDAFの指導者たちと直接会談している。この出来事の歴史的意義の検討は今後の課題にするほかないが、本章の後半部では、この会談の一部を切り取った資料を用いて、産報の指導者たちのDAFに対する認識・関心、そしてDAFの実態を浮き彫りにすることを試みる。

本章では、上記の二つの資料の検討を柱に、必要な場合は適宜既存の研究の記述で補いつつ、課題にこたえることにしたい。なお、筆者の判断で旧字を新字に直している箇所があることを予めお断りしておく。

一　産報と労働組合についての幾つかの見解

産報とDAFを比較する場合、両者に共通する特質としてまずあげられるのは、それらが、労働者が自主的に結成した組織、労働組合ではないという点である。A・ゴードン（Andrew Gordon）の著作の産報を扱う章のタイトルは「第8章　産報――労働組合不在の労働者組織」[13] である。この表現は、ドイツにおける労働組合運動史研究の第一人者の一人、G・バイヤー（Gerhard Beier）がDAFに対し与えた評価に近いものがある。バイヤーの一九七三年初出の論考「統一組合」は、第二次大戦後のドイツの労働組合が一貫して維持している組織原則、「統一組合」原則の起源に関する諸勢力の同時代的な見解を、「伝説的誇張の例」と揶揄しながら批判的に取りあげる。最も強く批判される「消え失せた」「伝説」は、ナチスにより主張された「労働戦線伝説」であった。それは、ワイマール期ドイツにおける「三大労働組合」(後述)と違い「行動力ある」ナチスこそが、ドイツにおいて初めて労働組合組織の統一を達成した、というものであった。これに対しバイヤーは、党派の違いの克服はもとより、労働者・職員・官吏さらには使用者までをも組織しようとしたDAFは、確かに「統一組織である」が、「統一組合ではない」(傍点は原文では斜体)と主張した。[14]

上記に従い産報とDAFとに共通した特質が「労働組合不在の労働者組織」であることととらえ、以下ではまず、労働(組合)運動の立場からみた、第二次大戦後の産報に対する幾つかの見解を、産業報国運動の全体の流れを概観しつつ紹介することにしよう。

大河内一男編『岩波小事典　労働運動』[15]によれば、産業報国会とは、国家総動員体制の一環として三六年以降、政府と軍部の指導の下に全国の主要な工場・事業所に設置された、戦争協力のための官製労働者組織である。「産業報国連盟」は、三八年七月三〇日に創立された。同年の日中戦争の勃発とともに、国家当局の労働運動に対する弾圧は一段と強化されることになる。合法左派の全評は結社禁止を受け、総同盟もストライキの放棄、労資休戦宣言を発表するに至った。そして、総同盟は四〇年七月に解体し、産報に対する全面的協力を示したのである。四〇年一一月二三日、各地に設立された産業報国会を統合する「大日本産業報国会」が正式に創立され、産業運動の総司令部が確立した。その総裁には現職の厚生大臣があたり、会長・顧問・評議員にいたるまで一切の役員が天下り的官僚人選によって決められた。総同盟幹部もその人選にあずかったが、その指導権を握ったのは特高警察を中心とする内務官僚であった。このように産報は、労資協調にたつ労働組合すら否認するところの、皇運扶翼・事業一家・職域奉公のイデオロギーを指導精神とする労働関係におけるファシズムの組織であるとともに、労働者を職場において監視する軍事的組織であった。従って、産報運動の進展は労働組合の壊滅を意味した。産報は、終戦後の四五年九月三〇日、占領軍の命令により解散した。

また、『資料　日本現代史7　産業報国運動』の巻末に収められた「解説」によれば[16]、産報とは「日中戦争開始後、戦時体制確立のために労働界および産業界の一元的組織化をめざし、その実現に成功した運動であ」り、その「果たした役割が決定的であったのは、日本全国の産業界、労働界を上から、完全に組織した点にある。それを阻む力、あるいは多少なりとも労働者組織的に変える力はまったくなかった」。「上からの国家統制による支配が確定していたのである。そのため戦後の産報会の解散、労働組合への改編においても、下からの自発的な動きからではなく、占領軍の解散指令をまたなければならなかった。ここに産報運動の総決算が集中的に表現されている」。

上記のような見方は、佐口和郎により強く批判されているが[17]、三〇年代後半から四〇年代前半にかけて、ドイツと同様に「労働組合」が存在しない時期があったことは動かしがたい事実である。当時の労働者、労働組合は、どのようなかたちで、労働組合の排除を伴う産報と向き合ったのか。ドイツの労働者のように「折合いをつけた[18]」のだろうか。次節では、こうした点を探る前提として、「第三者[19]」である研究者の見解を検討しておこう。

二　同時代における産報とＤＡＦとの比較

1　森戸辰男とドイツ、労働運動のかかわり

森戸辰男『独逸労働戦線と産業報国運動――その本質及任務に関する考察』は、一九四〇年一二月に行われた、森戸による同名の講演の記録を加筆、修正し、ＤＡＦや産報に関連する資料を付録として加え、刊行されたものである。

森戸は、本書において、産業報国運動が「主として独逸労働戦線の事例に示唆を得つつ」（二八頁　以下、本文中に引用箇所のみ記す）構想された「事実」を繰り返し指摘している。だが、当時ですら両者の「濃密な関連」については、産業報国運動を「特殊日本的な運動たることを強調せんとする」あまり、看過あるいは「故意に沈黙」する場合が少なくなかった[20]（序・一二頁）。また、産報自体に関する論議も「此種の問題に関する言論の不自由」（序・一〇頁）という理由から、当時活発でなかったことが指摘される。こうした「高度国防国家」への途を歩んでいるという時局による制約のため、慎重に言葉を選びながら論を進めている姿勢が行間よりうかがえるが、本書が本章の課題にとってまず参照・検討すべき「成果」であることは疑いない。以下では森戸の見解をまとめたうえで、産報とＤＡＦ、両者のあり方および形成過程を比較・検討することにしたい。

本書執筆当時、大原社会問題研究所（以下、大原社研）の研究員であった森戸は、大原社研から派遣され、ワイマール期のドイツに二一年五月から二三年二月まで留学した経験があった[21]。ドイツの労働運動の現状をまのあたりにした森戸は、ドイツ共産党の「過激な革命主義」にも、右派のドイツ社会民主党（以下、ＳＰＤ）が主張する「改良主義」にも賛成できず、両者の間に位置する「中間正統派の独立社会民主党の行き方がいい」という考

えに至ったとしている。[22]（ドイツ）独立社会民主党（以下、ＵＳＰＤ）には、多くの労働組合員、とりわけ当時のドイツにおいて最大の「産業別組合」であったドイツ金属労働者組合（以下、ＤＭＶ）の組合員が数多く所属していた。[23]ＵＳＰＤの動向をつぶさに観察した森戸は、「社会主義運動の左右両翼の提携」の媒介者として、中間派であるＵＳＰＤの役割を重視するようになった。[24]こうしたドイツでの経験をふまえ、森戸は、日本においても、政党では「中間的立場」にあった日本労農党（日労党、三二年に社会大衆党へ合同）、労働組合では全国労働組合同盟（全労）に期待していたとしており、事実大原社研自体が（合法無産政党）中間派による労働（組合）運動と密接な関係があった。[25]上記に従えば、森戸は、当時のドイツの状況をよく理解しており、かつ労働組合（運動）に対し積極的な意義を認めていた研究者であったといえる。だが、結論から言えば、彼は本書で「労働組合不在の労働者組織」であるＤＡＦ、そして産報を、ある意味では積極的に評価している。本章では、こうした森戸の態度の背後にある意図の一端が明らかになるであろう。

2　『独逸労働戦線と産業報国運動――その本質及任務に関する考察』の内容

当時の日本を含む先進諸国の経済は「老衰期の資本主義」という状況にあった。また「戦争は生産力の拡充を絶対の喫緊事とするとともにその自然的進行において資本主義の集中化・独占化を激化する」（序・六頁）。それゆえ、資本主義の「革新」、「労働新秩序の創設」は、「たとえそれが今次の戦争を契機として露呈されたとしても」、「その生起した時代の、すなわち資本主義晩期の時代的要請である」（序・五頁）。「自由主義労働秩序に代位しようとする諸々の体制中にあって、独逸の労働戦線の経営共同体主義と我国における産業報国運動の労資一体主義とが同一系統の思想に属するばかりではなく、独逸労働戦線がわが産業報国運動の着想・建設にあたって重要な刺戟と示唆と範例」とを提供したことは疑いない。だが、その「機械的な模倣の危険」には注意しなければならない（序・一二～一三頁）。

例えば、ＤＡＦの「フロントが何よりもまず在来の労働運動の破壊（正確には再台頭防止）に向けられていたという事実を機械的に真似て、我国の職場における支配的旧勢力が労働運動ではない実情にあるにも拘らず、産業報国運動の不言の目標が労働運動の破壊にあるかのように考え」る危険性である。また、「独逸労働戦線の全組織は自力で発展し自分自身の足で立つ独立の存在ではなく、背後にある強大なる政治的勢力、すなわち独逸国民社会主義労働党（ナチス党）の全幅的支持によりその成立及発展を負うているのに、同じ政治的勢力を背後に持つことなく、これと切り離した形態を移植することによって、同じ繁栄をも実現しうるかのように考えたり」する危険性である（序・一三～一四頁）。こうした誤った模倣に陥らないためにも、産報とＤＡＦとの「正しき関連」（序・一二頁）を明らかにすることが必要であり、これが本書の重要な課題となる。

第一次世界大戦を境に資本主義は、晩期あるいは末期に入った。それゆえに戦後、ヨーロッパ諸国では改革運動が進展することになる。ヨーロッパより遅れていた日本ではあったが、「戦争完遂の必要から」こうした資本主義の問題を直視し、「その克服を真剣に努力するようになり、ここに『新体制』の要求が生れた」（四頁）。

資本主義的労働秩序とは、本来「持たぬもの」と「持つもの」との協働であるはずだったが、実際は無統制であり、自由主義的なものであった（六頁）。ただし、第一次大戦後の当時、先進諸国では資本主義の「革新」が進められていた。例えば、英米では労資は対立的であるが、両者（の団体）の平等的地位を認め、団体交渉と団体協約で産業労働関係を規制しようとする集団的な労働秩序がみられる。他方ドイツでは、「経営共同体」主義が採られ、「一切の階級的組織を解消し、強力なる国家権力の下に指導者原理に基づいて、経営を単位とする労資一体的組織を建設」しようとしている。DAFがまさに「その典型」である（七頁）。

これに対し日本は、久しく「封建的残滓」（八頁）を含んだ自由主義的秩序が支配的であった。ただし、第一次大戦後は、欧米の労働運動と国際労働会議の影響のもと、労働組合の全国的組織の発展がみられた一方、この動きに対応する資本家の団体の登場もあり、「集団主義に向う動向も相当に表面化して来た」。だが、「我国においては、保守的勢力並に資本家階級の側に反労働組合的傾向が非常に強く、また国家権力による」労資関係に対する「直接規制の主張も官僚の間で伝統的に盛であり、さらに労資協調・事業一家の思想は特に協調会等によって絶えず提唱されてきていた上に、労働組合がいまだ産業上の決定勢力にまで発達していなかったなどの事情から、事業一体的な経営共同体主義秩序に転換する可能性も亦充分に存在していた」（八頁）。この可能性が具体化していく契機が「満州事変以来の新事態」であり、「そのさい独逸労働戦線は最も重要な典型として役立ったと想像される」（八〜九頁）。また、当時の戦局におけるドイツの「勝利の秘密の一つがこの時宜に適した産業労働秩序に存すること」が明らかになりつつあった当時、DAFは日本の「労働新秩序の標本として」、今後産業報国運動に重要な影響をもつと思われた（九頁）。

ヒトラー（Adolf Hitler）およびナチス党の首脳部は、「階級闘争的・政治的労働組合には反対でしたが、資本にたいして労働を擁護するための労働組合の必要はこれを明白に承認し」ていた。事実、ワイマール期後期には、ナチス経営細胞組織[26]（以下、NSBO）という党の労働者組織が存在していた。既存の労働組合は、ナチスが政権の座につく直前に、「支持政党との絶縁」および「階級闘争主義の放棄を宣言」するという「時局に即応せんとする妥協運動」をみせる。「ナチスの側でも、この自発的協力をそのまま承認するか、コムミサール制の下でこれをヨリ厳重に監視して行くか、新組合法を造って独自の新組織を創設するか」について多少迷うことになった。だが、結局、既存の労働組合の破壊という方針を固めることになった[27]（一一〜一二頁）。

ただし、創立された直後のＤＡＦは階級的構成のかたちをとっていた。中央事務局の傘下に①労働総連盟、②職員総連盟、③手工業・商業・小工業総連盟、④使用者総連盟、⑤自由職業者総連盟の五つの柱団体の設置が計画された。だが実際に形成されたのは、まずそもそもナチスの支持者が多かった職員層の組織②、続いて一四の産業部門からなる労働者の組織①であり、やや遅れて一九三三年八月以降に姿をあらわした③であった。④への使用者の統合がなかなか進まない中、三四年の総統令により、ほぼ「従来の産業別労働組合の形態を踏襲し」、一八の産業部門において、労働者、職員、使用者が同じ組織に統合される事業一体的な全国「経営共同体」に、すなわち階級的構成をとらないかたちに再編（変更）されることとなった（一二〜一三、一七頁）。[28]

ＤＡＦは「独逸人の真実なる国民及業績共同体の建設」（一四頁）「独逸社会主義の建設」（二一頁）を目標とする「創造的独逸の唯一的組織」（一四頁）である。すなわち官吏以外のあらゆる範疇の「創造人」を組織し、かつ競争組織の並立を許さない全国的な単一組織でもあった。個人的、階級的目的を追求せず、「小にしては経営全体の、大にしては国民全体の利益を優先的に追求する」ものである。また同時にＤＡＦは、ナチス党の「外郭団体」（一五頁）であり、その厳重な指揮下に置かれている。すなわち「党の筋金が労働戦線を貫」（一六頁）いている点がその重要な特質である。また、その任務は、成立時の事情から、最初は消極的方面、すなわちマルクス主義、自由主義の抑圧と再台頭の防止、労働争議の絶滅、能率低下の阻止に集中していた。だが、ＤＡＦの基礎の確立とともに積極的任務が前面に出てきた。そこでは、ナチス的精神教育にはじまり、次第に社会政策的活動が重要性を増していった。すなわち、最初は「少なからず産業資本と接近して反労働者的であったのが、追々超階級機関としてその圧力を産業資本家にも加えることになって来ている」（二一頁）。

ＤＡＦの任務、活動は多岐にわたるが、「まず産業平和の確保に関するもの」があげられる。経営における「従属者」である労働者の意見を、「指導者」である使用者に伝える役割を担う機関である「信任委員会

（Vertrauensrat）」等の「正しき運用」により、「指導者」と「従属者」との間の「正しき理解を造ることによって、労働平和を確保すべきであ」る。ＤＡＦは、まずはすべての関係者の「正当なる利益の間に調整の道を発見すべき任務」を負うものであった（二二頁）。他の主な任務、活動としては、法律相談、職業教育・訓練、歓喜力行団による余暇活動の提供、労働組合から継承した共済制度の運用等がある。ＤＡＦは、こうした任務および活動の決定と遂行にあたって、「無意味な伝統や階級的利益に支配されることなく」、「労働科学研究所を創設し」「科学的研究の成果に準拠しよう」としている。従って、ＤＡＦの「諸活動の効果はその権力性によってのみではなく、一部分はこの科学性によって保障されている」と考えられる（二二〜二四頁）

以上のような検討をふまえ、「独逸労働戦線の教訓」として、以下の諸点を提示することができる。①ＤＡＦの迅速な発展はナチス党の指導の結果であること。②ＤＡＦの実際的な主たる努力は、国民および業績共同体の建設を妨げる勢力の破壊に向けられていたこと。この努力は、具体的には当時の日本と「正反対な労資の勢力関係に照応して」、当時職場における支配的な勢力であった「無産階級的勢力——我国では丁度これと対照的な勢力がそれに該当する——の破壊に集中され、この後の組織原則活動方針においても常にその再台頭の防止が重視されたこと」（二五頁）。③「経営共同体」的労働秩序は当初からの計画ではなく、再建過程においてたどり着いたものであること。④ＤＡＦの任務は時局と共に推移し、現在は破壊より建設に、思想的教育より社会的活動に向かいつつあること。⑤超階級的組織として本来労働および資本への依存関係に立ってはならぬのであって、その勢力の確立にともなって「産業資本との過去の悪因縁の清算に努めつつあること」（二六頁）。⑥党との密接な関係による強力な組織であること。⑦ＤＡＦは「時局の要請する労働統制の有効なる機構」であると共に、新たなる社会政策の組織になりつつあること。すなわち「業績共同体の建設を念頭に置くところの」「経営的社会政策の促進者であり」、「国家的社会政策の協力者」であること、等々である。「独逸労働戦線が我国の労働新秩序の建設にあたって他山の石として重視される場合は、上記の諸点について、我々は慎重なる省察によってその推移と功罪を確め、徒らなる外形模倣を強く警める一方、時局及時代の要請に即し国情に適するものは勇断を以てこれを採択する覚悟がなければならぬ」（二六〜二七頁）。

続いて産報についての検討が行われる。

産報は自由主義労働秩序の革新に向かう「世界的体制」の一つである「全体的労働秩序に属する」ものであり、満州事変以来の「新事態」によって急速に具体化されるに至った。その際、ＤＡＦが「有力な模範又は参考になったこと」はすでに指摘した通りである（二七頁）。だが、産報の基本的性格は（官僚が主導する）「上よりの革新」というところにある。この運動においては、民間団体である協調会が大きな役割を演じており、それゆえに「官民一体」の運動といわれていることは事実である（三一頁）。だが、「この運動は内から盛り上った運動であるよりはむしろ外から課せられた運動」であって、積極的に取り組む者は労資ともに割合少数と聞いている（三〇頁）。

この「革新」は、時局の要請する総力戦体制の一部分として行われているのであり、「下よりの改革ではない」。すなわち、産業報国運動は、ソ連、イタリア、ドイツにおけるような『下よりの革新』の結果即ち革命の結果、その力で太い線で描かれた労働秩序ではない」。「この点はむしろ、資本家の反対のうちに徐々に行われた北米合衆国の合法的のニユウ・デールに似ていると言ってよ」い（三二頁）。

「『上よりの革新』である産業報国運動は、合法的であり、漸進的であり、協力的であ」（三三頁）る。こうした性格に、産報の強みと弱み、そして限界がみいだせる。「例えば、それが合法的・協力的であることは、自然、折衷的・妥協的であることを意味し、それはまた、他面から現実的勢力関係を反映することとなりまして、勤労国民の勢力的地位がすべて解消された〔「労働運動からの刺戟が消失した」（三〇頁）〕今日においては、よほど賢明且つ強力な指導が存在せぬ限り、ややともすれば官僚臭と資本家的色彩のみが濃くなり、その結果として却って勤労大衆の離反を招来する懸念なしとしない」（三三頁）。「労働国民の庇護のではなく、却って抑制の施設となり、彼らの信頼を獲る代りに彼らの呪詛を」（六〇頁）かう可能性もある。

「この点が独逸の事情と全く違う」（三五頁）。というのも、「我国の現状では、経営における圧倒的な勢力は決して労働者の組織であるわけではない」。「幾分この勢力を分有していた労働組合は最近まで存在しましたが、それらは悉く解消されて」しまっている。また「労働者の多くは営利主義にたいする国家的統制の進展にはむしろ賛成する」であろうから、繰り返しになるが[29]「産業報国運動のフロントは独逸労働戦線のそれが労働組合に向けられたと同じ意味で」「労働秩序の旧態に固執する勢力」に向けられなければならない。ただし、「このフロントは、産業報国運動が合法的・協力的特質を帯びているのに照応して」、暴力的でなく「真実の国民共同体への教育・指導・推奨、そして最後に合法的強制」というかたちをとるべきであることはいうまでもない（三五頁）。

一九三九年一一月に厚生省から出された『産業報国運動要綱』の規定によれば、産報の指導精神たる「産業報国精神」は「皇運扶翼の臣民道を経とし事業一体職分奉公の実践理念を緯とする産業精神」（三八頁）である。「労資関係における一体主義が闘争主義並に協調主義と異るのは、後の二者が生活利益の対立を前提としているのにたいして、前者がその連帯を前提にしている点」（四三頁）にある。

産報はこうした指導精神にふさわしい組織形態をもたなければならない。事業一体の精神にもとづき、「事業従業者の全員組織、すなわち経営共同体を基底とする組織」とすべきである。換言すれば、「それは形式においては在来の労働組合的な横断組織の放棄であると同時に、精神において旧来の営利主義本位の縦断組織に留ってはな」らない。それゆえ「独逸の労働戦線が、経営共同体を育成するために、労働組合の階級的組織と階級的精神の破壊に重点を置いたのと同じ精神で、丁度、逆の事実の関係にある我国の産業報国運動は、むしろ専断的な営利万能的支配の規正を重要視すべきでありましょう」（四四頁）。

この点に関係して「資本に対する経営の地位向上が問題となる」。「事業は資本と経営と労働との協力の結果でありますが、今日ではこの三者の協力は専ら資本の支配の下に行われている」（四五頁）。だが、公益優先の見地から生産力の拡充を図るためには、「生産の直接の組織者・担当者であり、且つ資本と労働の間の媒介的地位にある経営の地位を重んずることが最善の方法」である。すなわち「経営を営利万能の要具と堕せしめないように、資本への絶対的隷従から解放し」、ある程度「国家的利益をも代表するものたらしむべきである」（四五頁）。

「上からの革新」運動としての産報には、強力かつ充実した中央本部を設置する必要があった。本書が出版される直前、四〇年一一月二三日に「その首」である大日本産業報国会が創立された。ただし、その重要幹部の構成において、執筆当時、「この労働新体制が勤労国民を代表するとみられる労働者又は労働出身者を加えて」おらず、圧倒的に資本家と官僚の代表者とみられる人々から成り立っている（四六頁）。こうした事実や労働（務）管理者の地位を資本の隷属状態から解放すること等（四七頁）、将来改善すべき点は少なくない。

産報は、「資本主義的産業労働秩序の改革」を目標とし、「国家的国民的利益の優越において産業労働秩序における営利主義と自由主義を規正せんとする」（三四頁）ものである。この運動は、ほとんど準備のない状態から突如として生まれ、三年足らずの間に未曾有の発展を遂げた。だが、指導精神の確立、指導的人物の養成等課題は多く（五九頁）、「強力な政治力」（三六頁）「国家権力との連繋の強化」（四六頁）を通じてさらなる発展を推し進めるべきである。「上よりの革新」である産報には、党と表裏一体であるＤＡＦとは異なり、「筋金」が通っていない。それだけにこの運動は、現実的には折衷的、妥協的なかたちにおわる可能性があるからである（五九～六〇頁）。産報の長所と短所を客観的に認識し注意深く運動を推進する必要がある。「科学と世論によって支持され、労資両方面の、わけても広汎なる勤労国民の積極的参加をかちえねばならぬ」（六一頁）。

3 検討——産報とＤＡＦの共通点、相違点

森戸の著作から読み取れる産報とＤＡＦの共通点は、まずその目的である。それは、最も優先されるべき「国益」のための産業平和の確保（それにもとづく生産力の拡充）であった。両者はいずれもそうした目的のための「資本主義的産業労働秩序の改革」であった。そこでは個人・企業の私益、階級としての利益の追求（階級闘争）は認められず、従って労働組合（労働者の集団的な権利）も、労使の対立も原則的には存在しない。[30]日本では「労資一体」（主義）あるいは事業一家、ドイツでは「経営共同体」（主義）などと表現される、こうした労使の関係およびそれを実現する労働組織の構築を——「目的」実現のため手段としての国家による強力な「指導」をも含め——、森戸は晩期資本主義にあるという時代的要請、「戦争完遂」を目指す高度国防国家に課せられた時局の要請として容認、[31]否主張している。[32]

両者の相違点は大きく二つの事項に集約される。まず上記のような「共同体」の形成の「方法」（道筋）である。森戸は、第一次大戦後の日本とドイツにおける労使関係の状況、とりわけ労使の力関係が、大きく異なることを強調している。日本においては労働組合がいまだ「産業上の決定勢力」にまで発達していなかったのに対して、[33]当時のドイツでは労働側が職場における支配的な勢力であり、日本とは「正反対な労資の勢力関係」がみられた。この理解に従い森戸は、本章註（29）で示したように、繰り返し「産業報国運動のフロント」が労働秩序の現状に固執し、上記のような労働の「新体制」の形成に対抗する勢力に向けられなければならないことを強く主張したのである。この「勢力」が、労働条件の決定について圧倒的な力をもつ資本家（使用者）およびその団体であることはいうまでもない。

この点について、一九三九年七月初出の論考における見解をみておこう。[34]森戸は、ＤＡＦの重要な目的の一

つ、あるいはＤＡＦにより「経営共同体」の思想および「指導者原理」の導入が徹底された理由の一つが、労働組合運動の破壊、その再台頭の防止にあったことを十分に理解していた。さらには、それを、ドイツにおいては「適切且つ賢明な措置」であったと評価している。職場における「支配勢力」である労働組合員、そして政治的にもナチスと一貫して敵対してきた強大な勢力である労働組合は、ナチスによる国策の遂行の障害となるからである。これに対し、当時の日本の労働組合は「幾多の犠牲に甘んじて時局との協力に邁進しつゝあ」り、「政府の対立者でありえないのは勿論」、「経営の支配的勢力からは遥かに遠ざかって」いる。従って、「戦時労働国策の遂行にとっての障害」にはほとんどならないものであり、それゆえに破壊される理由がない。逆に職場における資本家の力を抑えつつ、「勤労階層の社会的協力における地位の向上を実現することによって始めてわが国の実情に即した産業労働の国民的組織を構築しうるのではないかと考えられる」。こうした「堅実穏健なる国民的労働組織の建設の見透しが明瞭となった場合には」、「労働組合は死の飛躍をも敢て辞さない覚悟を持ってこれに対処することが望ましい」。このように森戸は、産報が労働者の地位の向上を実現する「産業労働の国民的組織」となるべきだと主張した。そして、そのような組織が形成されるのであれば、労働組合は自主的な解散を敢行すべきと考えていたと思われるのである。

第二の相違点は、第一のものと大きくかかわるが、運動の主体、組織のあり方である。ナチス党の組織であるＤＡＦの形成は、党が主導した運動の結果である「下からの革新」であり、暴力を伴うものであった。それゆえ「党の筋金」が通っており、徹底している。独裁的な政治勢力であるナチス党の影響は職場においても大きく、資本家の専制を抑えることができるであろう。他方、産報は、確かに「官民一体」の運動ではあるが、何より国家（官僚）が主導権を握った「上からの革新」であり、合法的・協力的であると同時に折衷的・妥協的である。また、日本にはナチス党のような「強力な政治勢力」は存在しない。それゆえ、労働側の力が弱い日本に、そのままドイツの「経営共同体」を導入すると、職場・企業における資本家の専制をさらに強化することになる恐れがある。こうした見方に従い、森戸は、労働者の代表を加えた、強力かつ充実した中央本部を設置する必要を訴えると同時に、国家の主導による産業報国運動の徹底を主張したのである。

以上の検討をふまえ、日本の労働（勤労）「新体制」についての森戸の主張を簡単にまとめると次のようになるであろう。（すでに多くを学んできたが）ＤＡＦを原型・手本として、日本においても「労資一体」あるいは「経営共同体」と表現される労使関係を構築する必要がある。ただし、機械的な模倣は避け、ドイツに比して労働者および労働組合の力が弱い日本では、国家の強力な指導のもと、資本家の力を抑えるかたちでそれを実現する組織＝産報を形成すべきである。こうした森戸の主張の大前提となっているのが、両世界大戦間期の日独両国における労資（使）関係および労働組合（運動）の状況の違いであることは疑いない。次節で確認しておこう。

三　両大戦間期における労資（使）関係、労働組合（運動）の状況の比較

1　労働組合の位置

日本では、第二次大戦後まで、結局労働組合法が制定されず、権利としての（労働者の）団結が承認されることはなかった。しかし第一次大戦後、内務省内では労働組合は法認されるべしとの意見も存在しており、本来認めるべき労働組合の代わりを果たす労使懇談制度に、労働条件の適正化を目指す機能を期待することになる。(35) こ

のことが、当初懇談会を通じた労使の意思疎通の充実を大きな柱としていた産報の展開につながったともいえる。

他方、ドイツでは、第一次大戦の敗戦に伴う革命の過程で、危機に瀕した資本主義の存続を目論む使用者（団体）は、主要な労働組合との間に「一九一八年一一月一五日協定」[36]を取り結ぶ。本協定により、団結権の保障、八時間労働等、長期にわたる労働組合の要求の多くが認められ、全ての産業において労働組合が使用者と同権的な労働協約の当事者として承認された。同協定の内容は、一九年八月施行のワイマール憲法にほぼそのまま取り入れられ、全産業の労働条件の最低基準が、団体交渉を通じて締結される労働協約により設定されることになった。このことにより労働組合員数と労働協約が適用される労働者の数が激増した[37]。また、普通選挙が実施されるようになったワイマール期のドイツでは、ＳＰＤが政権の中心に位置する場合が多くなり、数多くの「親労働者」的な政策が実現していく。（とりわけ中小企業の）使用者たちは、使用者団体が労働組合との間で締結する労働協約で定められた賃金を従業員に支払い、自分自身の利益には全くならない社会保険や年金の積み立てをしなければならなくなったのである[38]。

とりわけ二〇年代後半以降、ドイツの使用者たちは、高賃金および社会保障費等の労働コストにより自らが外国企業に比して不利な状況に置かれていると考え、その責任を上記のような労使関係制度に求めた。使用者たち（産業界）は数年来、「賃金協約制度における緊張緩和」＝「一撃で」の労働組合の「破壊」[39]を何よりも望んでいたのである。それゆえ、政権獲得のため、使用者の支持を得る必要があったナチスは、労働組合および職場の労働者組織の解体、労働者のＤＡＦへの統合、職場を共同体と位置づける「経営共同体」論、および使用者をそこでの「指導者」、従業員を「従属者」とみなす「指導者原理」の導入等を主たる内容とする「労使関係の革命」[40]を実行し、使用者たちの要望に応えたのであった。

2　組織状況

次に、労働者組織の規模の変遷を概観しておこう。

まず、日本についてである。[41] 第二次大戦前、労働組合員数が最も多かった年は一九三一年であり、全ての労働組合の合計で四二万〇五八九人（労働組合数九七三、推定組織率六・九％）であったとされる。日中戦争が勃発した三七年には、組合数八三七、組合員数三九万五二九〇人（推定組織率六・二％）であった。また、大日本産業報国会が創立された四〇年には、同年七月頃までに多くの労働組合が自主解散したことなどもあり、組合数四九、組合員数九四五五人（推定組織率〇・一％[42]）となった。また、三〇年代には、組織労働者の大半は（右派および中間派の）社会民主主義勢力であったが、その指導部は右傾化し、資本家に親和的であり一貫して産報運動を支持・推進してきた日本主義労働組合も無視できない勢力になっていた。[43] この点は、以下でみるドイツの状況とは異なっていたといえるだろう。

続いて、産報の組織状況の変遷をみてみよう。産業報国運動の「直接のおこり」は、三八年三月の協調会時局対策委員会による「労資関係調整方策」の可決（同年四月建議）および三八年七月の産業報国連盟の創立にあったとされる。[44] 同年末時点では、産報会数一一五八、結成事業所数一万〇四三七（会員数不明）であり、翌三九年末時点では、産報会数一万九六七〇、事業所数二万六九六三、会員数二九八万九九七六人（会員組織率約四三％[45]）であった。四〇年六月末時点では、産報会数三万四九二九、事業所数四万八〇四二、会員数三七三万三一一?人であり[46]（一の位の数値は不明）、同年一一月の大日本産業報国会の創立を経た同年末時点では、産報会数六万〇四九五、事業所数一〇万二七九九、会員数四八一万五四七八人（会員組織率約六六％）であった。翌四一年末時点では、産報会数八万五五二二、事業所数一六万四三七七、会員数五四六万五五五八人（会員組織率約七〇％[47]）であり、ほぼ全ての工場、事業所が全員加入の組織で被われることになったとされる。[48]

わずか三年余りで全国に急速に普及した要因は、産業報国連盟による宣伝活動および厚生省と内務省の行政指導にあった。「しかもほとんど何ら社会経済的ないし政治的摩擦なく達成されたことは、およそ世界勤労組織史上でも未曾有の事実だといってよい」[49]。河原田稼吉産業報国連盟理事長も四〇年一一月、DAFが幾多の紆余曲折、激しい闘争を経て形成されたとの認識を示したうえで、「我国における産業一体、事業一家、昔の言葉で云えば労資一体の観念は〔……〕所詮闘争の結果に非ずして、いずれも皆円満裡に其の方向に自ら進んでいったのであり」、「何等の労資の闘争或何等其の間に血の争いというものが無くして」全国的普及をみたものだとしている。[50]産報は事実、とりわけ三七年七月の日中戦争勃発以降は、内務省が争議の発生を厳しく取り締まったこともあり、多くの労働組合が、ストライキの制限・放棄および階級闘争方針の清算を表明し、戦争に協力する姿勢を示したのである。[51]

第二次大戦前のドイツにおいて、最も労働組合員数が多かった年は二〇年である。SPD系の自由労働組合が八〇三万二〇五七人（職員層の組合を除く。以下同）、カトリック系のキリスト教労働組合が一一〇万五八九四人、自由主義系のヒルシュ・ドゥンカー労働組合が二二万五九九八人であり[52]、上記「三大労働組合」の合計で九三六万三九四九人であった。同じく二〇年、ホワイトカラー、職員層の組合は合計で一一六万人以上を組織していた。[53]二一年以降、労働組合員は徐々に減少し、第二次大戦前の日本で労働組合の推定組織率が最も高かった三一年（七・九％、組合数八一八、組合員数三六万八九七五人）には、表1にあるように、自由労働組合が四一〇万四二八五人、キリスト教労働組合が六九万八四七二人、ヒルシュ・ドゥンカー労働組合が一八万一一〇〇人となった。ナチスの政権成立のおよそ一ヶ月前、三二年末の自由労働組合の組合員数は三五三万二九四七人、推定組織率二三・六％となる。[54]

表1　1931年12月の労働組合員数（単位：人）と推定組織率[1]（単位：％）

自由労働組合	4,104,285	27.5%
キリスト教労働組合	698,472 [2]	4.7%
ヒルシュ・ドゥンカー労働組合	181,100 [2]	1.2%
共産党系の労働組合	35,774	0.2%
黄色組合	123,083	0.8%
その他	62,034	0.4%
計	5,195,748	34.8%
（参考）ナチス経営細胞	39,316 [3]	

出典）*Statistisches Jahrbuch für das Deutsche Reich*, 1932, Berlin 1932, S. 555-558; 1934, Berlin 1934, S. 18-19より作成。

註）

1　推定組織率算定のための分母には、1933年に行われた全国職業調査の値を用いた。

2　キリスト教労働組合、ヒルシュ・ドゥンカー労働組合の数値には、それぞれ協力関係にある労働組合の組合員数も含めた。

3　表2の出典より。

表2　ナチス経済細胞（NSBO）の構成員数（単位：人）

	1931年	1932年	1933年
1月	約3,000	43,793	約400,000
2月		57,320	
3月	4,131	78,134	
4月	4,898	87,716	
5月	7,100	106,158	
6月	10,994		
7月	14,014		
8月	18,116	約170,000	
9月	22,014		
10月	25,480		
11月	31,256		
12月	39,316	294,042	

出典）Schumann, H.-G., *Nationalsozialismus und Gewerkschaftsbewegung : die Vernichtung der deutschen Gewerkschaften und der Aufbau der „Deutschen Arbeitsfront“*, Hannover 1958, S. 167より作成。

表3　ドイツ労働戦線（DAF）の構成員数（単位：人）

	総　計	職　員	労働者
1933年 7 月	5,320,000	1,320,000	4,000,000
1933年 8 月	9,132,892	1,933,453	7,199,339
1933年12月	9,359,533		
1934年 4 月	約14,000,000		
1935年 4 月	約21,000,000		
1939年 9 月	約22,000,000		
1942年 9 月	約25,000,000		

出典）Schumann, *Nationalsozialismus und Gewerkschaftsbewegung*, S. 168より作成。

三三年五月、全ての労働組合を解体、あるいは自主解散に追い込み、組合員を強制編入するかたちで、ＤＡＦが創立された。例えば、自由労働組合では、中央組織と加盟組合の指導層のみが逮捕あるいは追放され、中・下層の専従職員はそのままの地位に残された。つまり、ＤＡＦは既存の労働組合の組織と財産、そして組合員をそのまま継承し、労働者層の統合に利用しようとしたのである。[55]ＤＡＦの構成員数の変遷は表3にまとめた。表2はナチス党の労働者組織、ＮＳＢＯの構成員数の変遷を示している。表1・2・3の数値をみるかぎりでは、森戸が指摘するように、組織労働者が一挙にＤＡＦに再編されていったことがうかがわれる。またＤＡＦへの加入は、原則的に任意であったが、加入しない者に対する圧力は非常に強く、事実上義務あるいは強制であったといってよい。[56]表3にみる構成員の急増がこのことを裏付けている。

上記のように、両大戦間期の労資（使）関係および労働組合運動のあり方、労働組合の位置は、日本とドイツとではかなり異なっていた。第二次大戦前の日本で労働組合の推定組織率が最も高かった三一年、ドイツにおける労働組合員数は日本のそれのおよそ一四倍であり、推定組織率は二五ポイント以上の差があった。こうした状況をふまえれば、森戸が、ＤＡＦに対し積極的な見方を示し、それを日本の勤労「新体制」の原型と評価あるいは主張した一つの理由が、ＤＡＦの形成過程およびそのあり方を詳しく紹介することを通じて、労使の力関係に象徴される当時の日本の労使関係における問題点を浮き彫りにすることにあったと解釈することも可能であろう。[57]「労資一体」あるいは「経営共同体」の思想を日本の実情に即したかたちで採り入れた産報を形成し、労働をめぐる諸問題を解決あるいは改善するための「手段」(契機)としようとした、ということである。[58]森戸にとってDAF、そして産報の本質は、労働組合の破壊にあるのではなく、職場にはびこる身分の差を解消しようとする点にこそあったと思われるのである。

そして事実、森戸が支援した中間派の労働組合は、DAFをモデルとして、妥協的な産報を「真の国民的組織」に高めることを通じて資本家の専横を抑えると同時に労働者の保護をはかるべく、自ら組織を解散し積極的に産報に参加した。[59]労働組合の存在意義を主張した、あるいはそれと産報との二本柱を主張した総同盟も、森戸が主張したように、国家の統制および介入による「上からの革新」を期待し、産報に参加・協力したのである。[60]すなわち、大日本産業報国会創立以前にもある程度の数の労働者が「ほとんど何ら社会経済的ないし政治的摩擦なく」産報に「参加」していたのであり、産報が形成される過程で労働組合(運動)が「弾圧」され「壊滅」したとは、必ずしもいいきることはできないだろう。勿論さまざまな圧力が存在したことは想像に難くないが、大半の労働組合が暴力を伴うかたちで解体されたドイツの状況との違いは明白である。DAFが形成されてからわずか二年後の三五年、ライ(Robert Ley)DAF総裁は「われわれは階級闘争を克服したヨーロッパ最初の国である」[61]と述べたのであった。ただし、上記のような違いはあるものの、事実上、大日本産業報国会創立以降の産報とDAFは、いずれも並立する組織を持たない労働者の組織であり、労働者たちの多くは、日独いずれの国においてもそれらに参加、あるいは加入せざるをえない状況にあったことは確認しておかなければならない。

四　産報の指導者とＤＡＦの指導者の出会い――「ナチス問答」

本節では、産業報国連盟『独伊厚生使節講演集』（産業報国連盟、一九四〇年）を用いて、産報の指導者およびＤＡＦの指導者のＤＡＦに対する認識について検討する。

本資料は、一九四〇年一一月二日にドイツとイタリアの厚生使節団を招いて行われた歓迎講演会の速記録である。ナチス党組織部長でありＤＡＦ副総裁であるゼルツナー（Claus Selzner）の講演は、この講演会の直前、九月二七日に締結された三国同盟の意義に始まる型通りの挨拶のごとき内容であり、特筆すべき点は多くはない。ただし、本資料は、巻末に付録として、オット（Eugen Ott）駐日ドイツ大使の招待により一一月五日に行われた、ドイツおよびイタリアの使節と河原田産業報国連盟理事長および同連盟常務理事（無記名）らによる懇談の要旨をまとめた「ナチス問答」および「ファッショ問答」を収める。「ナチス問答」は、その名の通り、産業報国連盟側がドイツの労働政策、ＤＡＦ、ナチス党のあり方等について質問し、それに逐一ＤＡＦ側が回答する形式となっている。産報の指導者がＤＡＦの指導者と直接顔を合わせる機会に、ドイツ、ＤＡＦのどのような点を知ろうとしていたのかが示されているという意味で、大変興味深い内容を持つ資料である。以下では、まず「ナチス問答」が行われた頃の産報（の状況）について言及したうえで、「ナチス問答」の内容を検討することにしたい。

1　産報の再編

「ナチス問答」は、産報の中央組織である大日本産業報国会が創立（一九四〇年一一月二三日）される直前に行われた。九月の三国同盟の締結に続き、一〇月一二日には大政翼賛会が発足したこの時期に、産報において質的な転換がみられたという見方は、複数の研究者の間で共通している。[62]

ゴードンによれば、[63]この時期より前の産業報国連盟の中心的な課題は、全国の事業所への産報懇談会の設置、それによる労使間の協調の促進、身分の平等の実現、紛争の撲滅であった。だが、大日本産業報国会の創立後は政府が運動の主導権を握り、とりわけ太平洋戦争勃発後は紛争の撲滅より生産性の向上が優先されるようになる。産報は、労使の協調を促進する機関から、勤労に励んで生産を増強させ、労働意欲を鼓舞するための「応援団的団体」に変貌していったというのである。

また佐口によれば、[64]日中戦争の長期化とそれに伴う争議の増加、労働統制の必要性の増大により、三九年四月頃から政府主導で産報（政策）の再編の動きが始まった。また、大日本産業報国会の創立に伴い提示された「勤労新体制確立要綱」に従えば、産報再編の中核に「勤労」という理念が置かれた。この理念によれば、三八年の「労資関係調整方策」にあるように、労使それぞれに別個に指導精神が掲げられていたこれまでとは異なり、「労働者も経営（使用）者も国家に奉仕する勤労者として初めて真の国民たりうるとされた」。国民組織としての産報は、こうした「勤労」という理念を通じて戦争に協力する「勤労組織」として具体化し始めたというのである。従来、官僚の中には「あるべき労働組合を想定しそれになるべく近い機能を果たす組織、制度を普及するという考え方が抜きがたく存在していた。単位産報構想の際に、労働条件を含めて懇談する『労資懇談会』中心主義に固執したのもそれゆえである」。ただし、再編後の『勤労組織』はあるべき労働組合に似せたのではなく、それを超えるものとして構想されていた」。というのも（労使を同列に置く）「勤労」を強調すれば、労使の利害の不一致を前提としてその調整を行う「労資懇談会」、そして労働組合の存在意義は薄れていき、究極的には不要となるからである。事実、すでにみたように、四〇年七月頃、総同盟をはじめ多くの労働組合が自主解散を余儀なくされたのであった。

2　産報の指導者のナチス・ドイツ、DAFに対する関心

続いて、「ナチス問答」[65]おける産報側からの質問の内容について確認しておこう。全二五の質問における内容別の構成は、おおまかに分類すると以下の通りとなる。DAFについてのものが八、加えてその会費や組合費、資金（運用）、税金等（お金の流れ）についてのものが三、事業所内における労使関係および労使の意思疎通のための機関とされる信任委員会についてのものが七、労働者に余暇活動、娯楽を提供し、かつそれらを組織化したとされるDAFの下部組織、歓喜力行団についてのものが四、規模や入党の方法等ナチス党についてのものが三、加えて官吏と党、あるいはDAFとの関係についてのものが二、農業労働者についてのものが一、一九三〇年代の状況についてのものが二、以上である（複数の項目にわたる質問もある）。

本資料冒頭の「挨拶」によれば、河原田は、ゼルッナーの講演に先立ち「我国の産業報国運動は、日本の国体精神に則って出来上がったものであり〔……〕決して外国の国民運動と同様のものではない」と述べ、前日にこの旨をドイツ、イタリアの使節に対し説明したとしている。[66]だが、多岐にわたり、かつ詳細な質問の内容をみるかぎり、強力な勤労「新体制」の構築のためのヒントを、DAFおよびドイツから学び取ろうとする姿勢がう

かがえる。

とりわけ目をひくのが、事業所内の使用者と従業員の関係、信任委員会のあり方およびその権限について明らかにしようとする複数の質問である。この点について、DAF側は、事業所内における「指導者原理」[67]の徹底を前提としているが、労使双方の代表者で構成される信任委員会を通じて労使間の意思疎通が十分に行われていることを強調した。信任委員会の委員は、ワイマール期において事業所レベルで従業員の利益を擁護・代表していた「経営協議会（Betriebsrat）」とは異なり、従業員による選挙で選ばれるのではなく、DAFの推薦にもとづき国家が任命し、そのための訓練をDAFの機関で行う。また、信任委員会は、規約のうえでは、使用者に対する不満を名誉裁判所に訴えることもできる。加えて、DAFの大規模な研究機関が個々の事業所の活動状況等についても的確な調査を行い、使用者の動向を監視していると主張した。

このようにDAF側は、産報側の関心にこたえるかたちで、（労働組合が不在でも）信任委員会を通じて従業員からの意見が上部、国家にまでに伝わること、信任委員会がDAFの管理下にあることを強調した。すなわち、DAFは、事業所における労使関係について、非常に強い影響力あるいは権限を持っているというのである。

産報の原型の一つとされる「労資関係整調策」（三六年）、産報の目にみえるかたちでの始まりとされる協調会時局対策委員会の「労資関係調整方策」（三八年）は、いずれも従業員の福祉（福利厚生）を重視し、それをはかることで、産業発展のために従業員の（協）力を引き出すことを企図していた。[68]それゆえ「ナチス問答」において、歓喜力行団の仕組みおよびその経費等について複数の質問が提示されたことは、ある意味では当然といえた。DAF側の回答は以下の通りである。歓喜力行団の活動のための施設、旅行用の船舶や乗り合いバス等についてはDAFが提供するが、利用した人々が経費を負担するしくみになっている。それゆえ、むしろ歓喜力行団は「非常な収益をあげてくれます」。その一方で、歓喜力行団は「国民文化の向上」のために三億マルクを費やし、「国民車(69)(Volkswagen)」工場を建てて「簡単な自動車を安く売」っている。ただし、第二次大戦の勃発以降、それらの工場の多くが軍需品の生産を行うようになったことも明言している。

また、DAF側の回答からは、財政状況や組合費等の労働者の負担の比較を通じて、DAFおよびナチス党が、ワイマール期に存在した労働組合、政党に比して、いかに合理的であり優れているか、喧伝しようとする姿勢がみてとれる。ワイマール期においては、数多くの労働組合が存在し、労働者が「組合の選択に困り、会費の二重払いをするということ」があった。ワイマール期には、このDAF側の指摘に近い状況がみられたのだが、確かに当時の労働組合にとって解決が困難な問題であった。(70) DAF側は続ける。現在は「唯一つのアルバイト・フロント〔DAF〕と唯一つのナチス党ですからそのような心配はありません」。

問答の最後に、DAF側は、ゼルツナーやライDAF総裁を含め複数の者がナチス党とDAFの双方で重責を担っていること、DAFから国会に約一〇〇人の代議士を送り込んでいることを指摘し、ナチス党とDAFが表裏一体であることを強調した。

以上の「問答」の内容に従えば、森戸が主張したように、DAFは、産報と異なり、国家あるいはそれを主導するナチス党が職場・企業における労使関係に対して大きな影響をおよぼすことを可能にする「徹底」した組織であったとみることができる。DAFは、従業員の意見、不満をくみ上げ、豊かな余暇活動・娯楽を提供し、使用者の動向を監視する権限を持つ党組織だというのである。

ただし、ナチスの労働政策の枠組みを定めた「国民労働秩序法」(三四年一月制定)は、DAFの権限についてはほとんど触れていない。同法は、労働条件に関する最終的な決定権を労働管理官という官吏に付与し、事業所を「経営共同体」と位置づけ、そこに「指導者原理」を導入することを明示したものとして知られる。本法により、経営協議会は廃止され、上述した信任委員会にとって代えられた[71]。信任委員会は、経営協議会が有していた「共同決定権」は勿論、いかなる執行権、交渉権も持たない使用者にとっての諮問機関に過ぎないとされた[72]。すなわち、それは、従業員の利益代表ではなく、「経営共同体」内部の「信頼関係」をより深め、産業平和の確保を目的とするものであった[73]。この点は、前項でみた再編後の産報と通じる部分があるだろう。

3 「ナチス問答」にみるDAFの実態、本質

「ナチス問答」が「半ば」を超えたころ（全二五の質問中一四問目）、産報側は「かつてはかなり深刻なる階級闘争の経験を持ち、社会民主主義の労働組合が勢力を持っていたドイツにおいて、全体主義の労働組合を良策」と考えた根拠はいかなるものであったのか、と問うている。この質問に対して、DAF側は、信任委員会等についての質問とは異なり、比較的長い回答を提示した。「これはナチス理論の本質に触れる問題であります。元来ナチスの理想は民族共同体の実現にあります」。「共同体の建設にあたっては、その内部間における対立抗争は絶対に許されません。指導と服従が共同体精神の要素をなすものであります。指導者原理とは全て与えられた職分に対して各自が責任をとるという意味であって決して暴君的な専制を意味するものではありません。この共同体精神ないし指導者原理を家庭においても、市町村、県、工場さらに国家においてもあてはめようとするのがナチスの理想であります」。

産報側はDAFを「全体主義の労働組合」と表現しているが、ナチスはDAFを「内部間における対立抗争は絶対に許され」ず、労使の間では「指導と服従」が貫徹する、民族共同体の一部（構成要素）と考えていた。

ナチスにとって（も）、ＤＡＦはけっして労働組合ではなかったのである。この質問と回答には、産報の指導者のＤＡＦに対する認識と、ＤＡＦの実態との違い、あるいはナチスにとってのＤＡＦの本質との違いが象徴的に示されていると思われるのである。

さらに問答はこう続く。労働者についての「一九三〇年頃の勢力関係」を「ナチス一割、共産党一割、大部分は社会民主党」ととらえていたＤＡＦ側に対し、産報側は、九割も反対勢力があったにもかかわらず、いかにしてＤＡＦを組織することができたのか、と問うた。ＤＡＦ側は短く答えた。「一九三三年五月二日にＳ・Ａ（ナチス突撃隊）と共同作戦に依り全国の工場を革命的に占領し」、その後ＤＡＦの組織化を行ったと。暴力を伴う労働組合の破壊こそが、ＤＡＦという労使の共同体を瞬く間に形成することを可能にした「方法」なのであった(74)。

「ナチス問答」における産報側の最初の問いに立ち返ってみよう。それは「ＤＡＦへの加盟の形式は個人ですか、団体ですか」という組織のあり方についての質問であった。ＤＡＦ側は次のように答えた。「全ドイツの勤労者が参加するわけですが、加盟は個人単位です」。この問答からも、ＤＡＦと産報の違い――「共同体」形成の方法および運動のあり方――が浮き彫りとなる。すなわち、ドイツでは、まず労働組合、労働者の（階級としての）横のつながりを破壊し、その後、個々の労働者をＤＡＦに個人単位で加盟（入）させている（「アトム化」）。他方、日本では、すでにみたように労働組合が（組織単位で）自主的に産報に参加する、あるいは参加を前提として解散を決定する場合が少なくなかったのである。

以上「ナチス問答」の内容の検討から、四〇年一一月初頭の時点における産報の指導者のドイツ、ＤＡＦに対する関心、ＤＡＦの実態の一端が明らかになったと考える。信任委員会や歓喜力行団について多くの質問がなされた事実は、戦争の遂行ということもあろうが、従業員に配慮し意思疎通をはかりつつ彼らを統合し、「生産力の拡充」を進めようとする姿勢のあらわれととらえることも可能である。ただし、大日本産業報国会の構想は、すでに四〇年五月に吉田茂厚生大臣によって言明されており、河原田も本資料の冒頭の「挨拶」で、すでに産報の再編が進展していたことを強調している。(75) それゆえ、「ナチス問答」が産報の再編およびその後に与えた影響については、慎重に検討しなければなるまい。

おわりに

本章では、一九四〇年代初頭の日本で刊行された、二つの資料を中心的な対象としてとりあげた。第一の資料は、研究者の立場からDAFのあり方、意義、本質を考察し、ドイツと日本の状況を比較したうえで、あるべき産報の姿を提案したものである。本資料の検討をふまえ、DAFと産報の異同を浮き彫りにし、とりわけその形成に至る時期の状況の違いを明らかにした。第二の資料は、産報の指導者とDAFの指導者との直接的な対話を紹介したものである。本資料に収録された「ナチス問答」の検討を通じて、産報の指導者のDAFに対する認識、関心、そしてDAFの実態を読み取ることを試みた。上記のような本章における考察の二つの流れを総合することでむすびとしたい。

産報とDAFの異同については、繰り返すことはしないが、両者の比較を行った森戸の見解と、二つの組織の形成期の状況とをあわせて検討することで明確になったといえよう。さらには、森戸の著作から読み取れたDAFと産報の相違点は、「ナチス問答」の検討によっても確認された。産報は、少なくともその初期は、官僚主導で「上から」ではあるが、労働者および使用者に「配慮」しつつ進められた運動であったと考えられる。それゆえ、森戸が指摘するように、合法的・協力的であり、またそれだけに折衷的・妥協的なものにならざるをえなかった。こうした運動の問題点は、「ナチス問答」の内容によれば、産報の再編期にも継続していたとみることが、さしあたり可能である。他方、党組織であるDAFは、ナチスの強力な後押しにより、一挙に組織を作り上げた。DAF（少なくともその形成）に反対する勢力は早期のうちに暴力を伴うかたちで排除された。「ナチス問答」の内容からもうかがえるように、DAFが産報と比べて「徹底」しているとの評価は妥当である。それゆえに、DAF（および産報）の本質を職場にはびこる身分の差の解消にみており、国家によるその「徹底」を求めていた森戸は、DAFを積極的にとりあげ、産報の原型ととらえるべきだと主張したのであろう。ただし、使用者からの支持を取り付けるためにも、また党にとって最大の脅威を取り除くためにも、ナチスの労働政策の全体像においては、既存の労働組合の破壊（その再台頭の抑止、労働者層の掌握）は避けることのできない前提条件であった。労働組合の破壊を経てはじめて形成されたDAFは、「指導と服従」が貫徹する、民族共同体の一部であった。DAFの主張に従えば、DAFの最重要の課題の一つは、労使間の「身分の差の解消」にではなく、そうした「共同体精神および指導者原理」を職場において「あてはめようとする」こと、徹底することにあったと思われるのである。

森戸をはじめ、本章で言及したドイツに滞在した経験のある者たちは、上記のように労働組合の破壊を前提とするDAFを高く評価する場合が少なくなかった。森戸の著作にみるように、DAFを「新たなる社会政策の組織」ととらえ、その「経営的社会政策の促進者」「国家的社会政策の協力者」である面を重視していたからであろう。「新たな」労働者の組織のこうした「機能」は、産報の基礎となった「労資関係調整策」や「労資関係調整方策」でも重視されていた。だが、再編期以降の産報は、森戸が懸念したように、「経営的社会政策の促進者」という面が後景に退き、労使の協調を促進する機関から、生産の増強、労働意欲の鼓舞のための組織に変貌していく。[76]大日本産業報国会創立直後の四〇年一二月の講演の内容を収めた森戸の著作には、こうした動きを押しとどめようとする意図があったように思われる。だが、多くの労働組合が自主解散し、「労働運動からの刺激が消滅し」ていた四〇年末以降、もはやそれは不可能であった。ただし、この点は、歓喜力行団による「国民車」の工場が否応なしに軍需品の生産に用いられるようになった事実にみるように、とりわけ戦況が悪化した後のDAFも大きく異なるものではなかった。森戸の著作から読み取れるように、国益のための生産力の拡充という目的が何よりも優先されるという点では、産報もDAFも共通していたのである。二つの労働者の組織の異同を明らかにすることを通じて、労働組合の不在が意味するものの一端が浮き彫りになった、というのは、いい過ぎであろうか。

本章では、日本の研究者と産報の指導者のDAFに対する認識について検討したが、残された当事者である同時代の労働者と使用者、それぞれのDAFに対する認識については、今後明らかにする必要があるだろう。使用者のそれについては、「はじめに」で記したように、職場における「指導者原理」の徹底という主張にその一端がみられる。すなわち、使用者たちは、森戸が懸念したように、DAFの本質を労働組合の無力化にみていた可能性がある。他方、労働者については、一部の労働組合が（解散し）産報に参加していく過程、およびその指導者たちの考え方には触れたが、個々の労働者がその動きをどのようにとらえていたのか、深く検討することはできなかった。結果として、森戸がかつて所属していた大原社研が第二次大戦後に編集した書では、大日本産業報国会は「労働組合の廃墟のうえに」形成された「労働組合とは似てもつかぬものであり」、「政治動員と抑圧の官僚機構であった」と評価されるに至っている。[77]ただし、本章の検討にもとづけば、労働者および労働組合が産報に統合されていく過程は、少なくとも「弾圧」や「統制」あるいは「破壊」の一言ではいいあらわせないし、完全な「上から」の運動の結果ともとらえることはできなかった。労働者たちが労働組合の不在という状況を（結果的に）受け入れた論理、そうした状況に直面した際の思いを理解するためにも、彼らのＤＡＦに対する認識をより深く検討することは意味があると考えるのである。これらについての検討は、今後の課題としたい。

註

（1）例えば、協調会編『ナチス労働法』協調会、一九四二年、服部英太郎「戦時社会政策と生産力昂揚の課題」（一九四二年稿）服部『服部英太郎著作集Ⅳ　戦時社会政策論』未來社、一九六九年等を参照。

（2）大日本産業報国会（小塚新一郎述）『独逸に於ける勤労青少年の訓練』（産報指導資料第五集）大日本産業報国会、一九四一年、七頁（大原社会問題研究所所蔵桜林資料〔未整理〕）。本書では、大工場あるいは工場付属の工員養成所が概ねＤＡＦの指導下にあり、ＤＡＦと職業学校が協力して職工の養成にあたっていることが指摘される。同上、七～八頁。

（3）例えば、大原社研は、当時最も積極的にＤＡＦを紹介した機関の一つであった。その理由については、ドイツ労働戦線本部社会局編（大原社会問題研究所訳・編）『独逸社会政策と労働戦線』栗田書店、一九三九年、「序」を参照。本章で大きく取り上げる森戸辰男『独逸労働戦線と産業報国運動――その本質及任務に関する考察』（改造社、一九四一年）においても、ヒトラーの労働組合に対する考え方、ＤＡＦに関する演説および命令が訳出されており、同書における森戸の主張の根拠となっている。

（4）例えば、独逸労働戦線中央事務局編（高橋文雄訳）『独逸労働戦線』電通出版部、一九四二年、ドイツ労働戦線労働科学研究所編（三浦正訳）『両大戦間に於ける独・仏・英の社会政策』世界経済調査会、一九四二年等。

（5）大日本産業報国会前掲書、七頁。

（6）三輪泰史『日本ファシズムと労働運動』校倉書房、一九八八年、一二九～一三〇頁。以降、日本製鉄従業員組合は、伊藤の指導のもと綱領を国家主義的にあらため、産報の枠組みを前提として労働条件の適正化を目指したとされる。

(7) 大河内一男「『産業報国会』の前と後と」長幸男・住谷一彦編『近代日本思想史Ⅱ』有斐閣、一九七一年、八九～九〇頁。

(8) 直訳すると「喜びを通じて力を」という意味となる。

(9) 読売新聞社編『昭和史の天皇　17』読売新聞社、一九七二年、四六、二〇三頁。本書は、オーラルヒストリーをもとにした著作である。日本電気の労務管理の責任者であった南は、退職後、一九三四年に当時協調会の労働課長であった町田辰次郎と共にドイツに留学し、ジーメンス等の企業や研究所で労務管理を学んだ。留学中に「国策を総合的に研究、立案する」役割を担う内閣調査局が発足し、その初代長官吉田茂に労働政策面での「手伝」いを依頼され、帰国した。一年に満たないドイツ滞在が「わたしに与えた影響はきわめて大きい」としている。同上、四三～四四頁。「労資関係整調策」は、本来は「勤労奉公団」の構想であったが、協調会内の時局対策委員会が立案した「労資関係調整方策」の「先蹤形態」とされる。労働運動史料委員会編『日本労働運動史料』第九巻、労働運動史料刊行委員会、一九六五年、五九〇頁。南によれば、「勤労奉公団」とは、一言でいえば、「職場を営利の場と考えずに、働くものそれぞれが、お国に対して本領を尽くす。経営者も労働者も〝報国〟一途に自分の能力をささげる。それとともに手厚い福利厚生を受ける」ものであった。「勤労奉公団」等、南による「労働政策」は、内閣に提示された後に写しが協調会や労働組合、内務省の主だったところに配布された。それが大きな波紋を呼び、戦争の進行に伴い「国策〔産報〕の線にまでのぼった」という。なお南は、産報が、日本の労働組合の特徴とされる企業別組合という組織のあり方を確立したとしている。読売新聞社編前掲書、二〇三～二〇五、二〇九～二一〇頁。

(10) 例えば、桜林誠『産業報国会の組織と機能』御茶の水書房、一九八五年、三頁等を参照。

(11) 産報を対象とした研究史については、岡崎哲二「産業報国会の役割――戦時期日本の労働組織」（岡崎編『生産組織の経済史』東京大学出版会、二〇〇五年）の二〇四～二〇八頁を参照。岡崎によれば、産報の役割については肯定、否定の二つの見方があり、同書の出版時は後者が有力であった。前者の例として、大河内の七一年の研究をあげ、そこでの「産報が労働者の労働意欲を高め、生産性の向上に寄与した」という指摘を注目すべきものと評価している。他方、A・ゴードンによれば、産業報国連盟が全国の工場や職場に設置した産報懇談会は、工場に協調精神を広げることも身分の平等をもたらすこともなく、太平洋戦争時においても、労働意欲・出勤率・生産性等の向上に寄与しなかった。ゴードン（二村一夫訳）『日本労使関係史　1853―2010』岩波書店、二〇一二年、三一一～三一二頁。これらの諸研究においても、産報とDAFの関係、両者の比較については、わずかに触れられる程度である。

(12) この課題についての成果の一つが、柳澤治『戦前・戦時日本の経済思想とナチズム』(岩波書店、二〇〇八年)である。同書は、数多くの同時代の知識人、経済学者、労働政策当事者等によるナチス・ドイツの経済・労働体制についての見解・認識を検討し、産報が、DAFから「重要な影響を受けていた」ことを明らかにしている。とくにⅥ、Ⅶを参照。本章で検討する森戸の見解についても言及されている。また、三輪は「産報は資本と労働という別個の立場を認めず、個別事業所単位の労資混在組織となっている点で、形態的にはドイツ労働戦線に似ている」と指摘しているが、資本家との衝突を回避した内務省等の判断により、国家の統制は不徹底であったという。三輪前掲書、二七一〜二七二頁。

(13) ゴードン前掲書、三一一頁。

(14) Beier, G., Einheitsgewerkschaft : zur Geschichte eines organisatorischen Prinzips der deutschen Arbeiterbewegung, in: *Geschichte und Gewerkschaft. Politisch- historische Beiträge zur Geschichte sozialer Bewegungen*, Köln 1981, S. 320, 349.

(15) 筆者不明「産報」大河内一男編『岩波小事典　労働運動』岩波書店、一九五六年、六一〜六二頁。

(16) 神田文人「解説」神田編『資料　日本現代史7　産業報国運動』大月書店、一九八一年、五八三〜五八四頁。

(17) 佐口は、戦時期を対象とした労使関係分析にみられる「ファシズム論」の系譜の研究のあり方を批判する。それらの研究は、産報を「強制の組織」ととらえ、産報がいかに建前からかけ離れた矮小な組織であるかを示すことを課題としている。だが、なぜこのすわりの悪い組織があえて作られなければならなかったのか等こそ問うべきだと主張する。佐口和郎『日本における産業民主主義の前提』東京大学出版会、一九九一年、二二一〜二二三頁。

(18) この表現は、斎藤哲・八林秀一・鎗田英三編著『20世紀ドイツの光と影——歴史から見た経済と社会』芦書房、二〇〇五年、一五四頁より引用。その具体的な内容については、同上、一五四〜一五六頁、枡田大知彦「ドイツにおける労使関係への国家介入の歴史的展開——1930年代大恐慌期を中心に」『歴史と経済』第二〇七号、二〇一〇年四月、とくに二五〜二八頁を参照。

(19) 以下でみるように、森戸は、合法無産政党中間派の労働運動に深くかかわっていたが、本章では、それ以前に森戸が冷静な目を持つ研究者であったととらえ検討を進めたい。

(20) 例えば、河原田産業報国連盟理事長は四〇年一一月二日、来日したゼルツナーDAF副総裁、ナチス党指導者養成大学長でもあったゴーデス(Otto Gohdes)党訓練部長およびイタリアの使節に直接、産報が日本独自の運動であり、その本質を知るためには日本の国体精神、建国および民族の歴史を知ることが必要だと主張している。産業報国連盟『独伊厚生使節講演集』（産業報国パンフレット）（前掲桜林資料）産業報国連盟、一九四〇年、一頁。

（21）森戸『最近ドイツ社會黨史の一齣』同人社書房、一九二五年、序・一頁。

（22）森戸『思想の遍歴（下）――社会科学者の使命と運命』春秋社、一九七五年、八〜九頁。

（23）DMV代表のディスマン（Robert Dißmann）はUSPDの指導者の一人であった。USPDは一九一七年四月、SPDの戦争協力に反対する同党員により創立された。カウツキー（Karl Kautsky）、ヒルファディング（Rudolf Hilferding）、ベルンシュタイン（Eduard Bernstein）、ローザ・ルクセンブルク（Rosa Luxemburg）等が所属していたが、ルクセンブルクらは一九一九年一月、ドイツ共産党を創立した。USPDの結成から二〇年一〇月の左右両派の分裂、二二年九月の右派のSPDへの「復帰」＝合同に至る過程については、枡田『ワイマール期ドイツ労働組合史――職業別から産業別へ』立教大学出版会／有斐閣、二〇〇九年、第五章を参照。留学中にUSPDとSPDの合同という現実に直面した森戸は、USPDの「みじめな敗北」にショックを受けたとしている。前掲森戸『思想の遍歴（下）』、八頁。

（24）森戸のUSPDに対する認識については、前掲森戸『最近ドイツ社會黨史』、とりわけ第二章を参照。

（25）法政大学大原社会問題研究所編『大原社会問題研究所五十年史』法政大学大原社会問題研究所、一九七〇年、六九頁、二村一夫「大原社会問題研究所の70年」『大原社会問題研究所雑誌』三六三・三六四号、一九八九年三月、二〜六頁。なお、合法無産政党中間派と大原社研および森戸との関係については、大原社研の立本紘之研究員より多くのことをお教えいただいた。記して御礼申し上げる。当時大原社研は大阪にあり、森戸は、全労大阪連合会の「理論的アドバイザー」であったとされる。三輪「森戸辰男と大阪の労働運動――中間派の挫折と転向」『ヒストリア』一〇九号、一九八五年一二月、六九頁。なお、森戸は、第二次大戦後には日本社会党の一員となる。

（26）DAFとNSBOの関係については、枡田「産業報国会とドイツ労働戦線の比較に関する準備的考察」『大原社会問題研究所雑誌』六六四号、二〇一四年二月、註（46）を参照。

（27）三〇年代初期、自由労働組合、共産主義勢力そしてNSBOは、経営協議会選挙を舞台に激しい争いを繰り広げたが、その大半で自由労働組合が勝利した。ナチス政権成立直後の三三年三月の選挙においても、NSBOは以前よりは得票数を伸ばしたが、自由労働組合には大きく及ばなかった。この結果は、ナチスに対する労働者の支持がひろがっていない状況を示すものと評価されている。N・フライ（芝健介訳）『総統国家――ナチスの支配　1933―1945年』岩波書店、一九九四年、八〇〜八四頁を参照。ナチスの指導層は、この結果に失望すると同時に労働組合に対する脅威を再認識し、その「破壊」を最終的に決定したとも考えられる。三〇年代初期の経営協議会選挙とそれに関する研究については、前掲枡田「産業報国会とドイツ労働戦線の比較」、註（22）を参照。

（28）森戸は一六部門としている。DAFの組織形態については、井上茂子「ナチス・ドイツの民衆統轄――ドイツ労働戦線を事例として」『歴史学研究』第五八六号、一九八八年一〇月、一九八頁、*Statistisches Jahrbuch für das Deutsche Reich*, 1933, Berlin 1933, S. 549; 1934, Berlin 1934, S. 559-560を参照。

（29）三四～三五頁にまたがる一つの段落の冒頭と最後に、ほぼ同じ意味の文言がある。

（30）産報の源流の一つとされる「労資関係整調策」自体が、労使の対立（利害の不一致）の否定、階級闘争の理論に立脚した労使双方の組織の否定を前提としている。前掲労働運動史料委員会編『日本労働運動史料』第九巻、五九〇～五九一頁。

（31）ただし、DAFが、ドイツの「再軍備宣言」（三五年）より前、「戦時期」ではない三三年に形成された事実は指摘しておく必要がある。

（32）社会大衆党出身で大日本産業報国会の理事となる河野密は四〇年、「労働及技術による生産力拡充」を基盤として「国防完成」を成し遂げたナチスのあり方に共鳴し、「高度国防国家」の建設にナチスの採用した方式をそのまま適用すべきだと主張した。横関至「戦時体制と社会民主主義者――河野密の戦時体制構想を中心として」日本現代史研究会編『日本ファシズム（2）――国民統合と社会動員』大月書店、一九八二年、八六頁。この河野の主張は、森戸のそれと重なる部分がある。

（33）こうした労働組合の未発達に象徴される、日本の「労働体制の後進性」についての森戸の見方は、服部英太郎の当時の認識と共通する。服部のナチス・ドイツの労働体制に対する認識については、柳澤前掲書、とりわけ二五六頁以降を参照。

（34）森戸「戦時社会政策論」『戦争と文化』中央公論社、一九四一年、一三六～一三八頁。同論考で森戸は、将来、産報が労使の単一の組織となる場合に、使用者団体を残し、労働組合のみを解消しようとする見方があることを指摘し、それを強く批判している。

（35）佐口前掲書、一六三頁。この点については、金子良事「工場委員会から産業報国会へ」『大原社会問題研究所雑誌』六六四号、二〇一四年二月、三八～五一頁も参照。

（36）本協定の全訳は、枡田「ワイマール期ドイツにおける国家的仲裁制度と協約自治――自由労働組合における議論を中心に」『専修大学社会科学研究所月報』六四〇号、二〇一六年一〇月、四～五頁に掲載。ワイマール期の労使関係制度および労働組合員数の変遷等は、枡田前掲書、五～一〇頁、前掲枡田「ドイツにおける労使関係」、二二一～二二五頁を参照。

（37）労働協約が適用された労働者の数は、第一次大戦前の一二年には一五七万四二八五人だったが、二二年には一四二六万一一〇四人となり、一二年のおよそ九倍に増加した。Petzina, D., W. Abelshauser, u. A. Faust, *Sozialgeschichtliches Arbeitsbuch III. Materialien zur Statistik des deutschen Reiches 1914–1945*, München 1978, S. 110. 労働組合員数については次項を参照。

（38）D・シェーンボウム（大島通義・大島かおり訳）『ヒットラーの社会革命——1933～39年のナチ・ドイツにおける階級とステイタス』而立書房、一九七八年、一〇三頁。

（39）フライ前掲書、七八～八〇頁。

（40）Maier, C. S., *In Search of Stability. Explorations in Historical Political Economy*, Cambridge University Press, 1987, pp. 96–104; 前掲枡田「ドイツにおける労使関係」、二五～二六頁を参照。労働者は、「一九一八年一一月一五日協定」で認められた権利の多くを失った。

（41）本節における日本の労働組合数、労働組合員数、推定組織率については、労働運動史料委員会編『日本労働運動史料』第十巻、労働運動史料刊行委員会、一九五九年、四二四頁より。

（42）四一年には一一の労働組合が存在し組合員数は八九五人であった。四二年、四三年には三つの労働組合が存在し、組合員数はそれぞれ一一一人、一五五人であった。同上。

（43）三輪前掲書、とくに四九頁を参照。三六年頃、労資一体、産業報国をとなえる日本主義労働組合の結集体である愛国労働組合全国懇話会は、四万七〇〇〇人ほどの勢力を有していたとされる。同上、二六三、二六六頁。日本主義労働運動については、同上、とりわけ第一章を参照。日本主義労働組合は、産報に社会民主主義的組織が入ることに不満を持っていた。田沼肇「産業報国会運動」法政大学大原社会問題研究所編『太平洋戦争下の労働運動』労働旬報社、一九六五年、四一頁。森戸は、産報の源流の一つとして「右翼労働組合」の「提唱」をあげているが、何より「新官僚」が、日本の特殊事情に基づき、「主として」DAFの「事例に示唆をえつつ、新労働体制を構想した」点を重視している。前掲森戸『独逸労働戦線と産業報国運動』、二八頁。

（44）桜林前掲書、一頁。森戸は、この二つの出来事を産報の運動が全国的にひろがった契機ととらえている。前掲森戸『独逸労働戦線と産業報国運動』、二八～二九頁。「労資関係調整方策」の内容については、同上、一六五～一七〇頁、協調会時局対策委員会編「労資関係調整方策」協調会、一九三八年を参照。

（45）桜林前掲書、一一〇頁。本段落の産報に関する数値についてはとくに断らないかぎり、同上、一頁。四二年六月末時点では、産報会数八万六五〇九、事業所数一六万三七四〇、会員数五五一万四三二〇人であった。会員数については、四三年二月には四六一万七八一七人、四四年二月には五二五万九〇六五人、解散四ヶ月前の二〇年七月には五八一万五四七三人であった（いずれも産報会数、事業所数は不明）。

（46）同上、一一一頁。

（47）同上、一一四頁。

（48）大河内前掲論文、一〇四頁。

（49）服部「高度国防国家と労働新体制の構想」（一九四一年稿）服部前掲書、一八〜一九頁。

（50）前掲産業報国連盟『独伊厚生使節講演集』、二頁。

（51）例えば、三輪前掲書、二六九〜二七〇頁を参照。

（52）Petzina, Abelshauser, u. Faust, *a. a. O.*, S. 111. いずれも年末時点の数値。年平均の労働組合員数をもとにした自由労働組合の推定組織率は、二〇年は五四・七％であった。Potthoff, H., *Freie Gewerkschaften 1918–1933 : der Allgemeine Deutsche Gewerkschaftsbund in der Weimarer Republik*, Düsseldorf 1987, S. 348.

（53）Petzina, Abelshauser, u. Faust, *a. a. O.*, S. 112.

（54）Potthoff, *a. a. O.*, S. 348-349. 推定組織率算定のための分母には、三三年に行われた全国職業調査の値を用いた。*Statistisches Jahrbuch für das Deutsche Reich*, 1934, Berlin 1934, S. 18–19.

（55）フライ前掲書、八三〜八四頁。

（56）ＤＡＦの会費は、ワイマール期の労働組合費より安いが、見返りを要求する権利がなく、労働者からの不満もみられた。また、会費額が収入に応じて変化し、天引きされること等から、一種の税金的性格を持っていたとされる。前掲井上「ナチス・ドイツの民衆統轄」、一九九〜二〇〇頁。

（57）後に森戸は、大原社研および彼自身が、ＤＡＦ等についての「翻訳編集」を主体的に引き受けた意図として、当時の日本の社会政策・労働問題にみられる根本的に重大な「政治的および科学的欠陥」を指摘し、その反省を促すことをあげている。前掲森戸『思想の遍歴（下）』、二五二〜二五三頁。この森戸の見解に対する評価については、高橋彦博『戦間期日本の社会研究センター――大原社研と協調会』柏書房、二〇〇一年、一一二〜一一七頁を参照。

（58）柳澤によれば、ナチスの労働体制の可能性を積極的に評価する服部は、ナチス・ドイツに対する理解を日本の現状への批判に結び付け、戦時経済体制を通じて新しい体制の実現をはかることを構想していた。こうした態度は、森戸の立場とも共通していたという。柳澤前掲書、二五九、二六一、二六七、二六九頁。この点については、高橋前掲書、一一二～一一七頁も参照。

(59) 三輪前掲書、二七二頁、田沼前掲論文、四一頁。田沼は、中間派が産報に積極的に参加した理由として、①組織の弱体化、②弾圧をまぬがれるためのジェスチャー、③軍部・革新官僚との結びつきによる「革命」への期待、をあげている。③は、本章で検討した森戸の主張と通じる部分があるだろう。当時の森戸の主張を批判的に検討したものとして、三輪前掲論文がある。

(60) 三輪前掲書、二七二～二七三頁。

(61) シェーンボウム前掲書、九三頁。

(62) 例えば、大河内前掲論文、九二～九四頁、桜林前掲書、二一一～二一六頁。

(63) ゴードン前掲書、三一一頁。

(64) 佐口前掲書、一八三～一九五頁。

(65) 「ナチス問答」の内容は、前掲産業報国連盟『独伊厚生使節講演集』、二一七～二三三頁より。その全文は、前掲枡田「産業報国会とドイツ労働戦線の比較」、二一一～二一四頁にも掲載。

(66) 前掲産業報国連盟『独伊厚生使節講演集』、一～二頁。

(67) 「ナチス問答」では、個々の事業所における「労務者」（従業員）は、「従属者」ではなく「協力者」と記されている。

(68) 「労資関係整調策」については、本章註（9）を参照。「労資関係調整方策」には、従業員との意思疎通を図り、それを通じて産業の発展、従業員の福祉をもたらすための機関を、事業所内に設けることが明記されていた。協調会時局対策委員会編前掲書、三頁。

(69) 「国民車」の代金については、「将来の所有者」である労働者が毎週分納で前払い金を積み立てていた。だが、「国民車」は「一般民間人が利用できるまでには」至らず、結局は軍用車として「活用」されることとなる。また、労働者のレジャーのために使われていた歓喜力行団の船舶は第二次大戦開戦後、「軍隊輸送船」となった。シェーンボウム前掲書、一三六頁。

(70) この問題については、枡田前掲書、とくに第六章を参照。

(71) Hachtmann, R., "Die rechtliche Regelung der Arbeitsbeziehungen im Dritten Reich", in: D. Gosewinkel (Hg.), *Wirtschaftskontrolle und Recht im Nationalsozialismus - zwischen Entrechtlichung und Modernisierung. Bilanz und Perspektiven der Forschung,*

Baden-Baden 2004, S. 137-140. ＤＡＦの使命は、「賃金問題の処理ではない（ふさわしくない）。ＤＡＦは党と一緒にあるべきだ」とされた。Hachtmann, "Wiederbelebung von Tarifparteien oder Militarisierung der Arbeit? : Kontroversen um die Grundlinien der nationalsozialistischen Tarifpolitik und die künftige Gestaltung der NS-Arbeitsverfassung 1936-1944", in: K. C. Führer (Hg.), *Tarifbeziehungen und Tarifpolitik in Deutschland im historischen Wandel*, Bonn 2004, S. 117.

（72）井上「社会国家の歴史におけるナチ時代——労働者政策と福祉政策を事例にして」『上智史学』第四四号、一九九九年一一月、九六頁、戸原四郎「ナチスの労働政策」東京大学社会科学研究所編『ナチス経済とニューディール』東京大学出版会、一九七九年、一五五頁。

（73）Hachtmann, "Die rechtliche Regelung", S. 146-147.

（74）「労資関係整調策」を立案した南は「アルバイト・フロント〔ＤＡＦ〕もそれまであった労組がだんだん変化していったものだ」との認識を示している。読売新聞社編前掲書、二〇五頁。だが、すでにみたようにＤＡＦは、既存の労働組合を破壊した後、一挙に組織を形成している。

（75）前掲産業報国連盟『独伊厚生使節講演集』、二〜三頁。

（76）ゴードン前掲書、三二一頁。再編期以降の産報を「資本の労働者支配を国策の名のもとに補強し、労働者に一方的な勤勉をしいる」組織となったとする見方もある。三輪前掲書、二七三頁。

（77）田沼前掲論文、四三頁。

第二部　変容する社会と戦時政策

第四章　戦時「人口政策」の水脈

金子良事

はじめに

本稿は、一九二〇年代から一九四〇年にかけての審議会や協調会の時局対策委員会における諸政策をめぐる議論を検討し、人的なつながりを踏まえた上でそこで先取りされた論点がどのように「人口政策確立要綱」に結びつくのかを明らかにする。政策の総合化は第一次世界大戦における総力戦の出現を受けて登場し、日本でも一九三〇年代に盛んに議論された。このような政治史研究では御厨貴が見取り図を描いており[1]、さらに牧原出はその視角を引き継ぎつつ、「ドクトリン」概念を採用し、行政改革と総合調整という観点から整理している[2]。また、伊藤隆はそれらの研究に先立って大正期の「革新」の形成から昭和初期の人脈について総合的に検証した[3]。協調会の時局対策委員会の委員は国維会、昭和研究会、国策研究会のメンバーを多く含んでおり、本稿は結果的にこうした革新研究を補完する役割を果たせるだろう[4]。

次に人口政策の意義を確認しておこう。研究史においては「人口政策確立要綱」に関心が集まり、とりわけ優生思想に分析の焦点が当てられてきた。[5] 人口増減の要因は一般に出生・死亡と人の移動がある。出生・死亡は医療・衛生と深く関わりがあり、二十世紀初頭から世界的に優生思想と関係してきた。これに対して本稿では人の移動に関連する政策に注目して、地方統治を踏まえた国土計画を軸にして「人口政策確立要綱」の形成過程を捉え直す。[6]

一　一九三〇年代前半における協調会

1　前史——設立から添田体制の終焉まで

協調会については関係者たちによって編まれた偕和会編『協調会史』偕和会、一九六五年およびその稿本である『協調会誌』によって概観することができる。また、大原社会問題研究所から一九九〇年代から二〇〇〇年代にかけていくつかの成果が出ている。[7]『協調会の研究』は一九三一年の添田敬一郎と吉田茂の常任理事交代を画期とみており、これは偕和会編、前掲書や美濃口時次郎「協調会と社会政策時報」『季刊社会保障研究』一巻三号、一九六五年とも通底している。ただ、協調会の設立には二つの背景があったことをここでは確認しておきたい。[8] すなわち、貧民研究会以来の内務省の科学的な行政調査を重視する姿勢とＩＬＯの設立である。

協調会設立は、救済事業調査会が床波竹二郎内相から大正七年一二月に「失業保護ノ施設資本ト労働トノ関係ヲ円滑ナラシムル施設」についての諮問を受け、翌三月に答申した内容に基づいている。[9] 救済事業調査会委員は窪田静太郎を中心とした貧民研究会や社会政策学会と重なっている。また、協調会の基本理念、「資本ト労働トノ関係ヲ円滑ナラシムル施設」がＩＬＯの三者原則を踏襲していることは明らかだが、さらに「失業保護ノ施設」も一九一九年に設立されるＩＬＯの失業条約を踏まえている。

社会福祉調査研究会編『戦前期社会事業史料集成17』は「救済事業調査会報告」と中央慈善協会「救済事業調査要項」を収録しており、解説の窪田暁子はこれを貧民研究会から連続して捉えている。救済事業調査委員の久米金弥と窪田静太郎は貧民研究会の立ち上げメンバーであり、[10] 窪田と井上友一・桑田熊蔵・留岡幸助は救済事業調査会委員でもある。また、窪田はこれに先立って一八九九年に社会政策学会において社会制度調査機関設置について学会の意見を発表することを建議している。[11] この時期、政策立案に際して科学的な行政調査の重要性は既に認識されていた。[12] ただし、戦前は行政の予算だけでそのような機関を設立できない場合、民間に団体を作ってそれを代行したり、あるいは啓蒙活動を行ったりしていた。中央慈善協会がその代表例であり、もう一つはやや早い設立の杉亨二の東京統計協会による国勢調査の啓蒙活動があげられるだろう。内務省系の人脈を重視するのは、協調会においてその設立から解散に至るまで内務省関係者が重要な役割を果たしたこともあるが、協調会以前に内務官僚が行政官として行い得なかったことを民間人の立場で行った調査との連続性を重視する必要性があるからである。[13] すなわち、初代常任理事の桑田熊蔵の後を継いだ永井亨は、社会政策時報の発刊、社会政策学院の創立、図書館の解説、中央職業紹介所の開始の着手が桑田によってなされており、自分はそれを継承したに止まる旨を述べている。[14]

協調会が設立した中央職業紹介所はＩＬＯ失業条約の第二条第一項「本条約ヲ批准スル各締盟国ハ中央官庁ノ管理ノ下ニ在ル公ノ無料職業紹介所ノ制度ヲ設クヘク右紹介所ノ経営ニ関スル事項ニ付意見ヲ提出セシムル為委員ヲ任命スヘク該委員中ニハ使用者ノ及労働者ノ代表者ヲ加フヘシ」を踏襲しており、[15] 外局社会局が出来るまでは、失業行政は内務省社会課（後の内局社会局）が担当し[16]、協調会は失業条約第二条の役割、すなわち中央職業紹介所および諸職業紹介機関の連絡調整を行っていた[17]。

協調会の常務理事は桑田熊蔵・松岡均平・谷口留五郎でスタートするが、一九二〇年の富士紡押上工場争議の処理に失敗したため、添田敬一郎・永井亨・田澤義鋪に交代した。ただし、桑田、松岡、谷口、田澤はその後も理事として残っており、時局対策委員会では松岡は小委員会の委員長を務め、田澤は農村問題をはじめとして主要論客であった（後述）。これに対して、永井は日本工業倶楽部と対立した結果、協調会を追い出されることになった[18]。その後、昭和六年まで添田一人体制が継続する。

常務理事の変遷を確認したのは、添田が労働争議の調停を重視したのに対し、添田の次に常務理事に就任した吉田茂はより広い分野をカバーするようになったという見解を相対化するためである。ここでは二つの推測をしたい。一つは協調会内部の担当職務と、もう一つは社会政策審議会での添田の担当領域である。初期職員であった桂皋の回想によれば、総務部・調査部・事業部をそれぞれ添田・永井・田澤が担当していた[16]。また総務部の中心は労働課であったという[20]。すなわち、一九二〇年代の協調会は労働争議調停、調査事業、青年団を含む教育事業を中心にしており、添田は労働争議調停を中心にしていたと考えられる。加えて、添田は社会政策審議会の委員を務めたが、そこでの役割分担も関係していると推測される（後述）。すなわち、同審議会は失業対策、労働組合、小作問題について諮問され、それぞれ各問題の特別委員を任命したが、委員は二つないし一つを担当した。添田は失業対策と労働組合を担当、それぞれの意見書も出しており、それが答申の基礎になっているが、小作問題は担当していなかった[21]。

2　吉田茂体制の協調会と時局対策委員会

吉田茂は一九三四年に協調会の常務理事を退任、内閣書記官長に就任し、その後自らが提言した内閣調査局初代長官を引き受けた。内閣調査局は企画庁を経て企画院になり、戦時経済統制の中心的存在になるが、協調会において農村問題を担当していた稲葉秀三と勝間田貞一、中小工業問題を担当していた美濃口時次郎はそれぞれ内閣調査局に転じ、そのまま企画院で戦時経済統制にかかわることになる。

吉田茂の調査と政策提言についての考え方は、内閣調査局長官を辞任した後に参加した協調会主催の戦時労働対策懇談会での発言のなかに端的に表れている[22]。すなわち、第一に政府が実行の責任があって言えないことにも踏み込んで、政府に先立ち今までの調査にもとづいて将来の方向性を示すこと、第二に政策をイデオロギーに回収させず具体化することである。また、吉田は企画庁の前身の内閣調査局の調査に比べて協調会の方が資料を持っていると評価している。

一九三二年から一九三四年までの吉田茂体制下の協調会は、このような方針で運営されていた。時局対策委員会では満蒙問題、農村問題、中小工業問題の三つを取り上げ検討し、順次内閣総理大臣や担当大臣などに政策提言を行った。同時に協調会では、農村問題については埼玉県井泉村に、中小工業問題については埼玉県川口町にそれぞれ臨時出張所を置き、実地調査とコンサルタントを行っていた。稲葉、勝間田、美濃口は若手で調査を中心的に行っていた。

（1）時局対策委員会前史としての社会政策審議会

ここで時局対策委員会前史として、濱口内閣下で開催された一九二九年の社会政策審議会について簡単に整理しておきたい。その理由は、時局対策委員会と人的なつながりがあり、かつ時局対策委員会では当然ながら、それ以前の審議会を通じて実現した政策（失業対策）のその後の経緯などを前提に議論されているからである。

社会政策審議会は会長を内閣総理大臣濱口雄幸が務め、委員は全部で一五名以内であった。そのうち協調会関係者は塚本清治理事、添田敬一郎常務理事、桑田熊蔵理事、また幹事長は社会局長官の吉田茂であり[23]、幹事六人のうちに商工省工務局吉野信次、農林省農務局長石黒忠篤が含まれている。吉野と石黒はそれぞれ時局対策委員会が開催された時点では商工次官、農林次官に昇進しており、第二回は吉野の講演、第三回は石黒の講演が行われている（後掲表1参照）。彼らはそれぞれの担当省庁の事務方の最高責任者であったが、同時に社会政策にもっとも詳しいものと認識されていた。

社会政策審議会の公式記録、すなわち委員、審議経過、諮問、答申は「社会政策審議会要覧」によって確認できる。諮問は第一に失業行政、第二に労働組合法、第三に小作法、第四に船員保険法についてである。協調会文庫に残された『（秘）社会政策審議会関係書類』によると、社会局は失業者救済に関する件・労働組合法案に関する件・救護法施行に関する件を審議事項としてあげていたが、これは廃案と赤で書かれている。実際救護法は第一回総会でも取り上げられておらず、上記第一から第三までが諮問され、吉田幹事長が説明を行っている[24]。添田は小作法以外の委員を務めている。

第一特別委員会では「十九失業対策添田委員」を基盤にして第四回で「失業対策要綱」を作成し[25]、これに基づいて具体的な審議内容を決めている。「十九失業対策添田委員」では「労働省若しくは社会省の設置」が提言されているが、「失業対策要綱」では削られている。[26] 逆に「失業対策要綱」では添田意見にはなかった「工業の地方的分布を図り農村に於ける工芸的副業を奨励し其の他農村の振興、農村生活の改善を図り以て人口の都市集中を防止すること」という条項が加えられている。この条項を加えたのは直接的には人口食糧問題調査会で商工省幹事私案として同様の主張を行っていた吉野だと推測されるが、[27] もともと大河内正敏の貴族院での議論および農村工業化論を参考にしていると推測される。[28] なお、大河内自身も一九三四年には吉田とともに農村工業協会を立ち上げることになり、農村工業協会はその後も協調会と協力することになる。

（2）時局対策委員会[29]の委員と審議内容

（2―1）委員会の概略と委員

時局対策委員会の全体像については表1の通りである。一九三二年六月から一九三四年一月一八日第一五回総会まで継続している。委員会は総会で議題を決めて、その問題についてよく知る人物の話を聞き、協調会職員が草案を作って、小委員会で審議した後、総会で審議という手順で進められた。具体的には「農村窮乏打開策」、「中小工業窮乏打開策に対する決議」、「満州移民計画――一般方針及実行方策」[30]を決議しており、また一二回総会のみに委員として参加した後藤文夫農林相は「農村窮乏打開策」が「参考になりましたと申上げるよりも寧ろ私共実行を致しました事が悉くお決め下さったこと其の儘でありましたので非常な御奨励を得た」と発言している（「第十二回総会速記録」一八～一九頁）。[31] 満州移民の後、テーマ選定に一回を費やした後、失業問題が二回ほど議論されており、その後の記録は残っていない。

今、『満州移民計画』の付録によって時局対策委員会の委員を確認しよう。表1に示したように、失業問題から上田貞次郎、小泉信三、土方成美の三人が加わっている（ただし、上田、小泉の出席はない）。また、速記録

委員出席者	ゲスト	協調会職員（発言者）
—	—	—
吉野、岡部、下村、宮島、鈴木、矢野、池田、河津、河原田、谷口、田澤、添田、塚本、松岡、気賀、湯澤、四条、塩澤、吉田		
—	—	—
岡部、宮島、下村、岡、鈴木、矢野、床次、河津、河原田、谷口、田澤、田子、塚本、松岡、気賀、湯澤、塩澤、吉田		長岡幹事、勝間田囑託
岡部、吉野、下村、宮島、矢野、床次、池田、河津、谷口、田澤、添田、塚本、松岡、四条、塩澤、吉田		松村幹事
田澤、矢野、松岡（委員長）、宮島、吉田	小平農務局長	勝間田囑託、鈴木幹事、松村幹事
田澤、矢野、松岡、宮島、吉田		長岡幹事
岡部、鈴木、矢野、池田、河津、河原田、谷口、田澤、田子、添田、塚本、松岡、気賀、四条、塩澤、関、吉田	那須晧、橋本傳左衛門、小野武夫	
岡部、矢野、床次、池田、河津、谷口、田子、添田、塚本、気賀、塩澤		
矢野、池田、田澤、田子、塚本、松岡、塩澤、吉田		
吉野、矢野、鈴木、池田、河津、谷口、田澤、田子、添田、塚本、松岡、四条、塩澤、吉田		美濃口囑託、長岡幹事
矢野、池田、塚本、松岡、塩澤、吉田		長岡幹事、勝間田囑託、松村幹事
岡部、矢野、鈴木、床次、池田、河原田、谷口、添田、塚本、松岡、気賀、塩澤、吉田		

表1　協調会時局対策委員会（1932–34年）

年	日付	時間	委員会名 提言書名	主な内容
1932	—	—	第一回総会	—
	6月10日	17:55–20:15	第二回総会	吉野商工次官「商工省の執りたる政策に就て」
	—	—	第三回総会	（石黒農林次官講演、第四回から推測）
	6月20日	17:30–21:57	第四回総会	救済事業の職員案についての審議および農家負債整理問題についての審議、欠席の池田委員から小委員会ないし分科会制の提案
	6月25日		総理、農相、内相、蔵相宛提言書	一、政府米の廉売並に飯米給与に依る救済 二、医療給付に依る救済 三、土木起業に依る救済
	6月28日	17:21–19:50	第五回総会	総理・蔵相・農相・内相・商工相訪問の報告、農村負債整理小委員会委員決定の報告、農村自給自足問題等について審議
	7月1日	17:30–21:10	農家負債整理に関する第一回小委員会	農家負債整理についての意見交換
	7月4日	16:15–17:00	農家負債整理に関する第二回小委員会	「農家負債整理決議案」についての審議
	7月4日	17:15–21:30	第六回総会	那須、橋本、小野の講演および質疑、小委員会の経過報告（決議は中間報告的な扱いにする）
	7月16日	16:10–17:50	第七回総会	「農村窮状打開策」（職員作成）についての審議、吉野「国民経済の建直し」提出
	7月25日	15:35–17:17	農村窮状打開策第一回小委員会	「農村窮状打開策」（職員案）と田子委員案を審議
	7月25日	17:25–19:46	第八回総会	吉野商工次官「中小商工業の金融について」
	7月29日	14:30–16:50	農村窮状打開策第二回小委員会	農村窮状打開策第一回の議論と田子案を含めて作り直したものを審議
	8月3日	10:15–13:50（12:25分休憩 13:00再開）	第九回総会	「農村窮状打開策」小委員会案を審議

委員出席者	ゲスト	協調会職員（発言者）
矢野、鈴木、松岡（委員長）、吉田		長岡幹事、美濃口嘱託
矢野、宮島、鈴木、吉田、岡部（委員長代理）、河津、谷口	渡邊鉄蔵	
矢野、宮島、松岡、吉田		長岡幹事
矢野、宮島、松岡、吉田		長岡幹事、美濃口嘱託
矢野、宮島、河津、松岡、四条、吉田		長岡幹事、美濃口嘱託、鈴木幹事
吉野、鈴木、床次、神戸、谷口、松岡、塩澤、吉田		長岡幹事、鈴木幹事
岡部、岡、矢野、柳川、松井、生駒、那須、徳川、床次、池田、丹羽、河津、谷口、田子、添田、塚本、松岡、気賀、四条、塩澤、関、吉田		
生駒、岡部、那須、柳川、矢野、松井、田澤、添田、松岡（委員長）、吉田		
矢野、宮島、松井、生駒、那須、床次、池田、神戸、谷口、田子、添田、松岡、気賀、塩澤、吉田	安藤広太郎	
宮島、柳川、松井、生駒、塚本、松岡、吉田	大蔵公望	
岡部、矢野、松井、生駒、那須、塚本、松岡、吉田		中島嘱託、鈴木幹事、長岡幹事
丹羽、松井、生駒、那須、添田、松岡、吉田	小河正儀（拓務省）	
岡部、矢野、下村、鈴木、松井、後藤、生駒、池田、田子、田澤、添田、塚本、松岡、吉田		中島嘱託、長岡幹事
岡部、下村、宮島、床次、池田、河原田、谷口、田子、添田、松岡、気賀、丹羽、吉田		
床次、岡部、矢野、鈴木、土方、丹羽、谷口、田子、塚本、気賀、塩澤、吉田、那須		美濃口嘱託、長岡幹事、鈴木幹事
岡、鈴木、松井、那須、池田、丹羽、河原田、吉野、谷口、塚本、塩澤、吉田		鈴木幹事

年	日 付	時 間	委員会名 提言書名	主な内容
1932	8月5日	10:15-13:00	中小工業対策第一回小委員会	宮島、河津などの専門家がいないため雑談、取り上げる事項の検討
	8月9日	10:15-14:00	中小工業対策第二回小委員会	宮島のデパートをめぐる問題と対策提案、渡邊講演「金融、百貨店商品券問題」と質疑応答（物価政策についての議論）
	8月20日	10:40-12:00	中小工業対策第三回小委員会	宮島・矢野が為替安定の重要性を主張、今後の進め方は吉田提案の中小工業を分けて行うことに決定
	9月21日	14:30-16:00	中小工業対策第四回小委員会	「中小工業窮乏打開策」（草案）の審議
	9月30日	13:50-16:50	中小工業対策第五回小委員会	「中小工業窮乏打開策」（修正案）の審議
	10月12日	14:50-16:03	第十回総会	「中小工業窮乏打開策に関する決議（草案）」の審議
	12月17日	13:45-16:07	第十一回総会	松井委員の話（満州の産業開発と日本・治安）、那須委員の話（移民）、生駒委員の話（武装移民）、小委員会の組織および議事の進め方についての議論
	12月26日	15:08-17:00	満州問題第一回特別委員会	審議内容の決定（移民）、那須・生駒・柳川からの満州の状況説明と質疑、今後の進め方について
1933	1月12日	14:25-16:36	満州問題第二回特別委員会	安藤講演「満州移民問題について」と質疑応答
	3月16日	(16:30)-19:05	満州問題第三回特別委員会	大蔵講演「満州移民問題」と質疑応答（質問者の中心は生駒）
	4月19日	14:05-16:59	満州問題第四回特別委員会	「満州移民計画の根本方針（案）」の審議
	5月2日	14:15-17:42	満州問題第五回特別委員会	「満州移民計画の一般方針（案）」の審議
	5月12日	13:50-17:43	第十二回総会	「満州移民計画の一般方針」「満州移民計画の実行方策」の審議
	11月11日	13:50-14:45	第十三回総会	次の審議内容の選定（満州産業問題か、失業問題か→失業問題）
	12月15日	13:50-16:10	第十四回総会	失業問題の討論、欠席しているが商大上田（貞次郎）、慶應小泉（信三）を委員に追加。
1934	1月18日	13:58-16:37	第十五回総会	失業問題の討論

注 『時局対策委員会速記録』より作成

中発言のあった嘱託の名前を拾うと、勝間田（貞一）、美濃口（時次郎）、中島（仁之助）を確認できる。(32)

委員：岡部長景（委員長）、生駒高常、岡実、那須皓、矢野恒太、柳川平助、松井春生、後藤文夫、宮島清次郎、下村宏、鈴木文治

理事：徳川家達、床次竹二郎、中島久萬吉、池田宏、石黒忠篤、丹羽七郎、大橋新太郎、河津暹、神戸正雄、河原田稼吉、吉田茂、吉野信次、谷口留五郎、田澤義鋪、田子一民、添田敬一郎、塚本清治、松岡均平、気賀勘重、湯沢三千男、四條隆英、塩澤昌貞、関一

幹事：町田辰次郎、鈴木誠治、長岡保太郎、増田作太郎、松村勝治郎、富田亥之七

委員中、後藤がほぼ参加していなかった他、経済界の理事である中島、大橋も出席しておらず、岡と関の出席率はよくない。財界の実務家としては宮島・矢野が参加、「農村窮状打開策」および「中小工業窮乏打開策に関する決議」の小委員会での議論などで中心的役割を果たした。ただし、両者ともに財界代表というより、実務経験に基づいて協調会の立場で発言している。例えば、中小工業窮乏打開策に産業平和問題を入れるように進言したのは宮島である（「中小工業対策第五回小委員会」）。また、労働界ないし農民運動の立場として鈴木が参加しており、議論の中心には必ずしもいなかったが、「農村窮状打開策」をめぐって「協調組合」が争議防止や従来の主従情誼の関係を温存するために作られたため、この文言をそのまま使うことに反対し、吉田との議論の末、塩澤の提案によって「健全なる協調的共同団体の発達」に変更させている（「第九回総会速記録」四〇～五一頁）。

協調会の理事は官僚およびその出身者と学識経験者が多い。ただし、吉野・石黒・丹羽は一九三二年一〇月から理事であり、吉野だけが最初から委員だった。床次、池田、丹羽、河原田、吉田、谷口、田澤、田子、添田、

塚本、湯澤は内務官僚、四條は協調会設立時の農商務省商工局長、河津、神戸、松岡、気賀、塩澤、関は学識経験者である。ただし、関は大阪市長でもある。松岡は初代協調会常務理事で、時局対策委員会ではすべての小委員会の委員長を務めた。

(2―2)審議内容

一九三二年六月二五日付で提言されている農村救済策は「一、政府米の廉売並に飯米給与に依る救済、二、医療給付に依る救済、三、土木起業に依る救済」であり、このうち、医療給付については徳川会長が済生会の会長を務めていたため、昭和恐慌による予算不足で済生会以外でも医療に支障が出ていて訴えているが、協調会でも訴えて欲しいという希望があり、急遽取り入れられたものである(「第四回総会議事速記録」)。この後、二回の小委員会で農家負債整理が審議されているが、農村窮乏打開策をめぐる審議では一時的な救済だけでなく、農村のガバナンスが論じられることになった。そこで中核的な役割を果たしたのは田澤であり、総会で重要な問題提起をしてリードしただけでなく、農村関連の二つの小委員会の委員も務めている。

田澤の議論は一木喜徳郎、平田東助、井上友一以来の内務省地方行政を継承している側面と、時代に応じて変化している面がある。継承しているのは「自治」の観点である。時局対策委員会では自給自足という表現が多義的に使われているが、そのうちに部落自治、共同体自治の意味が含まれる。異なるのは、担い手を耕作者に置いている点で、田澤は井上流の篤農家を重視するには知事や行政官の交代が早くなってしまったために難しいとしている。ここに地方制度改革の論点がある。なお、耕作者重視の考え方は、いわゆる石黒農政＝小作法制定路線を継承しており、農村の経営改善もまた那須・橋本の講演内容と軌を一にしている。田澤は第四回総会で農村計画について発言し(「第四回総会議事速記録」)、第七回総会において再びその意義を敷衍して「農村窮状打開策」に盛り込むことになった(「第七回総会議事速記録」)。ここでの「農村計画」には、生産方法の改良を重視する既存の政策を批判する意図が含まれており、その限りにおいては現代の「六次産業化」に近く、当時の言葉では農村工業化にも近い。その他に人材育成なども含まれており、農村統治と言い換えてよいだろう。また、第五回総会では矢野の農村の自給自足論の後に発言を促された吉野がデッセントリゼーション、工業の分散化の問題を示唆し、(36)池田がこれと公課(地方の財政負担)問題をあわせて審議することを提案している。ただ、この時点では吉野は商工省には工業分散化の専門家がいないと言っている(「第五回総会議事速記録」)。

農村窮乏打開策は金融や経営改善(合理化)という点で中小工業問題と通底していたが、統治という意味では満州農業移民の議論と通じている。第一一回総会および満州問題第一回特別委員会の冒頭では、満州問題の何を扱うのか決まっておらず、移民を扱うにしても農業か工業か全体かの議論があり、移民と産業をそれぞれ扱うという案もあった。農業移民が選択されたのは那須の意見であり、満州への定着とそのためのローカル・ガバナンスが十分に議論されていないという問題意識が共有されていった。ただし、第一二回総会では田澤が衛生の研究調査機関の重要性を問題提起し、生駒がその問題意識を持っていたと引き受け、池田が台湾の事例を引き賛意を表しており、「自治」を重視する内務省的統治の伝統が継承されている(「第十二回総会速記録」)。「満州移民計画」は那須を中心に協調会職員によってまとめられ、小委員会・総会での審議を経て決議された。石黒はこの間、協調会理事になっていたが、小委員会・総会ともに出席しておらず、ここでは那須がリードしている。那須の議論を戦時人口政策の文脈に位置づけ、国際的な文脈を踏まえるには我々は再び一九二〇年代に戻る必要がある。

二　人口政策

1　人口問題研究機関の国際的文脈

日本の人口政策の濫觴として、人口食糧問題調査会における新渡戸稲造発議の常設研究機関の設置の提唱と、結果的に予算獲得が出来ず民間に人口問題研究会が開設されたことがあげられる。新渡戸提案に臨時委員の永井が私案を発表し、両者をあわせる形で人口問題建設の常設機関設置希望の決議が行われている。新渡戸が戦前に亡くなり、永井が戦後の人口政策において大きな役割を果したために、戦前の永井の位置づけが自身の証言(「わが国における人口問題に関する調査機関の来歴について」『人口問題研究年報』五(五)、一九六〇年)をもとに過剰に評価されている嫌いがある。[37] ここでは新渡戸意見の背景として太平洋問題調査会(以下、単にIPR)および国際人口会議について簡単に確認しておきたい。[38]

IPRはハワイYMCAが構想したキリスト教の国際交流活動に端を発し、後に太平洋に隣接する国際主義的な有識者を含むように拡大され、宗教、教育、経済、政治等の広い分野を攻究することになり、一九二五年の第一回ホノルル会議で常設機関の設置が決議され、日本国内にも日本IPRが作られた。山岡の考証によれば、日本における中心は渋澤栄一の日米関係委員会の委員であり、新渡戸も含まれていた(新渡戸は井上準之助蔵相就任を受けて理事長になっている)。また、民間団体ながら外務省も資料提供および予算面でこれを支援した。第一回会議は前年にアメリカで立法された排日移民法が中心議題になった。ただし、第二回会議の準備段階では理事長に就任した井上準之助から移民問題を出さず「人口及食糧問題の研究」をテーマにするという提案がなされた。しかし、渋澤を含む他の理事からの移民問題を取り上げたいという要望を受けて、「人口及食糧問題」のうちに移民問題をも含めて解釈することになった。そして、同理事会は日本として次期会議では時事的問題より実質的研究に努力するよう決議している（片桐「第二回ハワイ会議と移民問題」前掲書）。この「人口及食糧問題」研究の中心が那須であり、一九三〇年代には上田貞次郎が加わる。一九二七年第二回ホノルル会議では、第二回から参加のイギリスとアメリカ、オーストラリアが中心になり、第一回会議を踏まえて、排日移民法よりも中国問題に焦点を当てることに変更したが、結果的には日本が準備した人口食糧問題も重要な議題になった。

ＩＰＲからやや遅れて始まったのがWorld Population Conference（国際人口会議、以下単にＷＰＣ）であり、第一回がジェノバで一九二七年八月三一日から九月三日までの期間に開催され、翌年七月にパリの設立総会で常設組織化することが決定された。人口食糧問題調査会に残された嘱託増田重喜の「人口問題国際協議会ノ成立ト我国ノ地位」によれば、組織としてのＷＰＣには二つの注目すべき点がある。一つは加盟国が常設研究機関を持つこと、もう一つはアーネスト・マハイムによって追加された「宗教的、道徳的、政治的議論、若シクハ人口問題ニ関スル政治的意義ヲ支持セシムル形式ヲ採ラザルコト、又ハ出生率ノ増減若シクハ低減ニ関スル運動ヲコノ国際人口会議ニ於テ採ラシメサルコトヲ要ス」という規定である。[39] 相互理解による国際交流を目指し、科学的研究を重視しながら、政治問題化に巻き込まれた太平洋会議に比べて、より踏み込んだ禁止条項になっており、おそらくは同会の変容を踏まえていると推測される。また、日本は非公式参加ながら、パリでは新渡戸が委員に選ばれ、定款第二条では日本も創立メンバーに含まれている。[40] 新渡戸は設立総会に先立つ昭和二年二月四日の第一二回人口部特別委員会で人口問題の学術機関の設立を提案しており、「国際人口研究会ト連絡ヲ取」ることを明記していた。[41] すなわち、ＷＰＣ加盟の布石を打っていたといってよいだろう。新渡戸提案は福田徳三や永井亨の私案を経て、最終的に人口食糧問題調査会として正式に人口問題に関する常設調査機関の設置要求という形で決議された。[42] しかし、国立の研究所の設立はかなわず、昭和八年一〇月二五日に財団法人人口問題研究会が設立されることになった。新渡戸が亡くなった十日後のことである。

創立時の人口問題研究会は会長に柳澤保恵を迎え、四名の研究員がそれぞれの研究を進め、那須皓・上田貞次郎・永井亨の三人を指導理事に指定し、さらに井上雅二が移植民、下村宏が人口統制を担当、また委託研究も行うなど研究推進体制になった。同時に、各地で講演会を開き、また人口問題同攻者会合を主催して研究会以外の研究者との交流の場を作った。一九三四年一一月七日に開かれた第一回人口問題同攻者会合では、賞勲局総裁の下條康麿が日本の人口問題を海外に周知させる目的でＷＰＣの日本開催を提案したが、井上理事は人口問題研究会の中でもその議論があることを紹介し、その意見に賛成しながら、研究準備および予算の目途がつかないことを理由に時期尚早とした。また、下村理事も同様に国内外の状況の難しさを語った(43)。結果的に下條提案はすぐには実現しなかった。

一九三六年に西野入徳が柳澤会長にＷＰＣに学者を送るように進言の葉書を出したところ、国際統計協会会議が第一部の事業として人口を取り扱い、参加している旨、および政府関係者その他が参加している経緯を記した第一信の後、西野入は人口学者のみからなるＷＰＣへの派遣と、さらには日本開催を希望する返信を出した。柳澤は口述筆記で第二信に、各国が自国開催で会議を行うようになり、三六年ギリシャで国際統計協会会議、三七年パリでＷＰＣ、三八年統計会議（場所は未定）、三九年アメリカで国際統計会議の予定なので、下條提案を思い起こし、一九四〇年東京開催案を作ることを希望する旨を伝えている(44)。柳澤は国際統計協会に明治三二年以来出席し、名誉会員にも列せられ、国内では内閣統計局、東京市などにおいて統計指導を行い、保健衛生委員会、人口食糧問題調査会などの各種委員も歴任した。杉亨二・呉文聰に次ぐ統計界の中興の祖であった。柳澤は西野入に送った第二信と同文を下條にも送り（五月一六日付）、下條は実現を期すべく議会の終了後に相談したいという返信を送っている（一八日付）(45)。下條は第一回人口問題同攻者会合でも座長を務めた柳澤から政府として協力するのかと問われて、肯定的な返事をしていた。こうした一連のやりとりの後、柳澤は五月二九日に亡くなってしまう。

『人口研究』の柳澤追悼号が出版される頃、下條はＷＰＣに加盟するための具体的な行動を開始している。実働部隊は内閣府統計局（下條は元統計局長）の高田太一、内務省社会局（人口問題研究会幹事）の灘尾弘吉、人口問題研究会の舘稔と推測される。国立社会保障・人口問題研究所所蔵の舘文庫（以下、単に舘文庫）の「国際人口会議関係書類」には日付は不明だが、下條評議員による「国際人口会議開催順序」が残されており、一、国家委員会を組織、二、本邦委員会の代表として井上雅二をパリの総会に参列させること、三、総会で加盟を承認させると予想、四、国際人口会議一九四〇年開催を主務大臣に請願という手順が記されている。中川（友長）、華山、藤田の参画を得たと記されている高田私案「一九四〇年東京国際人口問題研究会議計画大綱（草案）」（昭和一一年一一月）には、内閣府統計局、調査局、内務省社会局、拓務省拓務局、人口問題研究会、東京統計協会、日本統計学会を中心にした人口問題研究日本委員会を設置することが書かれており、下條の戦略を具体化したものと考えてよいだろう。また、一二月一八日付で人口問題研究国際連合会長のクロウズからの加入手続きの問い合わせへの返答を得ている（「人口問題研究国際連合本邦加入方等ニ関スル紹介ニ対シ同連合会長クロウズ氏回答書簡訳文（写）（秘）」）。人口問題研究会、東京統計協会への接近は一九三七年四月以降、井上が欧州に旅立つ直前の人口問題研究会の理事会で試みられる（四月二七日）。そのとき説明したのが幹事の灘尾と舘である。[46] 実際、この理事会では井上が下條から話を持ち掛けられたことを紹介しているが、その他の理事、永井亨、下村宏、上田貞次郎らはこの話をこのときに初めて聞いている。結局、理事会では会長の提案で廣瀬常務理事（社会局長官）預かりになった。下條からの指示で、五月二〇日開催の人口問題研究国際連合国内委員会設置に関する会合の案内を舘が廣瀬、山崎巌（社会局）、灘尾、高田、中川、窪田静太郎（東京統計協会副会長）に五月一七日付で送っており、一八日付で高田、中川、窪田には集合時間より三十分早く集まるように速達葉書を出している。二〇日の会合では廣瀬から国際連合加入の意義などの質問があり（廣瀬は途中退席）、窪田は途中から来て基本的に賛成しながら、東京統計協会が寄付を任されるのは難しい事情を説明した（「昭和十二年五月二〇日人口問題研究委員会創立打合会記録」）。このときには組織要職や委員候補者が準備されている。東京統計協会は六月一六日の評議員会で柳澤記念事業資金から百五十円、一般会計から二百円の支出を決定、柳澤記念事業資金管理運用特別委員会には下條、高田、華山が入っていた。ただし、阪谷（芳郎）会長から将来的な財力への不安があること、そしてその対策が必要であるという意見があった（「社団法人東京統計協会昭和十二年六月一六日評議員記録」）。

日本人口問題研究委員会は七月二一日に成立し、下條が理事長に就任、即日、理事会を開き、井上を日本代表とすることを決めた。電報および外務省を通じて、この連絡を受けた井上は加入手続きを早速行っている。WPC自体は純然たる学術団体で政治を排していたが、その前後では事実上の外交が行われていた。実際、井上はホスト国のフランス大統領の招待による加入国代表の集まりで大統領の臨席を用意されており、好感をもって迎えられている。井上の報告では、語学の関係から英、米、独等の代表と近づいたが、日本の加入を喜び向こうから次回を日本で開催する用意があるかと聞かれたと書かれており、学術団体であっても人口問題の解決に資することおよび日本の状況を周知するのに役立つことを効果としてあげている。[47] 人口問題研究所は井上の帰国を待って一一月四、五日に第一回人口問題全国協議会を主催し、井上は第四部移植民問題の座長を務め、同時に行われた記念講演で「一九三七年巴里国際人口会議に列して」を報告した後、第四部参加者の希望によって急遽開かれた懇談会のホストを務めた。[48]

2　国際的文脈の喪失から「人口政策確立要綱」の成立まで

第一回人口問題全国協議会は人口問題研究所が行っている人口問題研究者の連携の一環であり、従来、年数回、合計八回開かれていた人口問題同攻会合の規模を拡大させたものと言えるだろう。また、協議会には研究会としてだけではなく、政治・行政的な面での実践的性格が含まれていた。当日は近衛文麿首相、馬場鍈一内相が出席して祝辞を述べ、内相からの諮問が行われており、永井亨政府諮問特別委員会座長による答申の報告が行われている。その要点は職業紹介の国営化、学校を超えた職業補導及び職業教育、職業調査、労働力の保護、社会行政及び保健行政についての中央行政機関の新設である。同時に人口問題に関する国立常設機関設置の建議を岩倉具栄の名前で提出し、賛成者には井上、宮島幹之助、永井、那須、下條、下村、塩澤、上田が名前を連ねている。[49] この答申と提言の一部は昭和一三年一月厚生省設立、四月職業紹介の国営化、翌一四年人口問題研究所の設立という形で実現した。

しかし、皮肉なことに、人口問題関係者がWPC加盟に向けての国際活動を続けている渦中、盧溝橋事件が勃発し、日本は国際的に孤立していく。すなわち、ILO内でもこの問題が取り上げられ、政府は昭和一三年一一月二四日の閣議決定で総会への代表委員派遣を取り止め、次いでILOとの協力関係も終わらせ、最終的に昭和一五年一一月に正式にメンバーから脱退することになった。[50] このことは国内の労働行政にも影響した。『改正職業紹介法』では、一九一九年失業条約以来のILOとの関係には一切触れず、職業紹介の国営化が「昨今の非常時局に際会して初めて惹起された問題ではない」「多年の懸案」であったと説明されている。[51] ただし、WPCとの関係は継続している。盧溝橋事件以降、日本は戦時体制に移行するが、人口政策・労働政策上、もっとも大きな変化は殷賑産業の勃興によって労働需給が逆転したことである。したがって、これ以後の人口政策の前提条件は一九一〇年代の職業紹介＝失業行政および食糧行政以来の過剰人口から労働力不足へと転換することになる。

人口問題全国協議会はその後、一九三八年、三九年、四〇年と連続して厚相から諮問を受けた。三八年、三九年は永井が継続して座長を務めたが、四〇年は下條が特別委員会座長を務める。四〇年の諮問は国土計画下での人口政策を問うたもので、四一年一月に閣議決定された「人口政策確立要綱」の作成過程に大きく寄与している。「人口政策確立要綱」に先立って三九年八月には人口問題研究所が「人口政策要綱（第一次）」を発表している。その構成は前文の後、一、出産奨励政策、二、死亡率改善・体力向上政策、三、人口再分布政策、四、精神運動及教育政策になっている。七月一九日の人口問題研究所参与会合の児玉所長挨拶では科学的調査に時間がかかるが既存の研究、外国の事例から明瞭なこともあるので、それをまとめて参考に資する旨が説明されている。[52]実際、出産奨励政策の「（一）家族賃銀（俸給）制度ノ確立」を除けば、いずれも従来からある人口政策であり、人口問題全国協議会の三八年答申および三九年答申も踏まえられていることは明らかである。ただし、三八年答申では工場学校等地方分散として人口再分布政策に言及されてはいるが、国土計画という表現は使われていない。なお、企画院では国土計画設定要綱を作成し、これは九月二四日に閣議決定されており、ここでは人口再分布政策が中心の一つに据えられている。[53]四〇年の人口問題全国協議会の答申作成はこうした動きと並行して行われている。答申の起草委員の一人だった石川栄耀はほとんどが舘の創意によるものであると書いている。[54]

「人口政策確立要綱」は優生思想との関係から古屋芳雄の貢献が重視されてきた。[55]ここで強調したいのは、古屋は従来の失業政策を中心とした人口政策を不要としたわけではなく、その上に優生思想を重視したことである。[56]ただし、古屋が農村の精神を重視するとき、多分に白樺派的であり、協調会において田澤らが精神を重視せざるを得なかったこととは異なっている。端的に言えば、前者は現状に肯定的であり、後者は将来のための人材育成を重視した議論である。また、田澤、小野、那須のように農村計画を重視した人々は、古屋のように最初から農村の経済的意義を否定する代わりに精神を強調するのではなく、[57]農村工業化による農村ないし地方再生を志していたといってよいだろう。

「人口政策確立要綱」の構成は一、趣旨、二、目的、三、(精神)、四、人口増加の方策、五、資質増強の方策、六、資料の整備、七、機構の整備になっており、五の(一)で国土計画に言及されている。[58]企画院で重要な役割を果たしたのは美濃口であり、[59]舘は美濃口を介して農村工業協会の「国土計画研究会」で講演をしており、以後この研究会に加わったようである。[60]この研究会の成果は『農村工業』誌一九四一年七月号国土計画特集および八月号に掲載されることになった。前述のとおり、農村工業協会の初代会長・大河内は(少なくとも一九二〇年代前半から)総力戦に軍備だけでなく、工業力や食糧供給力をトータルで考えるべきであると主張しており、一九三七年から『農村工業』誌上に「工業分散」関連の論稿をいくつか発表していた。[61]美濃口は後に「人口政策確立要綱」で人口増加の給源である農村を重視し、日・満・支で四割を農業に確保することにしたと説明しており、[62]人口面から農工間バランスの問題が重視されていたことが分かる。

おわりに

「人口政策確立要綱」は国土計画と密接な形で作成された。国土計画は一九二〇年代中ごろから「工業の分散化」という形で議論されてきた問題意識と通底するものであり、これは都市計画や農村計画、ないし地方計画の延長線上にあったし、大河内正敏の総力戦論とも繋がっているといえる。一九二〇年代の農村計画には、石黒農政という農林グループの流れがあると同時に、田澤に見られるように内務省地方局における自治の伝統も継承されていた。他方、人口政策の中心であった職業紹介＝失業行政はＩＬＯ失業条約にもとづいて一九二〇年代から国営化、すなわち国による一元的な管理を視野に置いていたが、それを実現できたのはＩＬＯから脱退し、しかも盧溝橋事件以降、殷賑産業の興隆によって労働需給が逆転し、その調整が訴えられるようになったからであった。いずれにせよ、日本の人口政策および国土計画は同時代的にはナチスの優生政策や国土計画も参照されているが、少なくとも一九二〇年代以来、いくつもの異なる系譜の連携の上に成り立っていたのである。

本稿は紙幅の都合から、テキスト分析のような詳細な考証は行えず、政策の大きな流れと人脈を確認するにとどまっている。したがって、明らかに重要でもいくつかの動きについては触れていない。たとえば、失業行政については労政、賃金統制などの議論との関係が必要だが、そのような点は描いていない。また、統計界における行政・学界との関係史（一九三〇年東京開催の国際統計協会の重要性）、農村（ないし地方）統治にかかわる地方局の実業教育ないし社会教育の系譜と一九三〇年代の教育改革の関係、満州事変以前の人口食糧問題調査会における日支合弁による満蒙開発計画、石黒の農村経済更生計画（ないし運動）や吉野の産業合理化運動などと各種経済計画の連続性、企画院における国土計画設定要綱の作成過程、人口政策における地理学の貢献（たとえば田中館秀三）、後藤新平や池田宏らの都市計画の系譜、とりわけ奥井復太郎の都市社会学および石川栄耀の生活圏構想などにも触れられなかった。奥井は第一回人口問題同攻者会合から出席しており、四〇年答申の起草委員でもあった。個別論点の詳細な考証は今後の課題としたい。

註

（1）日本では一九八〇年代末から総力戦体制を重視する研究が興隆した。代表的な論者である山之内靖の論稿は近年『総力戦体制』ちくま学芸文庫、二〇一五年にまとめられている。高岡裕之『総力戦体制と「福祉国家」――戦時期日本の「社会改革」構想』岩波書店、二〇一一年は従来の総力戦体制論とファシズム論を総合的にとらえようとした。ただし、この点については考証の成果が単純な構想に回収されてしまうので、有馬学が政治史の立場から内在的に厳しい批判を行っている（『大原社会問題研究所雑誌』六五五、二〇一三年）。

（2）御厨貴「国策統合機関設置問題の史的展開」『政策の総合と権力――日本政治の戦前と戦後』東京大学出版会、一九九六年（最初の発表年は一九七九年）。御厨を含む先行研究が戦時中の総合国策機関の実際の機能を低く評価しているとして、批判的に一九三〇年代から終戦直後までの考証を行った古川隆久『昭和戦中期の総合国策機関』吉川弘文館、一九九二年がある。

（3）牧原出『行政改革と調整のシステム』東京大学出版会、二〇〇九年。また、牧原による御厨史学への評価については牧原出「御厨史学の誕生」御厨貴『明治国家をつくる』藤原書店、二〇〇七年も参照。

（4）伊藤隆は横軸に「進歩―復古」、縦軸に「革新―漸進」の座標を作り、諸勢力の位置づけを行うことを『昭和初期政治史研究』東京大学出版会、一九六九年で提示し、その分析視角を中心に以下の研究を積み重ねている（分析視角については「第一章　昭和史研究への一視角」『昭和期の政治』山川出版社、一九八三年を参照）。『「挙国一致」内閣期の政界再編問題」『社会科学研究』二四（一）、二五（四）、二七（二）、一九七二年、一九七四年、一九七五年。『大正期革新派の成立』塙書房、一九七八年、『昭和十年代史断章』東京大学出版会、一九八一年、『近衛新体制――大政翼賛会への道』中公新書、一九八三年。

（5）古くは野村拓『講座医療政策史新版』桐書房、二〇〇九年（初版は一九六七年）や野村拓『国民の医療史』三省堂選書、一九七七年などの一連の研究や吉田久一『現代社会事業史研究』勁草書房、一九七九年がある。また、近年、高岡前掲書、第四章でも検討されている。一九九〇年代にはファシズムとの関係から厚生省の優生思想を批判的に研究してきた藤野豊の一連の研究がある（藤野豊『日本ファシズムと医療――ハンセン病をめぐる実証的研究』岩波書店、一九九三年、藤野豊

『日本ファシズムと優生思想』かもがわ出版、一九九八年）。近年の社会政策史研究においては、杉田菜穂『人口・家族・生命と社会政策――日本の経験』法律文化社、二〇一〇年、『〈優生〉・〈優境〉と社会政策』法律文化社、二〇一三年、玉井金五・杉田菜穂『日本における社会改良主義の近現代像』法律文化社、二〇一六年がある。

（6）ただし、近年では「人口」の洞察が深まっており、以上のような整理では不十分である。Alison Bashford, *Global Population*, New York, Columbia University Press, 2014 はナチス・ドイツだけでなくアングロサクソン諸国においても優生思想が共有されていたことを指摘し、さらにマルサス以来の思想展開を宗主国だけでなく植民地の知識人にも注目することで拡張し、「人口」論のインテレクチュアル・ヒストリーを描いた。具体的には地政学の視点を導入し、コスモポリタン思想を中心とした彼らの思想が第一次世界大戦ならびに第二次世界大戦後の安全保障体制と深く関連したことを描いている。また、国内では春名展生『人口・資源・領土』千倉書房、二〇一五年が進化論から派生した学問として優生学ではなく地政学に注目し、国際政治学成立の基盤を五人の学者を中心に描いている。

（7）代表的な成果は梅田俊英・高橋彦博・横関至編著『協調会の研究』柏書房、二〇〇四年であり、この本では協調会の調査の概観および職員履歴といった基礎的な探索が行われている。なお、大原社会問題研究所における協調会研究については「協調会史料の全体について」（http://oisr-org.ws.hosei.ac.jp/archives/darc/kyocho/index-99/ 二〇一七年八月一五日アクセス）のなかで包括的に紹介されている。

（8）協調会成立以前の国内の動向については米川紀生「協調会の成立過程」『経済学年報（新潟大学）』第三号、一九七九年を踏まえて、金子良事「1920年富士瓦斯紡績押上工場争議の分析」『経営史学』四二巻三号、二〇〇七年において考証しておいた。

（9）救済事業調査会については内務省社会局『救済事業調査会報告』一九二〇年（社会福祉調査研究会編『戦前期社会事業史料集成17』日本図書センター、一九八五年に復刻）を参照。

（10）窪田静太郎「我国に於ける社会事業統制機関」日本社会事業大学編『窪田静太郎論集』日本社会事業大学、一九八〇年。また、中央慈善協会の事務方の中心人物であった原胤昭を中心に、貧民研究会から中央慈善協会、救済事業調査委員会までの経緯を考証したものに片岡優子『原胤昭の研究――生涯と事業』関西学院大学出版会、二〇一一年の第七章「中央慈善協会の活動」がある。

（11）窪田は美濃部（達吉）、金井（延）とともに委員となって調査することになった（一会員「社会政策学会記事」『国家学会雑誌』一三巻一五二号、一八九九年）。ただし、その後、『国家学会雑誌』に関連記述はなく、どうなったのかは明らかではない。

（12）少なくとも窪田に直接的に影響を与えた人物として衛生局長・後藤新平の存在をあげることが出来るであろう（窪田、前掲論文および窪田静太郎「社会事業と衛生事務」日本社会事業大学編、前掲書、二七九～二八六頁。その他、同様の証言が収められている）。後藤が科学的調査を重視したことはよく知られている。なお、永井亨は鉄道院総裁時代の後藤の部下である。

（13）梅田ほか、前掲書においては高橋彦博『戦間期日本の社会研究センター――大原社研と協調会』柏書房、二〇〇一年の視点を継承して、協調会の調査機能を重視している。

（14）永井亨「協調会の思い出」偕和会編、前掲書、一七七頁。桑田は社会政策学会を通じて窪田と親しくなり、職工事情調査に嘱託として参加、中央慈善協会でも行動を共にしている。桑田の逝去に際した窪田の回想では桑田の実務上の業績を簡潔に紹介している（窪田静太郎「交友四十年の追憶」日本社会事業大学編、前掲書）。

（15）「１９１９年の失業条約（第２号）」http://www.ilo.org/tokyo/standards/list-of-conventions/WCMS_238050/lang--ja/index.htm、二〇一七年八月一七日閲覧。

（16）第一回ＩＬＯ会議で採択された国際条約及勧告のうち、失業行政は産業との関係もあるが、社会事業と関係が深いこと、地方官庁及地方自治体の協力が必要なことから内務省の所管とされた（「第一回国際会議ニ於テ採択セラレタル国際条約案及勧告中失業ニ関スル事項ハ内務大臣、其他ノ事項ハ農商務大臣ノ主管トス」（国立公文書館所蔵））。また、職業紹介行政については中央職業紹介局編「中央職業紹介局事業報告」一九二三年を参照。なお、社会課は救済課の名称変更したもので、後に内局社会局になる。大原社会問題研究所『日本社会事業年鑑』一九二一年、六～七頁。

（17）偕和会編、前掲書、二九～三一頁。また、社会局の設置に関しては同時代の社会局編『社会局関係事務概要』一九二八年および、山本悠三「社会局設置経過について」『東京家政大学研究紀要1、人文社会科学』三六、一九九六年、二一三～二二二頁を参照。ただし、山本前掲論文では協調会や労働局構想とそれでは財界をまとめられないとして社会局を支持した和田豊治の役割が考察されていない。この点は永井、前掲論文および金子、前掲論文で補完されたい。

（18）永井、前掲論文。

（19）これは永井、前掲論文のなかでもふれられている（一七九頁）。

（20）伊藤隆監修『現代史を語る3　桂皋』現代史料出版、二〇〇三年、一〇〇〜一〇二頁。桂は持ち場意識があったことも述べている。
（21）「十四特別委員」『（秘）社会政策審議会関係書類』（協調会文庫、大原社会問題研究所所蔵）。それぞれの意見書は同資料内の「十九失業対策添田委員（昭和四年八月十七日印刷）」「二四労働組合法案要綱添田委員」である。前者の内容については後で検討する。後者は国立公文書館ホームページのデジタル資料で閲覧できる。なお、資料中に吉田茂社会局長官の送り状が入っており、おそらくは吉田が在任中に協調会に入れたと推測される。
（22）「戦時動員と労働力補給の問題」協調会編『戦時戦後の労働政策』協調会、一九三八年、二四〜二五頁における吉田発言。
（23）「社会政策審議会要覧」の「社会政策審議会職員」（国立公文書館所蔵）によると、審議会開始当初七月一九日現在の幹事長は内務次官潮惠之輔であったが、二三日に社会局長官吉田茂に変更されている。
（24）なお、「九農林省ニ於ケル社会政策審議会ニ問題トスヘキ事項」では小作法、自作農創設維持施設、失業救済施設、労働組合法の四つがあげられている。
（25）「十九失業対策添田委員（昭和四年八月十七日印刷）」「二八失業対策要綱案（四・八・二六）」『（秘）社会政策審議会関係書類』。
（26）もっとも労働省の設立は一九一〇年代末に協調会設立を検討していた時期からの懸案事項であり、財界の反撥を予想して社会局になった経緯がある。添田は地方局長としてこの問題に関わっていた。また、人口食糧問題調査会も社会省設置に関する決議を行っている（人口食糧問題調査会「答申ニ関スル原議」国立公文書館所蔵）。
（27）人口食糧問題調査会「人口部特別委員会議事録」国立公文書館所蔵。
（28）大河内は一九一七年三月から九月にかけて臨時産業調査局の調査で欧州の総力戦を観察している（「戦時に於ける欧州の工業状況」臨時産業調査局編『調査資料第十五號』一九一八年）。その経験を踏まえて、第四二議会（貴族院）の予算委員会では軍艦、砲弾、火薬の製造力について質問したが、答えは得ていない（「第四十二回帝国議会貴族院予算委員会議事速記録第二號」大正九年二月二〇日）。さらに、第四三議会の本会では工業力の能力を踏まえず予算提出することに批判を加えており（「第四十三回帝国議会貴族院議事速記録第十一號」大正九年七月一七日）、大河内発言を受けて予算委員会では斯波忠三郎が具体的な取り組みについての質問を行っている（「第四十三回帝国議会貴族院予算委員会議事速記録第二號」大正九年七月二〇日）。また、大河内自身も民間に製造を依頼する際の工業力養成について予算委員会第四分科会で質問しているが、田中義一陸相の答弁は速記中止になっている（「第四十三回帝国議会貴族院予算委員第四分科会（陸軍省、海軍省）議事速記録」大正九年七月二三日）。第四十三回議会の際、大河内が各所に配った小冊子「国防計画の根本義」は後に『農村問題と科学』工政会出版部、一九二五年に収められた。また、『農村振興に関する一考察』（大河内正敏、一九二四年）では疲弊する農村対策として、農村の副業を含めた工業化を説き、陸軍の国防計画では工業力、農村における生活品の供給力を踏まえた現実的計画になっていないとして批判している。四二、四三議会および「国防計画の根本義」では農村について触れられていない。なお、工業の地方的分布はdecentralization、一九三〇年代の工業の地方分散という論点を先取りしている。

(29) 時局対策委員会の議事録は『時局対策委員会議事速記録』（協調会文庫、大原社会問題研究所所蔵）によるが、便宜上、以下では「第×回総会速記録」のように略記する。

(30) 協調会時局対策委員会編『満州移民計画――一般方針及実行方策』協調会、一九三三年。

(31) 農林省からは石黒が講演をしているが、決議に加わるのを避けるために、委員になるのは断っており、その代わり人を出す協力はするという意向を示したことが吉田茂から紹介されている（「第四回総会速記録」）。農相の後藤が出席しなかったのも同様の理由と推測される。

(32) 協調会職員の名前は梅田ほか、前掲書を参照。上田貞次郎は美濃口の師であり、この時期、弟子たちを集めた研究会、背広ゼミナールを主宰し、美濃口も参加していた（和田みき子「自由主義経済学者、猪間驥一の人口問題研究およびその近代史認識」博士学位請求論文（明治学院大学）、八九～九一頁）。このグループの研究成果が上田貞次郎編『日本人口問題研究』第一輯、第二輯、協調会、一九三三、一九三四年であり、美濃口が作成に携わる「人口政策確立要綱」で人口増加を重視するのも上田の人口の将来予測が前提になっている。

(33) 田澤の意見を聞いてこの三人の名前を出したのは河原田である。一木の統治思想については稲永祐介『憲法自治と中間団体』吉田書店、二〇一六年を参照。

(34) 石黒農政に関する先行研究には膨大な蓄積があるが、ここでは人物論から接近した大矢啓介「農地改革と和田博雄」（一）（二）（三）『農業総合研究』三二（一）、（二）、（三）、（四）、一九七八年を参照。

(35) なお、那須の農村計画論、植民政策（内地も含む）を含む人口政策の考え方については『農村問題と社会理想』岩波書店、一九二四年、三九二～四〇〇頁を参照。那須・橋本は石黒のブレーン的存在であった（日本農業研究所編『石黒忠篤伝』岩波書店、一九六九年、七二～七三頁）。また、石黒が地方改良運動の中心であった二宮尊徳思想に傾倒していたこともよく知られている。

（36）ただし、吉野は既に人口食糧問題調査会第五回人口部特別委員会（昭和二年一〇月二七日）に提出した「労働ノ需要増進並需給調節ニ関スル方策要目（商工省幹事私案）」において工場の農村分散を提言している（人口食糧問題調査会『人口部特別委員会議事録』四九／四〇二、国立公文書館所蔵）。なお、池田も人口食糧問題調査会の委員である。

（37）人口食糧問題調査会において永井がもっとも貢献した一人であることは間違いない。『人口部特別委員会議事録』では、人口部の特別委員・起草委員を務め、ほとんどの議案に私案を提出している。昭和二年の年末手当では委員長の六百円を除くと、最高の四百円をもらっている。起草委員は三百五十円だが、永井だけ特に五十円分上乗せされている。また、翌年になると、人口部特別委員長五百円だが、永井は福田徳三と並んで六百円をもらっている。政府からも評価されていたことが分かる（人口問題調査研究会『決裁書類』一一四～一一八、一六四～一六九頁）。

（38）太平洋問題調査会については一次史料を使った重厚な山岡道男『「太平洋問題調査会」研究』龍溪書舎、一九九七年や片桐庸夫『太平洋問題調査会の研究――戦間期日本ＩＰＲの活動を中心として』慶應義塾大学出版会、二〇〇三年がある。本稿ではこの二書の考証を利用する。

（39）嘱託増田重喜「人口問題国際ノ成立ト我国ノ地位」人口食糧問題調査会『人口部特別委員会議事録』二三九～二四三／四〇二、国立公文書館所蔵。

（40）「人口問題国際協議会定款」人口食糧問題調査会『人口部特別委員会議事録』二四六／四〇二、国立公文書館所蔵。

（41）「（新渡戸委員提出）」人口食糧問題調査会『人口部特別委員会議事録』二二七／四〇二、国立公文書館所蔵。

（42）「人口問題ニ関スル常設調査機関設置ニ関スル件」人口食糧問題調査会『答申ニ関スル原議』三二〇／三二一、国立公文書館所蔵。

（43）「第一回人口問題同攻者会合記録」『人口問題』一（二）、一九三五年二月、二九〇～三〇八頁。

（44）西野入徳「故柳澤伯爵を偲びて」『人口研究』一（四）、一九三六年一一月。

（45）下條康磨「故柳澤伯爵を偲びて」『人口研究』一（四）、一九三六年一一月。西野入と下條の追悼文には同文の手紙がそれぞれ引用されている。

（46）「理事会議事録　昭和十二年四月二十七日開催　人口問題研究会」（『国際人口会議書類』国立社会保障・人口問題研究所

所蔵、舘文庫、以下単に舘文庫）。

（47）「人口問題研究会国際連合加入並ニ同総会開催状況ノ件ニ就テ（人口問題研究会佐佐木会長殿七月廿九日　パリーに於て井上常務理事拝）」（『国際人口会議書類』舘文庫）。

（48）堀田健男（本会幹事）「本会の沿革、趣旨、目的及び事業概況に関する報告」人口問題研究所『第一回人口問題全国協議会報告書』一九三八年では、井上のパリでの活動を最後に紹介し、数日前に帰国したと報告している。

（49）人口問題研究所『第一回人口問題全国協議会報告書』一九三八年。

（50）ＩＬＯ脱退の経緯については神山晃令「国際労働機関（ＩＬＯ）との協力終止関係資料」『外交史料館報』二八、二〇一四年が詳しい考証を行っている。

（51）厚生省職業部編『改正職業紹介法に就て』厚生省職業部、一九三八年、三頁。

（52）「彙報人口問題研究所参与の会合」『人口問題研究』一（五）、一九四〇年。この会合の参加者は内閣統計局長、企画院部長（代理）、陸軍少佐、海軍少佐、農林省臨時農村対策部長（代理）、厚生省予防局長・衛生局長・労働局長・体力局長・社会局長、厚生省書記官（武島一義）、公衆衛生院長、関屋貞三郎、古屋芳雄、永井亨、井上雅二であった。美濃口によれば、「人口政策確立要綱」は七月ごろから企画院の審議室で作成されたとあるので、この原案がたたき台として利用されたと考えてよいだろう（美濃口時次郎「人口政策確立要綱に就て」人口問題研究会編『人口政策と国土計画』一九四一年）。

（53）「国土計画設定要綱」（一橋大学社会科学統計情報センター所蔵、美濃口時次郎氏旧蔵資料、以下美濃口資料）は「産業、交通、文化等の諸般の施設及人口の配分計画を土地との関係に於て総合的に合目的に構成」することが記されている。また、昭和一五年九月三〇日の「国土計画委員会名簿（案）」には幹事に人口問題研究所研究官とあり、昭和一六年三月二〇日の「国土計画準備主任官並関係官名簿」には舘稔の名前がある（いずれも美濃口資料）。

（54）石川栄耀『日本国土計画論』八元社、一九四一年、五五頁。

（55）古屋の思想的な背景などについては松村寛之「国防国家の優生学――古屋芳雄を中心に」『史林』八三（二）、二〇〇〇年に詳しい。

（56）たとえば、古屋芳雄「民族国策の諸問題」『優生学』第一六年（一一）、一九三九年。

（57）古屋芳雄「農村人口の生物学的危機」人口問題研究会『人口問題講演集（第十一輯）』刀江書院、一九三九年。

（58）国土計画という用語は一九三七年に全国都市計画協議会で使ったのが日本で最初であるという（石川、前掲書、三頁）。

石川は同年一一月の人口問題全国協議会の研究会報告ではナチスの国土計画を紹介している（石川栄耀「人口再分布技術としての都市計画の能力の限界」人口問題研究所『第一回人口問題全国協議会報告書』一九三八年）。

（59）美濃口、前掲論文。美濃口の考え方は美濃口時次郎『人口問題』羽田書店、一九四一年にまとまっている。

（60）「昭和十五年十一月二日社団法人農村工業協会人口問題研究所研究官舘稔殿［昭15・11・7講演依頼］」（『国土計画（一一）』舘文庫）。『国土計画（一一）』は農村工業協会の研究会で配布されたレジュメで舘の書き込みがある。舘は九回から参加したようである。他に、石川、石橋幸雄（帝国農会参事）、小野武夫、小田橋貞壽、川西正鑑（経済地理学者）、古屋、美濃口、宮本倫彦（協調会、農村調査の専門家）、増田作太郎（農村工業協会常務理事）、斎藤栄一、藪季光、飯森利徳（三人は農村工業協会専門委員会、参事、参事）である（増田作太郎「発刊の辞」『農村工業』八（七）、一九四一年）。

（61）大河内正敏「工業の地方分散と農村工業の立地論」『農村工業』四（四）、一九三七年、「工業の地方分散と農村工業の立地論」『農村工業』四（七）、一九三七年、「生産力拡充と自給自足」『農村工業』五（九）、一九三八年、「工業の地方分散に就て」『農村工業』五（一一）、一九三八年。

（62）美濃口時次郎「大東亜国土計画と労務対策」『大東亜国土計画を語る』日刊工業新聞社、一九四二年、一四八〜一四九頁。

第五章　戦時期の労働科学

榎　一江

はじめに

本章は、戦時期の「労働科学」に焦点を当てる。労働を主に生理学・衛生学・心理学的方法に基づいて分析する日本の労働科学は、倉敷紡績の大原孫三郎が設立した大原社会問題研究所（社研）の医学研究室研究員であった暉峻義等によって牽引された。一九二一年、倉敷紡績内に倉敷労働科学研究所（労研）が設置されると、暉峻はここで研究をすすめ、労働科学は戦時体制とともに急拡大した。しかし、戦時期の労働科学については、あまり議論されることがなかった[1]。労働科学研究所の歴史を振り返る際も、「戦時中、労研は産報（大日本産業報国会）に統合され、敗戦による産報解散に伴い解散することとなったが、直ちに財団法人労働科学研究所として再出発した」と一連の流れが説明される[2]。しかし、労研が産報に統合されたことは理由のないことではなかったし、戦時体制の中で労働科学が推進した「勤労」は産報の理念そのものであった。高岡裕之は、戦時「社会国家」を考える上で、暉峻義等や日本労働科学研究所と小泉親彦や大日本産業報国会との関係などといった論点の重要性を指摘しているものの、紙幅の都合から論及されていない(3)。本章は、この論点を追究し、戦時期の労働科学が果たした役割について検討を加える。

労研の歴史をまとめ、暉峻の評伝を記した三浦豊彦は、戦時下の暉峻に触れ、その社会衛生学が民族衛生学の色彩を帯びていったことから、暉峻が大日本産業報国会の研究所になることに大きな抵抗を感じなかったのではないかと指摘している(4)。また、暉峻の戦争責任論を改めて突き付けた裴富吉は、日本経営学史における経営労務論の一潮流として労働科学の生成と展開を、その創設者である暉峻に焦点を当てて検討し、「労働科学に立脚する合理化」が、戦前期には「資本家的合理化」に対し一定の成果を見せ、また戦後にも多くの成果を残したものの、戦時期においては「戦時体制的合理化」に敗北したと評価する(5)。こうした議論が、暉峻個人の戦争責任に向けられ、戦時期の変節を論じているのに対し、本章は暉峻に焦点をあてつつも、彼が率いた研究所と労働科学研究の実態に社会科学の観点から迫る。

一　産業合理化と「労働科学研究所設置案」

まず、倉敷労働科学研究所が倉敷紡績と大原孫三郎の手を離れ、日本労働科学研究所として東京で再出発する過程をやや詳しく検討していくことにしよう。この過程で、研究所の性格がどのような変遷を遂げたのかに注目したい。

そもそも倉敷紡績に付属して設立された倉敷労働科学研究所が、大原孫三郎の個人経営に移ったのは、未曾有の綿業不況により倉紡が無配に転落した三〇年であった。[6] しかし、倉敷紡績が労研の経営を手放したのは、不況のみが理由ではなかった。産業合理化が提唱され労働衛生問題が重要視されていたこの時、研究所が一営利会社の付属機関であることを問題視した研究所内部から国立移管運動がおこったという。会社側も年間五万円の経費負担が重荷になっていたため、重役会での協議の結果、研究所を会社から切り離して大原孫三郎の個人経営に移して独立させることになった。これは、「国立への移管の前提」と報じられた。[7]

暉峻は、二九年末に民政党本部で開催された産業合理化に関する特別委員会に出席し、委員として「合理化と労働能率に関する意見」を述べていた。その後、委員会は直ちに商工省に合理化実行局を設けること、商工審議会を廃止して統制審議会を設けることを当局に建議することを決議した。[8] しかし、翌年、商工省がまとめた産業合理化案に対して暉峻は、労働力を無視した資本の側よりする合理化であって、労働力の合理化こそが必要だと批判する。[9] そして、自説を展開した後、「私は今産業合理化、それは全国民の活力的存在を核心とする労働力の合理化を目的とするところの労働科学研究の有力なる中央的機関の必要を切実に感じつつある。労働科学は実にわが社会の更に新しい進展に対して重要なる役割を演ずることを得る科学であると信ずる。そしてこの科学は産業の合理化に一つの正しき有効なる指導精神を与え得るとともに暗雲に覆はれつつある政治に対しても又新しき力と光とを与え、その進路を支持し得るものと信じている次第である」と記した。[10] 暉峻自身が、一民間企業の付属機関から「中央的機関」への脱皮を強く志向していたのである。

さらに、倉敷紡績の重役会は、一九三四年の年末には労研が倉敷から東京に移って全産業を対象に広い意味での労働科学を発展させることが望ましいと判断したという。[11] 労研は大原孫三郎の個人経営であったが、研究所の建物と設備一切は会社の所有であったため、会社の判断は重要な意味を持つ。この時期に作成されたと考えられるのが、協調会図書館に収蔵された「労働科学研究所設置案」である。[12] 研究所の名称から「倉敷」を取り、全国的な研究所へと新たな展開が計画されていたのである。

労働ニ関スル科学的調査ヲ行ヒ労働能率ヲ最大限度ニ増進スルト共ニ労働者ノ利福ノ向上ニ努ムルハ近代産業国ニ於ケル喫緊ノ要事ニシテ殊ニ産業合理化ノ要諦タル労働能率ノ増進ハ科学的研究之ニ伴フニ非ズンバ其ノ目的ヲ達スルコト能ハザルノミナラズ、或ハ一時ノ成績ヲ挙グルニ急ニシテ国民労働能力ノ涵養ヲ怠リ或ハ国民衛生上不良ノ結果ヲ来スコトナキヲ保セズ、之ヲ以テ英国及独逸等近代産業ノ盛ニナル国ニ於テハ何レモ労働ニ関スル科学的研究機関ヲ有ス、我国ニ於テモ官業官庁ハ各独自ノ必要ニ基キ労働ニ関スル科学的調査ヲ行ヒ民間当業者モ亦研究機関ヲ有スルモノ尠カラザルモ或ハ各部局ニ偏シ或ハ相互連絡ヲ欠クヲ以テ国民経済的ニ充分ナル効果ヲ発揚スルコトヲ得ズ、是今茲ニ労働科学研究所ヲ設立セントスル所以ナリ(13)

このように、「労働」に関する科学的調査の目的は、「産業合理化ノ要諦タル労働能率ノ増進」と「労働者ノ利福ノ向上」を両立させるため、「国民経済的ニ充分ナル効果」を得ることにあるから、国家的な要請にこたえるものでなければならなかった。この「労働科学研究所設置案」によると、組織は財団法人とし、理事は「社会局長官、労働部長、官業官庁代表者、民間当業者及所長タル技術者」とすること、専任職員は技師五人（うち一名は所長）、助手一〇人、書記二人とし、その他特定事項の委託を受けた場合は「臨時技師助手研究生等ヲ置クコトヲ得」と付言された。経費は、建設費及び基本金は政府の補助（社会局所管）によることとし、一〇〇万円を計上した。一千坪の土地に七〇〇坪の建物を建築する計画で、建物には研究室の他講義室、病院、図書室、付属博物館等を含んでいた。経常費としては、人件費として技師五人一万六千円（一人三二〇〇円）、技手一〇人一万五千円（一人一五〇〇円）、書記二人三千円（一人一五〇〇円）の三万四千円を計上し、その他研究費や図書購入費を含めて総額七万九千円となっている。このうち三万円は基金利子を以て支払い、残額は年々の国庫補助による計画であった。このほか、外部資金による委託調査研究を行うとしている。

事業は、「産業生理学、産業心理学、集団栄養学、体格及体質、工場衛生、職業的疾病、能率工学等ノ部門」に分かれ、さしあたり研究する項目を七つ挙げた。

1　作業適格者ノ調査（業務別）生理的心理的研究
2　労働者栄養ノ研究
3　産業疲労ノ調査、測定方法及軽減方法、速度ト能率及疲労トノ関係
4　労働時間及休憩時間ノ「オプチマム」ノ研究
5　作業設備及環境（空気及温湿度等）ノ研究
6　職業病ノ原因及予防
　　職業病ト体格及体質トノ関係
　　中毒予防マスク及ゴッグル等ノ研究
7　災害医学　機能障害ト労働能力ノ減退、救急施設等

この設置案には、「英国産業疲労調査局ノ組織ト其ノ事業」が付いており、先進国と同様にこの種の調査研究機関を設置する必要性を強調するものとみられる。さしあたり、ドイツではなくイギリスが参照された点を確認しておきたい。もっとも、英独仏における類似の研究が「企業家的産業合理化」を目指し、資本家若しくは政府の機関として労働力の最大効率による最大利潤の確保を目指すのに反し、暉峻らが主張する日本の労働科学は

「経済的利益如何よりも、むしろ労働者の上に及ぼす労働条件の文化的並びに健康上の効果」を目指している点で全く異なると理解されていた点は確認しておく必要があるだろう。(14) それはまた、テイラーの「科学的管理」とも異なっていた。

風早八十二は、暉峻らの労働科学の方法に分析を加え、「同じエネルギー理論に立脚する労働の合理化の科学に於いても、ただ単に生産増高のみ目的とする立場と、それと同時に労働の負担軽減を通じた労働者の福祉に役立つことを目的とする立場とが有り得る。前者が、著しく主観的であるに反して、後者はより客観的・社会的である。前者が科学の名を冠しつつも科学を無視するに反し、後者は、相対的により科学的である」と記した。したがって、暉峻らの労働科学は、「来るべき社会的・合理的労働の組織と様態を科学的に予見することによって、かかる労働の合理化を実現せんとする労働政策担当者の方向に対して確信を付与してくれる」ものだという。(15)「労働科学研究所設置案」が、労働政策を担当する内務省社会局の調査研究機関となる計画であったことは、この意味で当然ともいえるが、この設置案は実現しなかった。

二　日本学術振興会と日本労働科学研究所

一九三六年七月七日、大原孫三郎の命を受けた暉峻は、倉敷労働科学研究所の諸施設一切と若干の経費を付し、研究所の譲渡を日本学術振興会の首脳部に申し出た。一九三二年一二月に創設された財団法人日本学術振興会は、学術奨励のため天皇から文部大臣に下賜された一五〇万円により運営されていた。すでに暉峻は、日本学術振興会に「国民栄養に関する基本的研究」を申請し、補助を得て三五年、三六に調査を実施していた。また、暉峻は三六年に学振に設置された国民体力問題考査委員会の委員にも就任しており、日本学術振興会とのつながりができていた。[16] 七月二五日、「日本学術振興会評議員石黒忠篤氏、日本学術振興会理事林春雄氏、内閣調査局長官日本学術振興会評議員吉田茂氏、日本学術振興会総務部長財部彪氏、理事松岡均平氏、陸軍軍医総監小泉親彦氏、社会局長官廣瀬久忠氏の関係各位が日本学術振興会に会堂」、暉峻も出席して協議懇談の結果、新たな労働科学研究機関の設立が決まり、速やかな東京移転が要望された。[17]

東京移転とともに入所した潮見実の回想によると、「当時内務省社会局の一部に国立案を考想している向きのあったことは事実である。しかし先生としては、むしろ日本学術振興会付属研究所という希望があったようであるが〔中略〕、けっきょく、元社会局長官吉田茂氏らの勧奨もあって官庁流の会計規則等に拘束されぬ、機動的に自由な研究活動のできる『財団法人』ということになった」という。[18] 暉峻は、倉敷労働科学研究所が「労働科学研究の有力なる中央的機関」となることを切望し、倉敷紡績、大原孫三郎にその必要を説いたと考えられる。孫三郎は、三六年五月二九日付の手紙で当時海外出張中であった息子総一郎に「農研は祖先に対する報恩のために設立したので、大原家としての仕事である。労研は実際の仕事に利用し得ると思う。社会的に必要であり、利用するつもりである（殊に倉絹などに）」と記しており、この時点でも労働科学研究所が実際の工場経営に役に立つと考えていたからである。[19]

三浦豊彦は、三六年に東大医学部を卒業し、倉敷労研で労働医学を勉強するつもりだったという若月俊一のエピソードを紹介している。その年の正月、暉峻が上京して湯島天神の宿に泊まっていたため学生の若月が暉峻を訪ねた際、暉峻は「労研はまもなく東京にやってくるぞ。軍の後おしがあるんだ。今に大研究所をつくってみせる」と語った。これを聞いた若月は急に嫌になって、盃を返して席を立ったという。[20] この時の暉峻が、軍の後押しを受け、東京移転による研究所の飛躍を確信していたことが分かる。同じく大原孫三郎によって経営され、少し遅れて、大阪から東京に移転した大原社会問題研究所が三〇人以上いた所員をわずか三、四人にまで減らしたのに対し、倉敷労働科学研究所は暉峻の意図通り、その組織を拡大させていくのである。

三六年九月一六日、東京芝水交社で移転準備の打ち合わせが行われた。参加者は、「日本学術振興会の財部理事、櫻井理事長、石黒、松岡両理事、暉峻所長、吉田内閣調査局長官、廣瀬社会局長官、小泉陸軍医務局長、熊谷社会局庶務課長等」であった。そこで、一五周年記念日にあたる一〇月一七日から移転を開始し、翌一九三七年一月一日から華々しく開所すること、名称を「日本労働科学研究所」とすることが決まった。[21] 実際のところ、労働科学研究所の「豪華百萬円の移転」は、一九三六年一一月から年末にかけて実施された。[22] 一二月には「東京府当局の厚意によつて旧青山師範学校校舎の一部を無償貸与されること」になり、翌三七年一月七日に移転を完了し、一一日に研究所開きを開催した。そして一月二三日、日本学術振興会内に財部彪を委員長とする日本労働科学研究所設立準備委員会が設立され、新しい研究所の設立が進められたのである。[23]

この過程で作成されたのが、「日本労働科学研究所建設趣旨」と推定される。[24]「日本労働科学研究所所長暉峻義等識」と記されており、先述の「労働科学研究所設置案」が無署名であったのに対し、これが暉峻の言葉であることが分かる。第一章「機械的文明の進展と国民的災禍の増大」は、「産業及国民生活の防護の武器としての労働科学」を強調するが、労働科学は単に防護という消極的な意味を持つにとどまらない。「国民大衆の生活不安の随一のものである健康を害ふ原因、勤労能力を減殺するすべての害悪を労働科学の力を以って除去し、そこに得られる勤労の自由と喜びと、そして生活の愉悦とを再び国家産業の発展のために、日常生活のヨリよき向上のために用いようとする」点に積極的意義があるという。そして、この設置案は第二章「日本労働科学研究所の由来」に触れ、第三章「日本労働科学研究所の組織とその機能」、第四章「日本労働科学研究所の外廓組織」、第五章「出版事業」と続く。

　まず、研究所の目的は「勤労大衆の日常生活に直面しそれを研究対象とする点に於て断然現存の他の研究機関と異る」と説明され、「国家の生産力の動向を制約する処の勤労者の生活の全面的向上を促進することによって国家国民に奉仕しやうとする」のだと強調する。ここでは、研究所の目的に掲げられる研究対象が「労働」ではなく国家の生産力を左右する人々の「生活」に移っていることが注目される。そのため、研究所は「産業における人的要素に関するあらゆる科学的研究を行ふ處の機関」であり、「眞に人を動かし、以つて国民生活の正しい進展を可能ならしむる迫力と実力とをもった研究所の設立」のため、「研究者は知を磨くことによって徳をつまねばならぬ」と説く。(25) 先述の「労働科学研究所設置案」における官僚的な文書に比し、いかにも暉峻らしい設立趣旨といえよう。研究所の組織としては、一一の部門が設定された。

1　労働生理学特に勤労作の生理に関する研究部門
2　労働生理学特に心的労作の生理に関する研究部門
3　心的資質特にその職業的適性、職業指導、工人養成に関する研究部門
4　身体的資質特に職業的体質体格に関する研究部門
5　作業心理学特に作業動作並に時間に関する研究部門
6　工場、鉱山、商店、その他の事業場の作業環境並に作業条件に関する研究部門
7　都市勤労者の衣食住に関する医学的研究部門
8　産業災害並に職業性疾患に関する研究部門
9　勤労する母性及少年の保護に関する医学的研究部門

10　農業労働並に農村住民の生活に関する衛生学的研究部門
11　勤労大衆の保健管理並に保健教育に関する研究部門[26]

「労働科学研究所設置案」における研究課題が工場内にとどまっていたのに対し、工場のみならず鉱山、商店その他事業場へと広がりを見せ農村も視野に含まれるとともに、対象も都市「勤労者」「勤労する母性及び少年」「勤労大衆」といった「勤労」概念で説明されるようになる。もっとも人々の「衣食住」や「生活」が対象となる場合も、医学的研究や衛生学的研究であったことも見逃せない。研究組織は、医学・生理学を中心とする研究者によって占められていたのである。[27]

日本労働科学研究所は、一九三七年三月三〇日、盛大な開所式を開き、建設記念展覧会も開催した。[28]新たに発足した日本労働科学研究所は、東京移転の前後、わずか数年の間に研究対象を拡大させ、より直近の政策課題に即した研究課題を追及する編成になっていた。実際には、一九三八年五月になってようやく日本学術振興会で新組織が決定し、財団法人化することにより、所員の増加、研究部門の拡大が可能となったという。[29]日本労働科学研究所「日本労働科学研究所建設施行具体案」(一九三七年八月)は、より具体的に研究所の建設計画を示したが、各研究室の名称は下記のとおりであった。

(A)勤労者ノ体力、精神力ノ維持向上ニ関スル研究室
(B)作業ニ関スル生理学的及心理学的研究室
(C)工場衛生ニ関スル研究室
(D)農村漁村ノ労働ニ関スル研究室

（E）職業病ノ予防及治療ニ関スル研究室
（F）産業災害ノ原因及対策研究室
（G）産業廃疾者ノ職業再教育ニ関スル基礎的研究室
（H）勤労者ノ生活費ニ関スル医学的研究室
（I）少年ノ職業指導、職業選択及労働ニ関スル研究室
（J）婦人ノ職業及勤労ニ関スル研究室

医学、生理学、心理学のみならず多様なアプローチが可能な研究室編成になっていたことが分かる。暉峻自身が前面に立ってこれを推進したとはいえ、設立準備委員会の意向を反映していたことは言うまでもないだろう。労働科学はより広い政策課題に答えるべく、拡充されていったのである。さらに研究所は、四〇年一月に青山から世田谷区祖師谷に再移転し、恒久的施設を得ることになった。

三　大日本産業報国会と労働科学の展開

四〇年一一月、大日本産業報国会が結成された[30]。政府の勧奨によって日本労働科学研究所がここに統合されたことは、反発する所員の退所をまねき、戦後批判の対象ともなった。暉峻は、戦時統制経済のもと研究費の寄付が不可能となり、政府の補助も限られ、「労研の経済的基礎は崩壊するに至った。この窮地の打開のために産業

報国会の中央研究機関としての労研の存在を護り、従来の研究を続行する以外に方法はなかった」と弁明した。[31]しかし、産報下の労研は従来の研究を単に続行しただけでなく、むしろ拡大させていった点は注意を要する。

藤林敬三は、ドイツ労働戦線の労働科学研究所の年報を紹介するなかで、ドイツ労働戦線が持つ労働科学研究所の存在の意義を訴えている。[32]それは、ナチス党中央組織部長のロベルト・ライが三五年に設立し、その任務は「実際社会政策のために、あらゆる方面に於ける科学的研究の進歩を利用せしめるにあり、またドイツ国民のために、急激なナチス的建設に即応する研究者を以つて超世間的な書斎的学者に置き代はらしめ得ること」にあった。[33]藤林は、厚生省の厚生科学研究所がその任に当たるには不十分であることから、「日本労働科学研究所が聽て大日本産業報国会に発展的に合併せられるといふことであるが、これが一日も早く実現され、その組織と研究活動がさらに拡充されていくことは、我が国に於ける労働科学の発展のために、また国家的要請を満たすためにも、誠に望ましいことである」と強調した。

労研が大日本産業報国会の傘下に入るという方針は、産報の湯沢三千男理事長と労研の吉田理事長との間で意見が一致して進められ、「現在百六十名の所員をも増員して完璧の研究陣を布くこと」が期待された。[34]実際のところ、一九四〇年現在の労研には、所長以下所員一四人、参与所員四人、研究員四三人の計六一人の研究者が所属していたが、その他助手や研究生を含め、増員が予定されていたといえよう。[35]四一年一月、暉峻は産報の理事に就任し、五月六日の理事会で労研の産報への統合が正式に決定するとともに、一〇万円の支出が理事長の権限で決まった。[36]六月には暉峻が産報の常務理事となり、一〇月には日本労働科学研究所が産報中央本部に統合され、四二年一月に暉峻は大日本産業報国会労働科学研究所長に就任した。さらに四四年四月から九月には、大政翼賛会の国民動員局長となり、これにより、のちに公職追放の指定を受けたのである。

世田谷移転により新たな陣容を整えた労研は、四一年五月二二日に建設記念式と「講演と映画の夕」を開催した。また、展覧会も開き、これまでの研究資料やその成果を展示した。[37]まず、研究所は、「日本はもちろん世界にも類例のない総合的科学研究機関」と紹介され、「文化科学　哲学　教育学　心理学　音楽学　体育学　国家科学　法学　社会学　史学　経済学　農業経済学　生物科学　生理学　衛生学　病理学　臨床医学　栄養学　精神科学　実験心理学　技術的科学　農学　工学　物理学　化学」が列挙された。また、労働科学では、「人が科学を技術と機械と資本と物とを縦横に駆使する／人生を向上して生活の安定を獲得する／高賃金と低コストが同時に成立する」と説明された。

展示の第一室には、「日本労働科学研究所ノ組織ト機能」が掲げられた。そのうち、会長、理事長の下に研究所所長が配置され、そのもとに、総務、庶務会計、研究部がある。研究部の概要を示したのが図1である。第一～一一部長のもとにそれぞれの研究テーマに応じた研究室があり、当時の労働科学研究の概要をつかむことが出来る。ただし、展示された各部門の区分は若干異なっており、第一部門「勤労文化」、第二部門「国民資質」、第三部門「生産管理」、第四部門「疲労排除」、第五部門「作業環境」、第六部門「集団及農村栄養」、第七部門「職業性疾患及災害及保険」、第八・九部門「労働政策」、第十部門「特殊労務」、第十一部門「農業労働及農村生活」となっている。第四部門の名称が「労働条件」から「疲労排除」に、第六部門の「食糧及栄養」が「集団及農村栄養」に変更され、第八部門の「労働保護」がなくなり、「特殊労務」の一つであった「農業労働及農村生活」が第一一部門として独立した格好になっている。実際の研究体制は、専門により労働生理学、産業心理学、産業衛生学、職業性疾患、生体測定、集団栄養、社会科学、農業労働の八部門であったという。[38]この頃、研究所には医学・生理学を中心とした従来の専門とは異なる分野の研究者が入所していた。一九四〇年には、先述の風早八十二（九大教授）を社会科学部長として迎えるなど、社会科学分野が拡充されていることは特筆すべきであろう。[39]

図１　日本労働科学研究所の研究組織

研究所長　研究部

- 第１部長　勤労文化
  1 勤労及勤労生活ノ理念
  2 勤労文化史――労働政策史、生産技術史、産業発達し、伝記
  3 勤労者教育――特ニ勤労青年教育
  4 労働ト音楽
  5 労務者ノ体錬
- 第２部長　国民資質
  1 作業能力ト体質体格及握力
  2 作業能力ト精神力
  3 作業能力ト性格及技能
  4 適材配置、職業指導及補導
- 第３部長　生産ノ組織及管理
  1 作業方法及技術ノ錬成
  2 生産管理、工程管理、作業管理
  3 作業組織
  4 作業ノ安全化、作業ノ健康化、作業ノ能率化及工具ノ標準化
- 第４部長　労働条件
  1 労働強度、作業速度
  2 労働時間
  3 夜業及交代制度等
  4 疲労恢復及休業方法
- 第５部長　作業環境
  1 換気、温度、湿度、高圧低圧
  2 作業粉塵、有毒瓦斯、有毒生産資材ノ代用品ノ考果及防毒具
  3 生産照明
  4 工場騒音及震動ト能率及健康
  5 工場防空
  6 労働被服及保護服
  7 工場建築及労務者住宅
- 第６部長　食料及栄養
  1 労働ト栄養
  2 食料及配給

	3　特殊補強栄養
	4　共同炊事
第7部長　職業性疾患及保健	1　職業性疾患ノ予防及治療
	2　産業結核及産業神経症対策
	3　産業災害ト罹災者ノ職業指導、能力増強及生活指導
第8部長　労働保護	1　労務者ノ健康管理
	2　産業保健組織
	3　社会保険（疾病保険、失業保険、癈疾保険）
	4　厚生施設
第9部長　労働政策第1部	1　産業経営及国民経済
	2　労働社会政策
	3　労働組織体制
	4　内外地植民地労働事情
第10部長　労働政策第2部	1　労働人口及職業人口
	2　農業労働ト工業労働トノ調査
	3　中小工業問題
	4　賃金及生計費
第11部長　特殊労務	1　農業労働及農村生活
	2　鉱炭山労務（大牟田分室）
	3　青少年労務
	4　婦人労務
	5　知的労務
	6　商業労務
	7　交通運輸労務

出所）「日本労働科学研究所建設記念展覧会目録」（1941年5月21日）。

註）第7部門については、表には「作業環境」とあるが、本文50ページより誤りと見なし修正した。

ところで、一九四一年九月二七日、暉峻は小泉厚相の官邸で開催された「日本生活科学会」創立準備委員会に参加している。(40) 一二月一三日、学士会館で社団法人「日本生活科学会」の創立発会式が挙行され、「発起人代表小泉厚相をはじめ、橋田文相、都下各大学総長、東大各学部長、国民精神文化所長伊藤延吉、労研所長暉峻義等氏ら学会各方面の権威約百五十名」が出席した。午後には第一回研究発表会が開催され、労研所長として暉峻が「勤労生活と国民保健」と題する発表を行った。(41)

「衣食住その他を中心とする国民日常の消費生活と、各人その職域に於ける勤労生活との生命ある統一物」を主題とする「生活科学」の誕生について、有馬学は、国家や社会が「生産」とともに語られてきたのに対し、ここに至っておそらく初めて「日常」の「消費生活」に国家的な意義が与えられたと評価する。(42) こうした視点が、日本労働科学研究所設立時点で表明されていたことを想起すれば、暉峻が発会式後にまず研究報告を行ったことも理解できる。労働科学研究所所長としての暉峻の動向は、戦時期に活動を縮小し、高野岩三郎所長のもと総所員十余名で活動を続けていた大原社会問題研究所（社研）と対蹠をなす。(43) 一九一九年の設立以来、月島調査など先駆的な社会調査を推進した所員を擁し、日本の社会科学を担ってきた社研が文献研究や翻訳事業に活動を限定していたのに対し、労研は工場や農村の現場に赴き、勤労生活の科学的調査を精力的に実施したのである。

一九四一年五月から毎月発行された労働科学研究所長の責任編集による『職場の実践』は、一九四五年三月まで四六冊発行された。(44) 研究所の業績の中で「(イ) 職場の実践にうつしてもらひたいもの、(ロ) 経営上の参考となるもの、(ハ) 生産力の拡充に役立つもの、(ニ) 労働力の保全の具体的方法」などをわかりやすく関係者に知らせるための小冊子である。この小冊子を配布された産業報国会は、その傘下の単位産報会または労務者に対してできるだけ速やかに再印刷をして分配することになっていた。大日本産業報国会の中央研究機関としての労働科学研究所は、その役割を十分に果たしつつ、敗戦を迎えたといえよう。

四　敗戦と労働科学研究所の再建

1　敗戦時の研究員

ここでは、研究員による手記「終戦直後在職せる研究員の自省記録綴」の考察を行う。[45] この綴りのはじめには、「この記録はあの未曽有の敗戦決定の直后、各研究員より労研の再発足のために所長宛提出されたものである。茫然自失悲痛のどん底より立ち上らんとする研究者の記録、労研再建のための貴重なる記録としてこれを保存す　昭和二十年十月　暉峻義等」とある。折しも、四五年九月に大日本産業報国会が解散するのに伴い日本労働科学研究所も解散していた時期にあたる。所員の福島美津雄は「個々研究者乃至は研究室に戦争中の既往を反省し、将来への展望覚悟を示すことをもとめられたるに応じ、不首尾乍ら所信を述べることにする」と断っており、八月末日の日付で書いている者もいるから、暉峻は敗戦決定の直後に再発足に向けた反省を所員に求めたのであろう。ここには、日本労働科学研究所設立の際に示されていた信念、すなわち、「国民生活の正しい進展を可能ならしむる迫力と実力とをもった研究所の設立」のために研究者自身の徳を重視する暉峻の思想が反映されているように思われる。研究所の再建にとって必用なのは、なによりも研究者の自省であった。

もっとも、所属研究員のうち、研究所にいた者は限られていた。陸軍病院にいた三浦豊彦は、四三年に労研に立ち寄った際、「研究所には若い女性が沢山いたが、男性は少なくなっていた」と回想している。[46] 久保田重孝も「戦争の後半期に入ると、労研の男子も次々と召集され、残った男子も満州、中支、北海道などにできた分室に派遣され、結局労研に残っているのは、老人と、弱体者と女子ということになってしまった」という。[47] とくに医師の研究員のほとんどが軍医として応召しており、この記録は残った研究員による敗戦時の労働科学研究の状況をよく示している。執筆者の一覧は表1に示すとおりで、なかには研究成果としてまとめきれなかった終戦間際の調査の概要を詳細に記述したものもある。戦時下の労働科学研究については、主に著作等の研究成果を通して議論されてきたが、研究者自身の語りに注目したい。以下、おおまかに各部単位で見ていくことにしよう。(48)

2 労働科学研究者による自省

第一部（勤労文化）に所属するのは、医学者を中心とする従来の労研からすると異質な者たちであった。四一年四月に入所した石井雄二は、「長い教育生活から全く未知の新しい世界に踏み入った」という。ちょうど、「かねて生産力増強への学術的貢献を任としていた労働科学研究所が、この大日本産業報国会中央研究機関として新たなる使命と体制のもとに出発すべく種々の方策をめぐらされつつあった時」であった。「戦時生産力の基体としての勤労体育」を担当し、とくに四三年は「健民修練」に取り組み、成果を上げたという。しかし、「戦力に寄与し得たであろうか」を問い、その成果の小ささを恥じ入る。

同じく第一部の清水義男は、四五年四月に研究員となり、勤労教育研究者として、児童・少青年労務者教育に従事した。そして、「国民勤労が戦時下の時流であるから労働科学研究者と成るのではない。敗るるも、勝も、国民勤労は天命なるが故に余は労働科学研究者である」とのべ、勤労郷土教育（郷土的労作教育）の機構確立を当面の課題とした。比較的新しく研究所に入所した第一部の研究員は、産報の勤労イデオロギーを鼓吹する役割を担い、戦争末期に最も活躍した。彼らは、産報下の労働科学を特徴づける存在ではあるが、以下に見る労働科学研究者とは異質な存在であったことがうかがえる。

表1　執筆者一覧

番　号	タイトル	名　前	備　考
1		三瓶孝子	1903-1978、経済史
2	戦時中の調査研究への反省	石堂正三郎	住居環境学
3	戦時下研究生活の反省	石井雄二	体操、体育
4	戦時中に於ける研究を省みて	黒川一夫	
5	大東亜戦争への反省	高木和男	社会栄養学
6	疲弊恢復の生物物理学的研究	西尾昇	
7	反省膽望	清水義勇	
8	最低生活の研究を通じて	安藤政吉	1902-1948、最低生活費
9	反省	狩野広之	「不注意とミスのはなし」
10	研究と反省	高橋健二	
11	戦時中の研究並に研究生活を回顧して	鈴木達也	
12	回顧八ヶ年	勝木新次	産業医学
13	私の反省	加納広子	
14		川瀬輿一	
15		木田信子	日本栄養・食料学会
16	大東亜戦争終結に際し、我が研究室の既往を探りて、新しい出発のための一助とする文	福島美津雄	
17	研究の回顧反省及び将来に対する希望	久保田重孝	1908-1983、労働衛生学
18		渡辺義雄	
19		有本邦太郎	1898-、栄養科学

出所）「終戦直後在職せる研究員の自省記録綴」［1945年10月］（法政大学大原社会問題研究所［未整理］）

第二部（国民資質）の鈴木達也は、三七年の東京移転時に大学を卒業して入所した。倉敷時代以来の「国民の作業能力の伸張と効用」に取り組んだものの、戦争の推移とともに生産拡充、労力不足、徴用、転廃業の職業転換、少年及び婦人労働の強化、そして学徒動員の問題が生じ、対応は充分ではなかったという。とはいえ、身体のみならず精神をも含む「体力問題」にとりくみ、その測定方法の研究を経て技能検査法を確立し、厚生省職業局で使われるなどの実績をあげた。今後の労働科学については、「二五年に亘る労働科学の発展の歴史は創設者の学的発展の歴史そのもの」であったが、次の世代への準備がなされない限り、凋落すると指摘する。それゆえ労働科学研究は、創設期に帰るべきと主張し、そのうえで、文化科学、社会科学に可能性を見出している。機構及び部門に関しては、従来の機構が多くの矛盾を抱えながら創設者の偉大な構想の下に統一されていたのに対し、再建されるべき労働科学はたとえ誰が立ち去っても所長ある限り何等機能障害を起こさないということに甘んじていてはならないという。これらは、所長である暉峻からの自立を示唆しているといえよう。

一方、倉敷時代を知る勝木新次は、東京に移転した三七年以降の研究所における労働生理及び作業環境問題に関する研究を振り返った。具体的には、「国民体力に関する研究」、「国民栄養に関する労働生理学的研究」、「疲労に関する研究」、「高熱作業に於ける作業能力の保持増強の為の研究」、「婦人労働に関する研究」、「ろうあ者の性能についての研究」、「身体鍛錬に関する研究」、「その他の労働生理学的研究」、「作業場の喚起に関する研究」、「作業者の足部被服（特に履物）に関する研究」、「庶民住宅に関する研究」、「我が国に於ける伝統的技術精神に関する研究」、「その他の衛生学的研究」の概要を示した。もっとも包括的に研究所の研究に関わっていたことがわかる。一方、自身については、「過去八ヶ年は研究所がその機能を最高度に発揮すべき誠に重要な期間であった」が、この間二年以上の病気療養を余儀なくされ、しかも第五部長（作業環境）の要職につきながら、第四部長（労働条件）を兼ね、総務部も担当しなければならず、十分な職責を果たせなかったと自省する。研究所の再建については、「全く新たなる構想と抱負、雄渾な気魄と燃える熱意とを以て進められねばならぬ」とし、その実現に要する人は若いほど良いと述べた。

建築研究室である第五部（作業環境）の所員黒川一夫は、まず「青年学校寄宿舎に関する調査研究」というテーマを与えられ、寄宿舎に関する先行研究をあつめたものの、「厚生施設」研究者として銘打たれている社会学者の著作に見るべきものがなかったという。また、「換気に関する一、二の調査研究」についても、「人絹工場紡糸室の換気」に関するものと「大東亜戦争の終末段階をかざる地下工場の換気」に関するものを担当したが、いずれも簡単な測定程度のものに過ぎなかったという。労研全体の問題として、医学者が所与の対象を医学的見地から批判し問題のありかを示す点までは良いが、問題の解決は主として工学的技術的な面にかかっているにもかかわらず、それを支える基礎工学的研究が不十分で困難を抱えているというのである。

ここに私は労働科学が関知すべき限界の問題があり、もしまた労働科学が単に環境上の欠陥を指摘することのみを以て満足せず、更に進んで具体的解決方法を講ずるまでに立ち入ることを至命とするならば、それは或る面では労働科学の実践的方向と背置した基礎科学的研究の強調へいきほひならざるを得ないのではなかろうかと思考する次第である。

西尾昇は、自身が担当した「疲労恢復の生物物理学的研究」、「電気炊飯の新方式――その原理と実際」「電気炊飯装置設計の要領」、「工業中毒の研究」についてそれぞれ意見を記した。とくに工場中毒に関しては、「労研の物理化学技術の方面によき人を得て研究陣を強化する必要があろう」と述べ、物理化学技術の必要を訴えた。このように総合的科学研究機関をうたいながら、物理化学や工学の技術者を欠く労働科学の限界が指摘されていた。戦争末期には陸海軍による技術研究資源の囲い込みが進み、急成長する機械工業においても技術者の役割が重視されたが、労働科学においてはこの点で十分な人材を確保できなかったといえよう[49]。

集団栄養学を担当した第六部（食料及栄養）の高木和夫は「大東亜戦争への反省」と題し、自身の職歴を振り返り、研究者としての自己反省、部または研究所員としての自己反省、国民としての自己反省を行う。工業専門学校を出て東京市の衛生試験場の栄養部門にいた自身が労研に入って研究を進めるにあたり、所長から「大豆」という研究テーマを与えられ、医者ではない自分が医学や生理学の研究をあきらめるきっかけとなったという。今後は調理科学の研究をしたいと希望を述べている。部としては、食糧配給部面等で大いに活動したものの、研究としては未経験の研究者を指導する体制がなく、部長の職責が明確でないため部としてまとまりのある研究は進まなかったという。そして、敗戦に対する国民としての反省として、なぜこの戦争に負けたのかの原因を探求し、まず敵を知らなかったこと、次に軍が国政を指導したことにその原因をもとめ、自らの経験に基づく解決策を探っている。この時点で、軍国主義に対する批判を述べた数少ない研究者であった。

四一年に労研内に移設された日本勤労栄養学校の教員も務めた有本邦太郎は、まず、研究遂行に重要な人的要素の欠陥を指摘する。応召その他でよい研究者がえられず、「数は揃っても質的に貧困であった」という。とりわけ、婦人研究員の「新陳代謝」が激しいことを嘆き、研究員は少数精鋭でなければならないと希望を述べる。実際、女子の動員が進む中、女性研究員による調査も進められた。

研究員の木田信子は、「戦時下女子工員の体力保持増強に関する研究」に取り組んだ二年間の研究を詳細に振り返った。とくに四四年五月から実施した航空計器工場の女子工員の健康管理について詳細を記している[50]。ここでは、まず生体測定を行い、健康状態を調べた。女子工員の月経については概ね順調で、座業での軽作業の為、一時的無月経は見られたものの自ら回復すると考えられた。また、女子工員、挺身隊の発育は非常によかったのに対し、動員学徒の身長、体重、胸囲は低劣であったが、昼食のみ工場給食を行ったところ一ヵ月で体重が増加したという。一方、学徒の出勤率は、動員直後一、二ヵ月は良かったものの徐々に下降し、戦争終了前二、三ヵ月からは非常に悪く、とくに女子は男子より出勤率が悪かったという。もっとも、終戦前に仕事らしい仕事ができなかったのは自身も同様で、「大豆食の指導」や「空襲後の衛生状態」など工場で取り上げてもらえなかったことを嘆き、今後は「労務者達と一体となって国家再建の道に努力したい」と述べた。

大東亜戦争勃発直後に入所し、第四部で炭鉱調査の整理に助手として従事した加納廣子は、四四年一月に「女子の作業と生活指導講習会」を受け「遅ればせながら女子の勤労力が大きな勢で国を支へてゐることに気が付いた」という。その後「富士航空計器に於ける女子寮の生活指導」や「パイロット精機の主婦の勤労に関する調査」に従事したという。「戦時中に、女子の国家へ直接に繋がる生産に参加したことは量的にも質的にも大きなものであったと思ふが、今後男子の復員に依って、追々と元の状態にもどってしまうのではあるまいかと、残念な気がする」と感想を述べている。このように、急増した女子労働者の指導にあたる女性研究員が必要とされ、現場で活躍した点も産報下の特徴といえよう。

ところで、敗戦時、労働科学の分野として最も期待されたのは社会科学部門であった。生計賃金研究室の安藤政吉は、「最低生活費の研究は戦後の力強い国民生活の復興のためにも、勤労再生産に必要な最低限の生活確保の基礎的研究は益々必要であるが故に、全力を挙げて之れが完成を急がねばならない」という。もっとも、研究室は困難を抱えており、集計処理をわずか数名の助手が行う状況で、時間と人が必要であった。また、目的意識もなく研究室に配属される研究員や研究生の質にも問題があり、今後は研究への希望が明確な者のみを入所させ、研究課題が定まったらその完成まで指導するようにしなければならないと述べる。

同じく第九部の福島美津雄は、在所期間は見習生としてのわずか五ヵ月に過ぎなかったが、研究室の問題点を

「科学性の希薄化」とよぶ。「勤労者の生活」を対象とするこの研究室では、「生活」を消費経済ととらえ、勤労者の消費経済面の科学的分析を行ったが、「(一) 基本的調査方法にては計画性の不足。(二) 調査整理段階においては有機的協力体制の欠除〔ママ〕。(3)調査結果の探求においては数字利用の不足と演繹的態度の濫用」があったと指摘する。その原因は、圧倒的な人員不足の中で、「生活科学」の樹立にみられるように「あまりにも間ぐちを広げすぎたこと」、「性急なる速効を求むる政治的要求に応じやうとしすぎた事」だと分析する。活躍が期待された社会科学部門であったが、その内実は、圧倒的な人手不足に陥っていたといえよう。

第十部（農業労働及農村生活）の川瀬典一は、四一年春に大学を終えて労研に入所した[51]。ちょうど筑波に開設された農業労働調査所で、現実の農村に飛び込み、農村生活および農業労働の実態をしっかりと把握したいと調査研究に取り組んだという。四三年には、「労研増産協力班」の一員として岡山の柵原鉱山に派遣され、鉱員の農繁期欠勤防止対策を求められた。その際、鉱員の兼業状況を明らかにし、その農繁期欠勤の不可避なことを示すことはできたが、それ以上何もできなかったと非力を痛感している。

四〇年に入所した三瓶考子は、農家の経済生活に関する調査結果を振り返った。四一年四月から実施した栃木県足利郡筑波村農業労働力調査所では、農家に簿記記入を依頼し、その集計により家計調査を行い、また、富山県N化学工業の通勤工を出している村でも簿記を集計した。そして、「農家の精神的、物質的生活内容を如何にしたらもっと豊に、もっと智的に、科学的にできるか」という問題を捻出している。現実的な課題として、まず、農民の教育の重要性を指摘し、次に農家の生活費中多額を占める婚礼費、葬儀費の節約を促す。とくに戦時中、出征兵士の歓送、英霊への香典その他交際費の負担が大きく、この負担を軽減すべきと説く。さらに、衛生費や娯楽費が過少であったのに対し、適切な医療と衛生知識の普及や文化映画のような娯楽の必要を説く。そして、「文化を通して経済生活の内容を豊富にする」という結論に達していた。

暉峻が研究員たちの自省記録をどのように受け止めたかはわからない。しかし、四五年一一月、労働科学研究所は速やかに再建された。もっとも、その経緯は定かではなく、戦前の厚生省管轄から文部省管轄に移り、会長財部彪、理事長吉田茂の体制から戦後の理事長が松岡駒吉に代わったと記されている[52]。

3 労働科学研究所の再建

松岡駒吉は、健全な労働組合主義を掲げて戦前の労働運動を牽引し、労働組合の大日本産業報国会への統合方針が決定されると、四〇年七月に日本労働総同盟の会長として自主的な解散を決定し、産業報国会への参加を拒んで公職から引退した人物である。戦後、労働運動再建の中心を担い、四六年七月に全繊同盟初代会長となり、八月に日本労働組合総同盟が結成されると、その会長を兼務した。一方、四五年一一月二日に日本社会党が結成されると、松岡は議長に選出され、党顧問に推された。松岡の略歴によれば、戦後、四五年一一月には厚生省顧問、翌年一月には中央賃金委員会委員、二月に協調会副会長、三月に中央労働委員会委員に就任し、四月の衆院選で当選を果たしたのちも様々な役職に就き、一一月には財団法人労働科学研究所理事、財団法人中央労働学園顧問となっている[53]。

労研の記録と松岡の記録の間に一年のずれが生じているのだが、報道によれば、財団法人労働科学研究所は、四六年二月五日に大阪府商工経済会で設立発表を行っている。役員は会長の暉峻義等、理事として先述の松岡駒吉のほか、石渡信太郎、大村清一、鈴木茂三郎、杉山元治郎、松本重治、毛里英於菟、赤松常子などの名前があり、大阪で生産管理講座を開講し、労働科学大学の設立などを企画しているという[54]。理事には、暉峻とともに産報の常務理事を務めた毛里や顧問の石渡に加え、日本社会党に結集した政治家が目立つ。残念ながら、大阪での活動は七月に労働科学博物館を開館したものの、翌四七年の春には閉鎖しており、とん挫したと考えられる。産報の解散とともに解散した日本労働科学研究所は、その清算が済むと同時に財団法人労働科学研究所として再出発し、大阪での活動を含む様々な存続戦略を模索したのであろう。

おわりに

日本の労働科学は、暉峻義等によって独自の発展を遂げた。一九四七年五月の労研創立第二六周年記念式の草稿「労働科学とその方法」において、暉峻は「労働科学は、労働者の生活と労働との現実に関する科学的資料の集積と、生活と労働とを規制する肉体的・精神的原則の発見とに、研究の主題を選んできたのである。しかもわれわれは、常に政治的支配と、資本家的経営経済的支配に対して、これを厳正に拒否してきた」と自信をもって述べている(55)。しかし、研究所に所属した研究員たちは暉峻のように言い切ることができず、現場で自身の無力を痛感していたのは先述の通りである。一方、労働科学が労働者の生活と労働に関する「科学的資料」を残したことは疑い得ず、とりわけ戦時期にも継続された各種調査報告は、近年、経済史をはじめとする歴史研究の重要な資料となっている(56)。

戦時期の労働科学が社会科学部門に可能性を見出していたことは、研究員の自省記録からもうかがえた。暉峻も、「社会科学としての労働科学とその方法」に言及している。ただし、ここでの社会科学とは経済学の理論ではなく、労働の生産性の向上や生活の安定を目的とする労働政策に科学的根拠を与えるものでなければならず、まず眼前に展開されている事実に根拠をおくことが主張された。それゆえに、労働科学が集積した労働者の生活と労働に関する「科学的資料」は、現在、貴重な歴史研究の素材となっているのである。

加えて興味深いのは、「今日では、最早、国家の最高権力が、労働の生産性の向上の方途を企業と労働とに向って発動するのではない。そういう時代は過ぎ去りつつある。何となれば今日の労働階級は、彼らの自らの運命に関しては、自らこれを決定し、自らそれについての責任を負わねばならぬし、また進んで自らこれを負わんとしているからである」(57)という暉峻の現状認識である。戦後日本において、松岡を理事長に迎えた労働科学研究所は、生産性向上に取り組む「労働階級」に科学的資料を提供する役割を担おうとしていたのである。このとき、労働運動を再建し、日本社会党と表裏一体となって、戦後日本の再建と民主化に乗り出した松岡駒吉が、より強力な勤労体制を目指していた点は特筆すべきであろう。

> 戦争中にずいぶん乱暴な徴用なんかをやったが、戦後だからやらぬでよいかといふと、これほど荒廃しきった日本産業を急速に再建するためにはなんといっても勤労の力に俟つほかはない。勤労に俟つといふことは、取りも直さず、働き得る能力があるに拘らず、財産があるからといって遊んでいることは許さず、働かざる者は食ふべからずといふ政治が事実上日本に行はれることなくして、日本の再建はできないと思ふ。そのことのためには一体何をなすべきか。さういふ新しい勤労体制を打立てるためには、戦争中は戦争一本で無理やりやって来たが、今後はさういふことではいけないので、これは本当の意味に於ける思威〔ママ〕並び行はれる政治がなければ、強い勤労体制はあり得ないと思ふ(58)。

松岡は産業報国運動が推進した勤労体制そのものに批判的であったわけではなかった。ただ、勤労の力を発揮するためには労働者自身の組織である労働組合が不可欠であるとの信念の下、労働組合を不要とする大日本産業報国会に合流することはできなかったのである。戦後、日本再建を目指して強い勤労体制を築くためには、やはり、労働科学が必要とされたと見ることも可能であろう。

このように見ると、日本の労働科学は、資本家たる大原孫三郎のもとで誕生し、戦時体制において「国家の最高権力」のもとで拡大したが、戦後日本の再建に際しては「労働階級」とともに歩もうとした。これを主導した暉峻においては、「労働力の合理化」を目指す労働科学の展開に何等の矛盾もなく、一貫性を保っていたように思われる。もっとも、新しい世代の労働科学研究者は、暉峻からの自立を求め、より科学的な研究を志向し、創設時への回帰を主張する者もいた。暉峻は四八年一二月に所長を退任し、勝木新次が後任についたが、解散団体として労働科学の名前を維持することはできず、五〇年一月、GHQの指令により「労働医学心理学研究所」と改名した。占領が終わる五二年七月に財団法人労働科学研究所に復帰したが、戦時期の労働科学は、いったん強制的に終止符を打たれたといえよう。

註

(1) 戦後、戦時期の暉峻の戦争協力に対する批判が出たために、それをやむを得なかったのだとする弁明に理解を示すものは戦時期の労働科学をあえて追究しなかったように思われる。近年では、堀川祐里「戦時期の『女子労務管理研究』と女性労働者の健康——労働科学研究所を中心に」『中央大学経済研究所年報』第四九号、二〇一七年一〇月、三三七—三六八頁が、女性労働への関心から、戦時期の労働科学研究に着目している。

(2) 鷲谷徹「労働科学研究所」『大原社会問題研究所雑誌』四〇〇・四〇一、一九九二年四月、七七—八四頁。

(3) 高岡裕之『総力戦体制と「福祉国家」——戦時期日本の「社会改革」構想』岩波書店、二〇一一年、三〇二頁。

（4）財団法人労働科学研究所『労働科学研究所六〇年史話――創立六〇周年記念』一九八一年、一三九頁。
（5）裴富吉『労働科学の歴史――暉峻義等の学問と思想』白桃書房、一九九七年、二三九頁。
（6）三浦豊彦『暉峻義等――労働科学を創った男』リブロポート、一九九一年、一九三頁。
（7）『東京朝日新聞』（一九三〇年七月九日付）。
（8）「統制審議会と実行局設置　産業合理化に関し与党委員会の決議」『東京朝日新聞』（一九二九年一二月一二日付）。
（9）倉敷労働科学研究所長暉峻義等「労働力無視の産業合理化（上）商工省案を評す」『朝日新聞』（一九三〇年一月一二日付）。
（10）倉敷労働科学研究所長暉峻義等「労働力無視の産業合理化（下）商工省案を評す」『朝日新聞』（一九三〇年一月一四日付）。
（11）前掲『労働科学研究所六〇年史話――創立六〇周年記念』九八頁。
（12）「労働科学研究所設置案」〔法政大学大原社会問題研究所所蔵協調会文庫、一九三五年〕。協調会図書館の受け入れ印の日付は「昭和10・3・10」となっているため、一九三五年以前に作成されたものと推定される。なお、一九一九年に設立された協調会は、社会政策・社会運動の調査研究などを遂行し、膨大な調査研究資料を残したが、その資料は戦後、中央労働学園を経て法政大学大原社会問題研究所に引き継がれている。
（13）前掲「労働科学研究所設置案」〔一九三五年〕。
（14）風早八十二「労働科学と労働政策」『社会政策時報』一九六号、一九三七年一月。
（15）同前、一二頁。
（16）「国民体力問題考査委員委嘱　学術振興会で決定」『東京朝日新聞』（一九三六年七月八日付）。
（17）「日本労働科学研究所建設趣旨」〔労働科学研究所旧蔵、一九三七年〕六頁。なお、これは二〇一五年の移転前に労働科学研究所付属図書館で複写したものである。
（18）潮見実「日本労研・産報時代」暉峻義等博士追憶出版刊行会編『暉峻義等博士と労働科学』一九六七年、一四六頁。潮見は、一九三六年一一月一八日付で日本労働科学研究所主事に就任した。
（19）阿部武司編著『大原孫三郎――地域創生を果たした社会事業化の魁』ＰＨＰ研究所、二〇一七年、一八〇頁。
（20）前掲『暉峻義等――労働科学を創った男』、二〇〇、二〇一頁。若月の回想は、「暗い谷までの挫折と臨床研究」医学史研究会・川上武編『医療社会化の道標——25人の証言』勁草書房、一九六九年、二九九—三〇九頁による。
(21)『労研』移転の準備打合わせ」『読売新聞』(一九三六年九月一七日付)。
(22)「豪華百萬円の移転」『読売新聞』(一九三六年一二月二四日付)。
(23)「日本労働科学研究所建設趣旨」(一九三七年)六頁。その他の委員は、石黒忠篤、小泉親彦、香坂昌康、桜井錠二、長與又郎、林春雄、廣瀬久忠、松岡均平、吉野信次、吉田茂、暉峻義等で、幹事として内務省の熊谷憲一、学振の阿部謙一が参加した。
(24)暉峻の著作目録によると、『労働科学』一四—六、一九三七年六月に「日本労働科学研究所建設趣旨」が掲載されている。
(25)前掲「日本労働科学研究所建設趣旨」八、九頁。
(26)前掲「日本労働科学研究所建設趣旨」一二頁。
(27)青山旧師範学校校舎の仮研究所前での記念写真は、四〇人ほどの研究者のほとんどが白衣を着ている(前掲『労働科学研究所六〇年史話』一〇三頁)。
(28)「期待される未来『労研』けふ開所式　名士六〇名出席して」『読売新聞』(一九三七年三月三一日夕付)。
(29)『労研』財団法人に」『読売新聞』(一九三八年五月一三日付)。
(30)大日本産業報国会の結成に至る産業報国運動については、本書所収枡田論文を参照。
(31)暉峻義等「労働科学とその方法について」暉峻義等博士追悼出版刊行会編『暉峻義等博士と労働科学』一九六七年、六頁。これは、一九四七年五月二一日の労研創立第二六周年記念式における式辞であり、引用個所はこれに加えられた補注の部分に当たる。
(32)藤林敬三「ドイツ労働戦線の労働科学研究所年報(一九三八年)」『三田学会雑誌』三五—一、一九四一年一月、一三七—一四六頁。
(33)同前、一三八頁。
(34)「労研、産報の傘下へ　増産へ科学の参謀本部」『読売新聞』(一九四一年三月五日付)。
(35)前掲『労働科学研究所六〇年史話』一四三頁。
(36)『朝日新聞』(一九四一年五月七日付)。
(37)「日本労働科学研究所建設記念展覧会目録」一九四一年五月二一日、労働科学研究所旧蔵。

(38) 前掲『労働科学研究所六〇年史話』二二七頁。
(39) 実際には、入所後すぐに検挙されたため、研究所で研究に従事することはなかった。
(40) 「生活に食入る科学　全学者を動員　日本生活科学会　実践体制とのふ」『朝日新聞』(一九四一年九月二七日付)、「発足を急ぐ　生活科学」『朝日新聞』(一九四一年九月二八日付)
(41) 「戦時下に発足　日本生活科学会」『朝日新聞』一九四一年一二月一四日付。
(42) 有馬学『帝国の昭和』講談社、二〇〇二年、三四四、三四五頁。
(43) 大原社会問題研究所編『決戦下の社会諸科学』一九四四年、栗田書店所収「大原社会問題研究所所報」二五九―二六二頁。
(44) 前掲『労働科学研究所史話』一五六頁。
(45) 「終戦直後在職せる研究員の自省記録綴」一九四五年一〇月(暉峻義等関係資料〔大原社会問題研究所所蔵(未整理)〕)。大原社会問題研究所所蔵の労働科学研究所旧蔵資料については、序章を参照。
(46) 財団法人労働科学研究所『労働科学研究所六〇年史話――創立六〇周年記念』一九八一年、一六一頁。
(47) 久保田重孝「第二次大戦中」前掲『暉峻義等博士と労働科学』一五一頁。
(48) 以下、第二項は、特に断りのない限り、前掲「終戦直後在職せる研究員の自省記録綴」による。
(49) 戦時期の技術者に関しては、沢井実「戦争と技術発展――総力戦を支えた技術」山室建徳編『日本の時代史25　大日本帝国の崩壊』吉川弘文館、二〇〇四年、二二五―二五八頁。
(50) 戦時期の女子労働者に対する健康管理については、本書第七章堀川論文参照。
(51) 前述のとおり、農業労働及農村生活は「第一一部門」であったが「第十部門」と記されており、第九・一〇部が統合されたと推察される。
(52) 同前、一六二頁。戦後、労研を担っていく者たちの多くが、研究所を離れていたためと推察される。三浦豊彦は、暉峻からの電報を受け、四六年のはじめに疎開先から上京し、そのまま研究所に寝泊まりしながら仕事を始めたという。
(53) 松岡駒吉伝記刊行会編『松岡駒吉伝』一九六三年、経済往来社、四〇四、四〇五頁。
(54) 「労働科学研究所発足」『朝日新聞』(一九四六年二月六日付)。
(55) 前掲『暉峻義等博士と労働科学』五頁。

（56）例えば、大門正克「一九三〇年代における農村女性の労働と出産――岡山県高月村の労働科学研究所報告をよむ」『エコノミア』五六―一、二〇〇五年五月、八九―一一五頁や大門正克・柳沢遊「戦時労働力の給源と動員」『土地制度史学』一五一号、一九九六年四月がある。また大串潤児『「銃後」の民衆経験――地域における翼賛運動』岩波書店、二〇一六年は、銃後の農村を描く際、『農業を兼業する工業労働者に関する調査報告』労働科学研究所、一九四七年七月や『労働科学』掲載論文を利用している。

（57）前掲『暉峻義等博士と労働科学』三七頁。

（58）産業労働研究会編『松岡駒吉　労働組合運動の針路』（非売品）、九、一〇頁。これは、戦後数年のうちに開催された産業労働講座の記録である。

第六章　戦時期の医師会関係議員と厚生行政
——加藤鐐五郎を事例として

手塚雄太

はじめに

本章は、戦時期の医師会関係議員の動向を、厚生行政との関わりを中心に明らかにするものである。

従来、本章で取り上げる政党内閣崩壊から太平洋戦争までの議会や政党の歴史は、議会の形骸化、政党の無力化といった視角から論じられてきた。こうした見解に基づく代表的研究の一つである粟屋憲太郎『昭和の政党』は、当該期の政治過程を「政党政治が没落し無力化してゆくプロセス」と位置付け、「ファシズムと戦争という時代の潮流に圧倒されてゆく政党の姿」を描き出している。さらに、日中戦争開戦後から敗戦直前までの議会で政府提出の全法案が成立していることなどを例に挙げ、「議会・政党が法案審議をとおして政府の政策に影響を与えることはほとんどなくなったのであり、議会の立法権も形骸化」したと位置付けている(1)。

しかし、以上のような見解から離れた戦時期の議会研究が、ここ一〇年程度の間に大きく進んでいる。近年の研究は、戦時議会の主流派であった旧既成政党（立憲政友会・立憲民政党〈以下、政友会・民政党と略記〉）政治家が、政府の政策過程に関与し政策に影響を与えていたことを明らかにした上で、戦時期の彼等の活動が戦後の自由民主党（以下、自民党と略記）政権の素地となったことを示唆している。換言すれば、戦後の自民党長期政権を引照基準とし、その源流を戦時期もしくは戦前期以来の議会政治に求めることで、議会の形骸化、政党の無力化といった図式から離れた政治史を示しているのである。

戦時議会の再検討の先鞭を付けた古川隆久は、戦時体制下における事実上の与党であった翼賛政治会（以下、翼政会と略記）によって、農業問題・教育問題を中心に政策立案・利益調整がなされたことを明らかにした。(2) 官田光史は、戦時期の議会・議員が翼政会政調会を通じて、あるいは一九四二（昭和一七）年に導入された「内閣及各省委員」（以下、特に断りのない限り両者あわせて各省委員と略記）に就任することで、政府の政策過程へと浸透していく様子を明らかにした。(3) 矢野信幸は、第二次近衛内閣以降、鈴木貫太郎内閣に至るまで戦時議会のほぼ全会期にわたって、翼政会等の議会主流派による政府提出議案の事前審査がなされていたことを明らかにした。(4)

さらに拙著『近現代日本における政党支持基盤の形成と変容』では、愛知県選出代議士加藤鐐五郎とその支持基盤の変容を戦前から戦後にかけて論じるなかで、戦時期においても、加藤が自身の支持基盤である陶磁器業に関わるミクロな政策過程へ関与し続けていたことを示した。(5) 同書では加藤と加藤の支持基盤との関わりを通じて、政党及び政党政治家の支持基盤からみた戦前と戦後の連続面を提示している。

戦時期の議会・政党研究は、形骸化や無力化といった視角を超えて、政策過程や支持基盤に関わる詳細な分析がなされる段階に入っている。(6) そうであるが故に、戦時期の議会、そして各議員の果たした機能については未だ研究の途上といってよい。官田や関口哲矢が取り上げた各省委員制についても現状で明らかになっているのは、各省委員制度全体の展開と商工省委員の事例であり、他省での実態は明確ではない。また先行研究で取り上げられている政策分野は農業、教育、中小商工業であり、戦時期に特に進展した厚生行政のような政策分野については十分検討されてはいない。

そこで本章では、拙著でも取り上げた加藤鐐五郎を事例に戦時期の衆議院議員と厚生行政との関わりを検討する。[7] 加藤は政友会系の名古屋市会議員を皮切りに、一九二四年には衆議院議員に当選し、政友本党を経て政友会に属した。三一年の犬養内閣で商工参与官、四〇年の米内内閣で商工政務次官を務め、四二年に成立した翼賛議員同盟では政策部長を務めた。四二年の翼賛選挙では翼賛政治体制協議会の推薦を得て七回目の当選を果たし、政治的キャリアを上昇させていた。

加藤の支持基盤の一つが医師会である。加藤は愛知県立医学専門学校（現在の名古屋大学医学部）を卒業した医師であったことから、愛知県・名古屋市の医師・医師会、母校名古屋大学医学部と終生関わりが深かった。加藤は医師会の利害を代弁したり、政府と医師会との仲介役を担うなど、厚生行政、特に医療政策への関心を有し続けた政治家である。

さらに加藤は、各省委員の一つである厚生省委員を四二年六月の各省委員制度設置から四四年六月の制度改正まで務めたほか、翼政会政務調査会に置かれた厚生委員会の委員長を四三年から四四年にかけて務めるなど、戦時厚生行政との接点も多かった議員の一人である。加藤を事例とすることで、これまでの戦時議会研究のなかで論じられることがなかった政策分野を対象にすることが可能となる。

戦時期の厚生行政に関する先行研究のなかでは、加藤のような旧既成政党系議員の存在感は希薄といってよい。戦時期厚生行政の推進者は「健兵健民」政策・「社会国家」構想を推進した陸軍もしくは厚生官僚、農村部における医療利用組合運動を担った産業組合、あるいはそのなかで存在感を増した旧無産政党系議員であった。[8]

一方、加藤が支持基盤とした医師会は、戦時期に入ると厚生省から諸改革を突きつけられた上に、組織改編も強いられて自立性を漸減させていく。[9] こうした変化は加藤と医師会との関わりにどのような変化をもたらしたのであろうか。これが本章の第一の視角である。
また、戦時期に厚生次官を務めた武井群嗣は、「委員制度の二年間を通じ、議会対策上プラスする所は何物もなかつたと思はれる」と厚生省委員について極めて否定的な評価を下している。[10] 果たして厚生省委員は「議会対策上プラスする所は何物もなかつた」のだろうか。そこで厚生省委員・翼政会厚生委員会委員長としての加藤の活動を明らかにすることで、戦時期の医師会関係議員と厚生行政の関係を検討する。これが本章の第二の視角である。

主に用いる史料は、愛知県公文書館寄託「加藤鐐五郎関係資料」に含まれる加藤の日記である。[11] 日記の引用に際しては煩雑を避けるため、原則「〇年〇月〇日条」と略記し、適宜年月も省略し、本文中で日付が明示されている場合は「同日条」、「各日条」などとした。なお、加藤の日記を中心に厚生省との関わりを論じたことから、本章で論じられるのは衛生（医療）や生活（栄養）に関わる分野が中心となる。労働に関わる政策分野、そして官僚側の動向は十分明らかにできなかったことはあらかじめお断りしておきたい。

一　戦時期の医師会と加藤

1　戦前期・日中戦争期の医師会と加藤

本節では戦時期の医師会と加藤との関わりを論じる。

まず行論の前提として、戦前期の医師会と加藤の関係について簡単に触れておく。医師会は一九〇六（明治三九）年、医師法の制定及びそれに基づいた医師会規則によって法定化され、官公立病院勤務医を除く全医師が加入すべき任意設立団体とされた。一九（大正八）年の医師法改正により道府県医師会、郡市区医師会の設立と加入とが強制になり、二三年の再改正によって中央団体の法定化がなされ日本医師会が設立される。[12] 組織整備、そして後述する健康保険に関わる業務の委託を受けたことから、医師会は「医政団体」としての存在感を高めた。

加藤は名古屋市会議員の頃から医師及び医師会を自らの支持基盤としており、三七（昭和一二）年の衆議院議員総選挙で作成された選挙郵便の推薦人には、愛知県医師会長の松波寅吉、同副会長（のち会長）の黒田三樹三、愛知県歯科医師会長の長屋弘が名を連ねている。[13] また、選挙直前の第七十帝国議会に提出された国民健康保険法案をめぐって産業組合と医師会が対立するなかで、加藤は医師会関係議員として医師会側の要望を代弁していた。このため加藤に対しては、日本医師会会長北島多一から「保健衛生問題解決のため有力なる発言権を議会に確保する必要を痛感する」という文面の推薦状が送られている。[14]

しかし、医師会に対するまなざしは、開業医の「営利性」・「自由主義性」・「資本主義性」を批判し、その転換を主張する「医療の社会化」運動などもあり厳しいものがあった。[15] 医師会が厚生省から医療制度改革・医師会改組を迫られたことは、すでに中静未知と高岡裕之の研究によって明らかにされている。本節では両者の研究を参照しながら、加藤と守勢に迫られた医師会の動向を確認する。[16]

三八年に設置された厚生大臣の諮問機関医薬制度調査会では、厚生省衛生局の官僚が運営をリードし、医師会に対する圧迫を強めた。医療制度改革に関わる衛生局案＝「幹事案」では、診療報酬公定や医薬分業と処方箋の強制交付、医師の都市集中を是正するための新規開業制限や勤務指定制度、公営医療の拡充などが提言された。これとは別に医師会の位置付けについても、同業組合色を払拭した「国家の別働団体」とし、日本医師会長は厚生大臣の奏薦により政府が任命するなどとした改組が提言された。

医師会は医療制度改革幹事案に対して猛烈な反対運動を繰り広げた。加藤の地元である愛知県・名古屋市でも、愛知県医師会の別働隊である愛知県医師協会臨時大会と、同じく名古屋市医師会の別働隊である名古屋市医師協会大会が開かれ、それぞれ幹事案反対の気勢を上げていた。[17]

しかし、市医師協会大会に参加していた加藤は、「医師開業免許制其他が何時議案として出るかは分らぬが、民衆対医師問題、政治家として大に考慮せなくはならぬ問題としてシミぐ感ぜられた」と感想を洩らしている（三九年六月一〇日条）。医師会との深い関わりを持つ加藤すら、幹事案をめぐる対立を「厚生省対医師問題」ではなく「民衆対医師問題」として捉えていたのである。[18]

医師会改組についても、四〇年一〇月に医薬制度調査会から幹事案に沿った答申が提出され、[19]答申に基づいた医師会法改正法案の提出が第七十六議会で検討されるに至った。法案は、第二次近衛文麿内閣の「相克摩擦」を避ける方針もあり取り下げられたものの、医師会を取り巻く状況は厳しいものがあった。

加藤は京都府医師会長の高橋豊三郎に対して「医師も大局に眼を注ぎ、幾分づゝ時勢に従つて余りの特権を離さねばならぬ」と話している（三九年九月三日条）。愛知県医師会理事の中島潮造とは「無暗に反対することは大勢ダメ」であると意見の一致をみている（一〇月二四日条）。医師会批判が増すなかで、加藤は医師会がさらなる反発を受けないよう、妥協する必要があると認識していたといえよう。

こうした状況ではあるものの、加藤は医師会のための活動は続けている。名古屋市医師協会の会合では、日中戦争下で物資が欠乏していくなか、ガーゼの配給について加藤の尽力があったと紹介されている。[20]また、日本医師会と厚生省との間で結ばれる健康保険事業の診療契約についてもその仲介にあたっている。この点を以下詳細にみていく。

二六年の健康保険法実施当初、その医療組織は法律上明文化されておらず、療養給付の運用は行政措置に委ねられていた。結局は政府所管の健康保険事業については、政府と日本医師会のもとで診療契約が結ばれ、毎年度契約が更新されていた。日医は保険医への診療報酬支払や分配などの業務を担うとともに、保険医への指定監督権などの権限を得た(21)。

厚生省社会保険局では診療契約の刷新を企図し、四一年三月に「健康保険診療契約更改要綱」を提示した。これは報酬額の引き上げと引き替えに、日医が引き受けていた診療報酬の支払・分配業務を政府の直接支払いに改めるとともに、指定監督権も政府へ引き渡すことなどを求めたものであった(22)。日医は保険業務を手放すことに反対したが、厚生省はこれを譲らなかったため、契約期限の三月末日までに契約に至らなかった。五月に入り、日医は保険医の指定監督権は当面従来通りとする、直接払いを容認し、円滑に運ばなければ業務を医師会に戻すなどの条件を出し、政府の方針を受け入れて妥協した。

妥協の過程のなかで、日医が医師会関係議員の仲介を求めていた様子を医事関係雑誌が報じている。五月七日・八日にかけて、加藤と、渡邉健（旧民政党、当選一回、陸軍三等軍医を経て開業医）・山田清（旧民政党、当選一回、開業医）とが別々に金光庸夫厚相へ日医の要望を伝えたが金光はこれを容れなかった、あるいはこの時局下で医師会が私欲の為に契約を決裂に導こうとするならば強権の発動もやむを得ないと金光が強硬姿勢を見せたと記事にはある。その結果、九日に開かれた金光厚相と北島多一日本医師会長との会談で妥協に至ったという(23)。

一連の経緯を当事者である加藤の日記からみてみよう。前年の新体制運動のなかですべての政党は解消していたが、加藤と金光は政友会で旧知であった。加藤は七日に日医を訪ねて幹部と会見した後、金光厚相と官邸で会見している。金光は当初案決行の意志を告げた上で再度会見したいと加藤に話し、両者は翌日の会見を約した。加藤はその足で日本医師会館に向かい相談を重ねている（五月七日条）。

翌日加藤は約束通り「大臣次官と鼎坐」して語っている。加藤は「医師会かやると言ふなら、それに任せて置けばよいではないか」と日医の意向を伝えている。席を改めて再度大臣・次官と会談した加藤は「政府馬鹿也、医師馬鹿也」と話し、金光も「今回五日も前に君と会いたかつた」と応えている。加藤は再び日医に向かい、最終的には「会長と僕との二人に一任」に至った（五月八日条）。加藤は翌朝金光へ「日本医師会長も幹部も今度は遂に説破した、問題は解決した」と伝え、金光は「ありがたう、之れで助かつた、条件は承諾した」と応えている。加藤は児玉九一次官と北島会長にも経緯を伝えた（五月九日条）。加藤が厚生省と医師会との仲介役を務めていたことが一連の記述からわかる。

妥協の後、北島のもとで健康保険診療契約の交渉にあたっていた日本医師会理事長・東京府医師会長の中山寿彦が加藤を訪ねている。加藤の日記には「中山君来訪、礼に来た、『厚意は謝すも、これはお断りす』『何れ左様であろうと思つたが』」とある（六月一日条）。おそらく中山は、一連の経緯への謝礼として現金を持参したのであろう。

以上、戦前期から日中戦争期にかけての医師会と加藤の動向を確認した。加藤が医師会側からの働きかけに応じて医師会側の利益を代弁していたこと、その一方で医師会への世論の反感も考慮し、政府と医師会の間にたってその仲介に努めていたことがわかる。

2　翼賛議員同盟政策部長就任と国民医療法の成立

第三次近衛文麿内閣の厚生大臣に就任し、東條英機内閣でも引き続き厚相となった陸軍軍医中将小泉親彦のもとで進められた「健兵健民政策」のなかで、医師会は改組を強いられることとなる。[24]

四一年一二月八日には対米戦争が始まり、年末から翌四二年三月にかけて開かれた第七十九帝国議会には医師会法・歯科医師会法を吸収した国民医療法案が提出された。[25] 第十六条では日本医師会・道府県医師会、日本歯科医師会・道府県歯科医師会は「医療及保健指導ノ改良発達ヲ図リ国民体力ノ向上ニ関スル国策ニ協力スルヲ以テ目的トス」と、国策協力機関としての位置付けが明示された。また、日本医師会長・日本歯科医師会長は医療法に基づく医師及歯科医師会令により、厚生大臣の奏薦により内閣が任ずることとなった。[26]

さらに同法により、「国民体力ノ向上ニ関スル国策ニ則応シ医療ノ普及ヲ図ル」（第二十九条）ことを目的に日本医療団が設立されることとなった。日本医療団は政府出資の一億円と医療債券最大五億円によって運営される特殊法人である。[27] 各府県の公共病院や産業組合病院の買収及び病院新設による全国的な病院経営を行うとともに、現存する一万七千床の結核病床を医療団に統合した上で、一〇万床を目標に結核病床を増やし結核撲滅を目指すものであった。国民医療法案は四二年二月三日に無修正で衆議院で可決され、貴族院での審議を経て成立した。

一方、四一年九月には、旧政民両党を中心として衆議院の最大院内会派である翼賛議員同盟が結成されていた（以下、翼同と略記）。翼同には旧政党の政務調査会の役割を担う機関として政策部が組織され、加藤は政策部長に就いていた。政策部は四一年六月に設置されていた衆議院調査会と連携して、政府提出法案の「事前審査」を実施していた。[28]

加藤は国民医療法案が提出された第七十九議会では翼同議案審査会副会長にも就き、[29] 政府から国民医療法案の説明を聴取することとなった。

法案審議の前、加藤は日本医師会で北島会長、中山理事長と会談し、法案は「大体通過さす」こととした。医師会が国民医療法案を容認した以上、加藤としては法案に反対する理由は無かった。とはいえ、一月一六日に開かれた衆議院調査会で内閣及び司法省所管、厚生省所管の議案について各省次官・局長等から説明を聴取するなか、加藤は「特に医療法案の説明」を聞いており、関心の高さがうかがえる。[30] この翌日、加藤は小泉厚相の招待を受けて同法の説明を改めて聞いている。加藤は「折角医療団を設立するならば、其全力を以て結核撲滅に力を致されたし、而して其余力を以て公共団体の病院を買収経営すべし、又た療団と日本医師会との関係に摩擦を生ぜしむ可からず」として、医療団は医療機関整備よりも結核対策を優先することを求め、日本医師会の会員の多くを占めていた開業医と競合しかねない医療団の病院経営について釘を刺している。小泉は「右様に致すべし」と答えている（四二年一月一四日・一六日・一七日条）。

国民医療法案は一月一九日に衆議院へ提出された。[31] 一月三〇日には翼同の議案審査会と各法案の衆議院特別委員会委員との連合会が開かれ、国民医療法ほか一六法案の審査がなされた。[32] 加藤の日記によれば「国民医療法案だけ、大口〔喜六――筆者注〕氏の意見によつて延ばす」こととなった（一月三〇日条）。詳細は不明だが、衆議院書記官長であった大木操の日記には「医療法修正論起ル」とあることから、審査会で修正論が出たのであろう。[33]

情勢を察知した星野直樹内閣書記官長は、早速加藤に対して「国民医療法案を、是非三日の本会議に上程されたし、結核の費用はいくらでも出させる、凡て貴意に応ずるから宜しく」と要請し、加藤は「当方別に内に意見なし」として承知している（一月三〇日条）。加藤の日記をみる限り加藤が審査会で修正を求めた様子はうかがえない。しかし星野は、医師会と関わりが深く、翼同政策部長・議案審査会副会長の加藤を修正論者と目し翻意を迫ったのかもしれない。議会側へ配慮する東條内閣の姿勢がうかがえる。

二月三日に開かれた衆議院の法案審議特別委員会で加藤は「地方医師会と医療団の協調」、「府県医師会長の任命を厚生大臣とする」という二つについて「追加質問さした」（二月三日条）。法案の衆議院可決後、加藤は「これで肺結核ベットが十万も出来れは人道福祉のため慶賀すべしこれが余の主張で実現したことを快心に思ふ」と記し、満足感をみせている。東海地方の有力紙『新愛知』には、加藤が寄せた「国民医療法案と肺結核」なる時評が掲載されている[34]。時評のなかで加藤は、医師会と歯科医師会の再編については「旧き医師法と歯科医師法とを時局向きに統制整備」したと簡単に触れる一方で、日本医療団に関する記述に紙幅の多くを割いている。加藤は、肺結核の撲滅こそが喫緊の課題であると論じた上で、「私としては翼同の政策部長として大臣にも局長にも極めて強硬なる主張をなし、若しこの正論が容れられざるにおいては　本案に対しても別に考慮せなければならぬとまで切言した」として、若干の誇張を交えながら自身の尽力の周知に努めている。

3　医師会及び名古屋帝国大学医学部との関わり

医師会は戦時体制へ順応し、加藤も医師会から要望を受けることは少なくなっていた。しかしながら、国民医療法に基づき日本医師会が改組されるなか、新医師会幹部人事が焦点となると、再び加藤は医師会からの要望を受けている。

加藤は一九四二年八月一七日、日本医師会理事長・東京府医師会長中山寿彦の来訪を受けた。中山は北島多一日本医師会長が退任の意図を有していることを伝えている（同日条）。加藤は早速、小泉親彦厚相と会見し「日本医師会歯科医師会長の件で円満解決の意見」を述べ、小泉は「御互意見の交換をやろう」と引き取っている[35]（八月一九日条）。加藤は会談の様子を中山と日本歯科医師会常務理事の奥村鶴吉（東京歯科医学専門学校教授）に伝えた（八月二七日条）。

四三年一月九日には新制日本医師会設立委員が任命され、一五日には設立総会が開かれた。一八日には厚生大

臣の設立認可が発令され、日本医師会長には東京帝国大学教授であった稲田龍吉が、副会長には中山が就任した。(36)

加藤は医師会幹部人事が正式に決定する直前の一月九日に小泉と会見し、「尽く感謝して余の説を入れた、日本医師会長の件、歯科会長の件でも大体自分の説を入れた」という感触を得ている。また、人事決定後の二五日には、翼賛選挙で初当選した衆議院議員で日本医師会理事でもある医学博士今牧嘉雄から、「御陰で中山君か医師会副会長になられた、これは全くアナタの御陰です」と声を掛けられた。加藤は『左様か知らぬ』と半兵衛をきめ」ている（一月九日・二五日条）。『日本医事新報』は社説「医師会に残滓を残すな」で旧医師会幹部は総退陣すべきだと論じているが、(37)加藤はあえて旧幹部である中山の起用を小泉に勧めたのである。

加藤の会見と医師会幹部選定の因果関係は明確ではない。日本医師会の人事に先立って医師会改組にともなう幹部人事が行われていた道府県医師会では、旧道府県医師会幹部の多くがそのまま新道府県医師会幹部に就任していた。(38)厚生省は加藤に言われるまでもなく旧医師会主流を尊重するつもりであったともいえる。しかし、加藤が旧医師会の意向を察知して小泉厚相に希望を伝えていたことは間違いない。この後も加藤は、四三年一二月に稲田、中山に会見し、「国民保険の点数の件」で協議するなど、日医との関わりを有し続けた（一二月二四日条）。日医副会長となった中山は、戦後会長となり、参議院議員となった後は加藤とともに医系議員として活躍することとなる。(39)

この他、加藤は四三年一二月に名古屋帝国大学医学部と連携し、「喜安産院」という名の産婦人科医院を開業したほか、名大で医学博士号を取得するなかで同大医学部との関わりを深めている。(40)

二　厚生省委員として――一九四二年六月～一九四三年五月

1　各省委員制度について

一九四二年五月の翼賛選挙後、翼賛政治会が結成された。翼政会には衆議院議員四六六名中四五八名、貴族院議員四一一名中三二六名に各界有力者が加わり、「戦時体制の一環としての包括的な与党」として機能することとなる[41]。

また、四二年六月、東條内閣は「内閣委員及各省委員設置制」を定め、内閣に内閣委員、各省（陸・海軍省はのぞく）に各省委員が置かれることとなった。設置理由は「大東亜戦争ノ完遂ヲ期スル為官民協力体制ヲ整備強化シ行政事務能率ノ増進ヲ図ル為、帝国議会ノ議員其他民間各方面ヨリ適材ヲ簡抜シテ内閣委員及各省委員ト為シ、之ヲシテ庁務ヲ輔ケシムルノ要アルニ依ル」とされている[42]。これにより、衆議院議員二四五名、貴族院議員七九名、学識経験者五一名の計三七五名が、翼政会の銓衡を経た上で政府から任命されて各省委員に就任した[43]。なお、六〇歳以上の者と前閣僚は委員の対象から除外されている（翌年の委員改任時に年齢制限は撤廃された[44]）。

2　厚生省委員への就任

翼政会で加藤は、官庁・議会・大政翼賛会その他との連絡に関する事項を取り扱う連絡部連絡委員になるとともに、政務調査会では当初商工委員会委員、時期は不明だが途中から厚生委員会委員を兼任した。さらに、各省委員のうち厚生省委員に就任した。[45] しかし、加藤は厚生省委員への就任については「つまらぬ委員で馬鹿にしてゐる」と不快感を露わにし（六月一〇日条）、上野精養軒での初会合後も「馬鹿らしくて仕方なし」と否定的な感想を漏らしている（六月一六日条）。こうした厚生省委員についての加藤の認識がいかに変化し、しなかったのか、また加藤は委員としてどのような活動をしていたのだろうか。

官田光史や関口哲矢が指摘しているように、内閣は各省委員の職務規程基準を示したものの、職務内容や定例参集日を設けるか否かなどといった、実際の運営方法は各省に委ねていた。厚生省委員の場合は、職務規程は内閣の示した基準の引き写し、[46] 定例参集日は毎月一回とされた。[47] 各委員の担当も初回会合で決定されている。[48]

厚生省委員の一覧は表1のとおりである。衆議院議員では加藤のみが医師出身であるが、産業組合における医療利用組合運動を担った旧社会大衆党の三宅正一、大日本産業報国会の理事でもあった旧社会大衆党の河野密等も加わっている。厚生省委員と翼政会政務調査会の厚生委員会委員を兼任している者は七名であるが、翼政会厚生委員長である三善信房は厚生省委員に加わっていない（三善は旧政友会・農村関係議員、各省委員には就任していない）。

四二年から四四年までの厚生省委員の活動をまとめたものが表2である。毎月一度会合が開かれ、大臣が冒頭に挨拶し、次官・担当局長が時々の懸案事項について説明し、それに対して委員が質問や意見を開陳する、といった形で行われている。

加藤は特段の事情がない限り委員会合に参加しているが、積極的に厚生省の政策を変更・修正させるような活動は日記を見る限りみられない。例えば、六月一七日の会合については「自分は避妊問題で当局の方針を訂した、五六年前と全く政府の方針が大転換した」と厚生省の方針を確認し、七月一七日の会合では大臣以下の説明を聞いた上で、「商工省とは天地の差あり、厚生省は国文学、一方は火事場仕事也」と商工省との肌合いの違いを日

表1　厚生省委員（1942年6月10日付任命）

氏名	議会	備考（職歴他）	翼政政調会委員	担当（括弧内は兼任）
島津忠承	貴院	公爵（日本赤十字社副社長）	厚生	大臣官房
三島通陽	貴院	子爵	厚生	大臣官房（人口）
渡邉修二	貴院	男爵	厚生	保険院
渡邉覚造	貴院	多額納税（茨城県医師会長・日本医療団顧問）	厚生	予防局
富田愛次郎	衆院	愛知3区、当選1回（内務官僚、恩賜財団軍人援護会理事長）	厚生	生活局
芦田均	衆院	京都3区、当選4回（外務官僚）	外務	大臣官房
加藤鐐五郎	衆院	愛知1区、当選7回（医師）	（兼商工→厚生）	大臣官房（人口）
綾部健太郎	衆院	大分2区、当選4回（会社員）	厚生	大臣官房（衛生）
村松久義	衆院	宮城2区、当選4回（弁護士）	厚生	大臣官房（生活）
河上丈太郎	衆院	兵庫1区、当選4回（関西学院大学教授）	商工	保険院
池崎忠孝	衆院	大阪3区、当選3回（評論家）	海軍	大臣官房（軍保）
河野密	衆院	東京1区、当選3回（弁護士）	理事（厚生他担当）	大臣官房（労働）
三宅正一	衆院	新潟3区、当選3回（農民運動家）	厚生	大臣官房（保険）
木崎為之	衆院	兵庫5区、当選1回（女子学習院教授、翼壮理事）	厚生	職業局
稲葉圭亮	衆院	新潟2区、当選1回（東亜研究所）	商工	労働局
佐藤芳男	衆院	新潟2区、当選1回（県議）	内務	軍事保護院
斎藤憲三	衆院	秋田2区、当選1回（東京電気化学工業社長）	商工	保険院
中井良太郎	非議員	陸軍中将	—	軍事保護院
和波豊一	非議員	海軍中将	—	軍事保護院
膳桂之助	非議員	日本工業倶楽部・日本団体生命保険会社ほか	—	保険院

出典：『官報』1942年6月11日及び「政務調査会名簿」（国立国会図書館憲政資料室所蔵「中原謹司文書」400）、備考欄は『翼賛議員銘鑑』（議会新聞社、1943年）、衆議院・参議院編『議会制度百年史　貴族院・参議院議員名鑑及び衆議院議員名鑑』（1990年）。担当欄は「内閣及各省委員ノ運営状況報告ノ件昭和十七年分ノ一　17厚生省」『公文雑纂・昭和十七年・第六巻・内閣』。

表2　厚生省委員の活動

	議事（括弧内の官職名は説明者）
42年6月16日火曜日	第1回会合・大臣招待、於上野精養軒
42年6月17日水曜日	第1回会合・省務の説明
42年7月17日金曜日	第2回会合・1. 厚生大臣挨拶／2. 人口局長所管事務説明（人口増加趨勢・国民体位の現状及び趨向の説明、人口涵養方策の目途、体力管理（健民健兵方策）の目途、妊産婦手帳制、体力手帳の紹介）／3. 右に関し委員より質問並に意見開陳
42年8月17日月曜日	第3回会合・1. 厚生大臣挨拶／2. 昭和十八年度予算編成概要に関し説明（次官）／3. 労働局長兼職業局長「支那事変後に於ける我が国の労務統制」と題して所管事務説明（皇国勤労観確立、事業主覚醒、国民皆働の緊要性/国民動員計画、国民徴用、労務管理の現況）／4. 生活局長所管事務説明（住宅対策、住宅営団）／5. 保険院長官所管事務説明（社会保険の現状）／6. 委員より発言
42年9月17日木曜日	第4回会合・1. 厚生大臣挨拶／2. 行政簡素化の実施に関し説明（次官）／3. 中国及九州地方風水害に関し説明（生活局長）／4. デング熱の流行に関し説明（予防局長）／5. 所管事務説明（軍事保護院総裁）／6. 委員より意向並に意見開陳
42年10月	厚生省委員全国視察（厚生行政の運営・実情・国民生活に関する浸透状況）
42年11月17日火曜日	第5回会合・1. 厚生大臣挨拶／2. 現地視察の状況に関し各班毎に報告（委員）
42年12月2日水曜日	第6回会合（臨時参集）・1. 厚生大臣挨拶／2. 委員の現地視察報告に対する当省の措置意見説明（次官）／3. 第八十一帝国議会提出予定法律案説明（次官）
43年1月19日火曜日	第7回会合・1. 厚生大臣挨拶／2. 第八十一議会提出当省関係法律案〈薬事法案・船員保険法中改正法律案〉に付説明（所管局長）／3. 昭和十八年度歳出追加予算の概要説明（官房会計課長）／4. 右に関し委員より質問並に意見開陳
43年3月17日水曜日	第8回会合・1. 次官挨拶（大臣病欠）／2. 社長徴用措置、行政督励に関する法律による権限移譲措置等勤労問題に関する重点説明（勤労局長）／3. 満支方面出張に関する打合（省委員）／4. 委員側より質問並に意見開陳
43年4月	厚生省委員満州・朝鮮・中国視察（加藤・稲葉委員）
43年4月16日金曜日	第9回定例会・1. 厚生大臣挨拶／2. 健民運動並に健民対策に関する説明（人口局長）／3. 敵国銃後国民の戦争意識不振に付き説明（総務課長）／4. 委員側より質問並に意見開陳
43年5月17日月曜日	第10回定例会・1. 厚生大臣挨拶／2. 軍人援護及華北労務事情視察の為満支方面出張報告（加藤・稲葉両委員）／3. 昭和十八年度国家総動員諸計画の概貌に関し説明（総務課長）／4. 委員側より質問並に意見開陳

43年9月9日木曜日	定例世話人会
43年9月16日木曜日	臨時世話人会
43年9月17日金曜日	9月定例会・1. 厚生大臣挨拶／2. 当面の軍人援護事業に関し説明（軍事保護院副総裁）／3. 鳥取市を中心とする地震被害状況並に其の救護状況に関し説明（生活局長）／4. 映画（軍人援護）／5. 現地視察に関し打合せ
43年10月14日木曜日	10月の世話人会
43年10月20日水曜日	10月定例会・1. 大臣挨拶／2. 現地視察報告
43年11月11日木曜日	11月の世話人会
43年11月17日水曜日	11月定例会・1. 次官説明／2. 現地視察報告への当省措置意見説明（次官、副総裁、各局長）
43年12月9日木曜日	12月世話人会
43年12月22日水曜日	1. 大臣挨拶／2. 労働老年金保健法中改正法律案要綱説明（保険局長）／3. 昭和十九年度厚生省所管歳出予算説明（会計課長）／4. 国民動員機構及び医薬品其の他衛生用物資確保対策要綱説明（次官）
44年1月13日木曜日	世話人会
44年1月17日月曜日	定例会（晩餐）
44年4月17日月曜日	世話人会
44年4月20日木曜日	定例会・1. 大臣挨拶／2. 学徒及び女子動員ほか最近勤労動員状況並に昭和十九年度第一四半期の動員説明（勤労局長）／3. 社会保険の診療報酬算定方法改正説明（保険局長）／4. 保健所の統合説明（健民局長）／5. 軍人援護強調運動並に遺児の靖国神社参拝に関し説明（軍事保護院副総裁）／6. 委員側より質問並に意見開陳
44年5月11日木曜日	世話人会
44年5月17日水曜日	定例会・1. 大臣挨拶／2. 防疫状況及び国民医療法施行規則中改正（病院診療所廃止の許可制実施）に関し説明（衛生局長）／3. 被徴用者等勤労援護強化要綱並に勤労者用住宅緊急整備要綱に関し説明／4. 委員側より質問並に意見開陳
44年6月	厚生省委員労務情況調査

出典：「内閣及各省委員ノ運営状況報告ノ件昭和十七年分ノ一　17厚生省」『公文雑纂・昭和十七年・第六巻・内閣』国立公文書館・纂02702100、「内閣及各省委員ノ運営状況報告ノ件昭和十七年分ノ二　44厚生省　七月ヨリ十二月迄分」『公文雑纂・昭和十七年・第七巻・内閣』国立公文書館・纂02703100、「厚生省（一月、三月、四月、五月、七月、八月、九月、十月、十一月分）」『公文雑纂・昭和十八年・第十四巻・内閣十四・内閣及各省委員運営状況報告』国立公文書館・纂02845100、『内閣及各省委員運営状況』国立公文書館・資00292100を中心に加藤日記で若干補足。

記に記すのみである。八月一七日の会合については、「大臣文切型説明、次官労務局長亦然り」と評する一方で、結核対策や保険制度の拡充などが重点化される様子を「これで自分か政治を志した大部分は目的を達した。今一層の努力をせねばならぬ」と記すなど、現状の厚生行政に満足感を示す以上の記述はない（以上各日条より）[49]。

厚生省委員は一〇月に全国視察を実施している。加藤は一〇月二〇日から三一日にかけて九州地方を視察しており、傷痍軍人療養所、遺族家族授産所、三菱造船所、八幡製鉄所、貝島炭鉱、職業指導所、保健所などを視察したほか、民間側も交えた懇談会にも参加した。加藤は一一月一七日の厚生省委員の定例会で視察報告を行っているが、「第一に労務問題に就て、鮮人逃避足止の策、徴用制の改正点、一、指導所職員の充実と訓練、二、町村長の準備資料のこと、三、徴用工員の精神的優遇、設備改善等の建設的意見を十五分でやつた、他の諸君は一々長々と些事まで報告」と日記に記すのみである（同日条）[50]。

厚生省は視察終了後、厚生省委員の活動について「極メテ真摯且積極的ナル活動ヲ為ス所ガアツタ」、「〔厚生省は――筆者注〕採ルベキモノニ対シテハ即断即決ノ態度ヲ以テ之ニ報ヒ、既ニ厚生行政ノ実際ニ反映」したとしている[51]。また、厚生省委員の活動とそれに対する厚生当局の態度は「委員制活用ニ関シテ未ダ他ニ其ノ例ヲ見ザル成功ヲ収メタルモノ」とまで評価している。こうした評価と加藤の行動は必ずしも整合的ではない。

しかし、厚生省首脳部との接点が増えるなかで、加藤が厚生行政への浸透という面とは別の側面で委員の立場を活用しようとしたことはうかがえる。まず、加藤は日本医師会と貴衆両院議員や金光庸夫等前厚相を交えた懇談会の開催を企図した（四二年一〇月一六日・一七日条）。この計画は医師出身議員と小泉厚相との懇談会に変じ、加藤は小泉厚相が医師出身議員を招待し、返礼として医師出身議員が小泉激励会を開催するという段取りを整えた（四三年一月二一日条）。その後、実際に互いを招待し合う懇談会が開かれている（一月二八日・二月一六日条）。

懇談を重ねるなかで、加藤の各省委員制・厚生省首脳部に対する感情も和らいでいく。各省委員制は四三年七月一日付で改められ、制度運営の円滑化を図るため省ごとに世話人を設けるとともに、「内閣及各省委員協議会」が置かれ、世話人のなかから各省一名ずつ協議員が定められた。[52]加藤は再び厚生省委員に任命され、世話人となっている（三名のうちの一名）。二期目に入った直後、加藤は小泉厚相、武井次官と打ち合わせた様子を、「大臣曰はく、『又々お世話様になります』僕曰はく『当方こそご厄介に』、次官に会議は『アノ程度にせようかと言へば是非あの程度に』で分れる」と日記に記しており、一期目当初に比べて意思疎通が図れている様子がうかがえる（四三年七月六日条）。

加藤にとって厚生省委員の会合の場は、厚生省との意思疎通の場に過ぎなかったといえよう。商工省委員が取り扱った中小商工業の企業整備のように、省当局と協議の上で政策立案にあたった様子は加藤の日記から見えず、翼政会政調会厚生委員会との連携の様子もうかがえない。しかし加藤は、二期目の各省委員任命に先立つ五月二五日、翼政会政調会厚生委員会の委員長に選ばれ、厚生省委員と厚生委員長を兼任することとなった。両者を兼任したことによる変化について、次節で検討する。

三　厚生省委員・翼政会厚生委員長として――一九四三年五月～一九四四年五月

1　厚生委員長として

本節では、厚生省委員と翼政会政務調査会厚生委員長を兼ねて以降の加藤の動向を検討する。表3は一九四三年五月からの厚生省委員である。四二年に翼政会厚生委員会に属したか、前年度に厚生省委員に就任した者が多いこと、兼務を含めればほとんどの委員が翼政会厚生委員会の委員も兼ねていることが目をひく。表4には加藤が厚生委員長に就任して以降の翼政会厚生委員会の活動をまとめた。表4と表2の厚生省委員の活動に加藤の日記を交えることで、加藤の動向を示す。

表3　厚生省委員（1943年7月1日付）

氏名	議会	備考（職歴他）	43政調会委員	42政調会委員
桂広太郎	貴院	公爵（薬学博士）	理事	理事
立花種忠	貴院	子爵	通信（兼厚生）	—
富小路隆直	貴院	子爵	総合食糧特委・副	内閣第一
三島通陽	貴院	子爵	厚生	厚生
柴山昌生	貴院	男爵	大東亜（兼厚生）	内閣第二
渡邉覚造	貴院	多額納税（茨城県医師会長・日本医療団顧問・水戸市長）	—	厚生
大橋理祐	貴院	多額納税（西陣織物工業組合理事長ほか）	商工（兼厚生）	—
富田愛次郎	衆院	愛知3区、当選1回（内務官僚、恩賜財団軍人援護会理事長）	厚生	厚生
加藤鐐五郎	衆院	愛知1区、当選7回（医師）	厚生・長	（兼商工→厚生）
村松久義	衆院	宮城2区、当選4回（弁護士）	理事	理事
河野密	衆院	東京1区、当選3回（弁護士）	理事	理事（厚生他担当）
三宅正一	衆院	新潟3区、当選3回（農民運動家）	厚生	厚生
佐藤芳男	衆院	新潟2区、当選1回（県議）	厚生	内務
牧原源一郎	衆院	福島2区、当選1回（銀行監査役、県翼壮副団長）	海軍（兼厚生）	内務
渡邉健	衆院	茨城1区、当選1回（開業医）	厚生	厚生
木村寅太郎	衆院	群馬1区、当選1回（県議・県翼壮副団長）	文部（兼厚生）	内閣

坂本一角	衆院	東京7区、当選4回（歯科医・拓殖大教授）	厚生	大東亜
山田順策	衆院	静岡1区、当選2回（県議・県歯科医師会長他）	商工（兼厚生）	厚生
吉田賢一	衆院	兵庫3区、当選1回（弁護士・市議）	厚生	厚生
竹内俊吉	衆院	青森2区、当選1回（新聞記者・県議）	文部（兼厚生）	内務
小野祐之	衆院	長野4区、当選1回（在郷軍人会審議員）	陸軍（兼厚生）	内務
三善信房	衆院	熊本2区、当選4回（県議・九州畜産会会長・中央畜産会理事）	農林・長	厚生・長
岡田啓治郎	衆院	京都3区、当選1回（府議・県漁業組合連合会長他）	内務（兼厚生）	大東亜
中井良太郎	非議員	陸軍中将	—	—
和波豊一	非議員	海軍中将	—	—
膳桂之助	非議員	日本工業倶楽部・日本団体生命保険会社ほか	—	—

出典：『官報』1943年7月2日及び「昭和十八年度　政務調査会名簿」（古川隆久編『戦時下政治行政活動史料　一九四一——一九四五　第一冊』不二出版、2015年所収）、備考欄は『翼賛議員銘鑑』（議会新聞社、1943年）、衆議院・参議院編『議会制度百年史　貴族院・参議院議員名鑑及び衆議院議員名鑑』（1990年）。43年政調の兼務委員は厚生委員会兼務のみ補った。

表4　翼賛政治会厚生委員会の活動（1943年7月～1944年12月）

日付	会合内容（括弧内の人名は説明者）	出典
43年7月5日月曜日	第1回会合・調査方針協議	1
43年9月7日火曜日	第3回会合・医療薬品の原料統制以来生産配給統制機構整備までの概況につき説明聴取（灘尾衛生局長）	7
43年9月8日水曜日	第4回会合・医薬品生産及び配給の現状聴取（日本医薬品生産統制株式会社社長竹田義蔵、同配給統制会社長塩野義三郎）	8
43年9月8日水曜日	第5回会合・医療薬品の配給事情聴取（中山寿彦日本医師会副会長）	7
43年9月17日金曜日	第6回会合・医療薬品小委員会設置決定	10
43年9月18日土曜日	役員会・小委員会の調査方針協議	10
43年9月22日水曜日	医療薬品小委員会設置－委員長実吉純郎	11

日　付	会合内容（括弧内の人名は説明者）	出典
43年9月27日月曜日	第7回会合・各種保険組合並国民健康保険組合の現状に付き聴取（平井厚生省保険局長）	11
43年9月27日月曜日	医薬品小委員会・運営方針協議、医療薬品の不足状況、生産配給事情、生産面と消費面の連携、売薬整理、薬品販売機構、医薬品等について協議	11
43年10月6日水曜日	医薬品小委員会大阪班視察出発（田辺・武田・塩野義各工場）	12
43年10月6日水曜日	第8回会合・玄米食の再検討問題（堀田一雄名古屋帝大医学部教授）、食糧配給量と労働の質（大森憲太慶應義塾大学医学部教授）に関して聴取	13
43年10月8日金曜日	医薬品小委員会東京班視察（第一製薬・三共各工場）	12
43年10月22日金曜日	第9回会合・玄米食問題につき聴取（矢追秀武博士（伝染病研究所））	17
43年11月2日火曜日	第10回会合・玄米食の再検討問題につき学術的実験を基礎にせる報告聴取（柿内三郎東京帝大教授）	17
43年11月11日木曜日	第11回会合・医療薬品小委作成の「医療薬品対策」原案、一部修正の上で可決	19
43年11月13日土曜日	第12回会合・内外一般の労務事情並戦力増強の為の労務給源につき聴取（厚生省勤労局国監動員第二課長）	19
43年11月16日火曜日	第13回会合・戦争と食糧一般問題、現行配給米基準量決定当時の当局の方針、玄米と白米との重量差と食糧政策との関係、玄米食普及と現下の食糧事情、並に栄養学的見地よりする玄米食の功罪等に関し聴取（湯河元威食糧管理局長官）	19
43年11月16日火曜日	【政務調査会役員会・厚生委員会「医療薬品対策案」付議、字句修正の上で会長一任】	19
43年11月17日水曜日	第14回会合・飼料政策と玄米食につき聴取（石井英之助農商省農政局長）	20
43年11月17日水曜日	厚生委員会に国民保健対策小委員会－委員長渡邉覚造、緊急勤労対策小委員会－委員長三島通陽、国民栄養対策小委員会－委員長吉田賢一の設置決定	19
43年11月29日月曜日	国民栄養対策小委員会・玄米食問題につき検討、取り扱いに関し特に慎重を期すことを申し合わせ	22
43年12月1日水曜日	緊急勤労対策小委員会・女子勤労問題（一般労務管理、女子勤労報国隊・挺身隊、女子勤労層の変化と募集状況、女子勤労者収容施設）につき聴取（糸井警視庁職業課長、八重樫同労政課長）	22
43年12月10日金曜日	緊急勤労対策小委員会・女子勤労問題につき説明聴取（武井厚生次官）の上、西尾末広ほか7名を起草委員に指名	24
43年12月14日火曜日	第15回会合・国民健康保健対策小委員会策案の「国民保健対策」案を審議、決定	24
43年12月14日火曜日	緊急勤労対策小委員会・「緊急勤労対策」案につき協議	24
43年12月15日水曜日	緊急勤労対策小委員会・「緊急勤労対策」案審議、一部字句修正の上決定	24
43年12月15日水曜日	第16回会合・緊急勤労対策小委員会策案の「緊急勤労対策案」を審議、一部字句修正を委員長に一任し決定	24

43年12月22日水曜日	【政務調査会役員会・厚生委員会「緊急勤労対策」「国民保健対策」付議、字句修正の上で決定】	24
44年1月10日月曜日	国民栄養対策小委員会・「玄米食対策」案を審議、一部字句修正の上決定	27
44年1月10日月曜日	第17回会合・国民栄養対策小委員会策案の「玄米食対策」案を審議、決定	27
44年1月11日火曜日	【政務調査会役員会・第84帝国議会開会中に処理された案件説明、加藤厚生委員長より玄米食並びに医薬品対策に関し政府当局と懇談の経過報告】	30
44年10月11日水曜日	第1回会合・日雇労務者賃金対策並にその就労統制及び取締方針について説明聴取（厚生省勤労局指導部長斎藤昇、同動員部長佐伯敏男）	67
44年10月18日水曜日	第2回会合・労務動員について（相川厚生次官）、労務配置並管理について（厚生省中村勤労局長）説明聴取	69
44年10月25日水曜日	第3回会合・勤労事情について説明聴取（中島飛行機株式会社武蔵製作所勤労部長田中正利）。及び委員会運営協議の結果、「決戦労務対策」「決戦医療対策」の二小委員会設置決定	69
44年10月31日火曜日	第4回会合・日傭労務者の現状並賃金事情について説明聴取（労務報国会理事長三島誠也、警視庁勤労部長鈴木幹雄）、委員会運営について協議の結果、国民体力増強に関する小委員会設置決定	69
44年11月7日火曜日	加藤厚生委員長代理より小委員会委員委嘱	70
44年11月7日火曜日	第5回会合・労務動員、配置並び管理等の諸問題について説明聴取（軍需省総動員局勤労課長増原恵吉）	74
44年11月8日水曜日	第6回会合・医療団の現状について（日本医療団副総裁岡田文秀）、医薬品の配給現状について（日本医師会中山寿彦）、産業報国会の現状について（産業報国会理事長柏原兵太郎）説明聴取	74
44年11月15日水曜日	第7回会合・青少年工、勤労学徒、女子挺身隊等の体位並保健の現状について（厚生労働省衛生局長亀山孝一）、動員学徒の保健情況（文部省総務局長永井浩）について説明聴取	74
44年11月15日水曜日	第8回会合・医薬品の配給並に現状説明聴取（医薬品統制株式会社社長慶松勝左衛門）	74
44年11月28日火曜日	第9回会合・勤労配置並管理について説明聴取（中島飛行機株式会社富沢総務部長、王子製紙株式会社社長熊沢勤労部長）	74
44年12月11日月曜日	第10回会合・三小委員会策案事項についての協議	74
44年12月16日土曜日	第11回会合・炭鉱鉱山労務者の厚生施設について説明聴取（軍需省燃料局炭業課戸引達）	75
44年12月16日土曜日	第12回会合・船員の厚生施設について説明聴取（運輸通信省海運総局船舶局服務課長間庭建爾）	75

出典：『翼賛政治会報』の各号の政務調査会欄を中心に作成。出典欄は『翼賛政治会報』の号数を示している。また、【　】内の内容は政務調査会役員会など厚生委員会以外の会合である事を示している。

戦局の悪化に従って医師・医療薬品の不足が深刻化するなか、四三年七月三日に加藤は厚生委員長として一回目の厚生委員会を開催している。その後、加藤が政調役員会で四三年の調査要綱として医療薬品の不足を議題とするべく報告したところ、「驚く程」賛成者が続出したという（四三年七月三日・一四日条）。

加藤は愛知県医師会幹部との懇談会を開いて医療薬品流通の現況について聴取し、「政府が生産の絶対量は減ぜぬと言つたのは、表面的のこと」で、配給面では大口優先配給・軍需工場優先特配、官庁用病院への薬品偏在といった状況であることを聞き「大なる収穫あり」と感触を得ている（八月二日条）。

九月七日の翼政会厚生委員会では、灘尾弘吉衛生局長から医療薬品の現況を聴取し、翌八日の委員会では日本医薬品生産統制株式会社社長竹田義蔵、同配給統制会社長塩野義三郎、及び日本医師会副会長中山寿彦からそれぞれ生産・配給事情を聴取した。

聴取を経て、加藤は大臣、次官及び世話人である立花種忠、河野密が出席する厚生省委員世話人会の場で、翼政会の近況と医療薬品と玄米食研究について報告している（八月一二日条、玄米食については次項で論じる）。

加藤は医療薬品不足の原因は色々あるが、「一、価格の件、一、原料労力不足のため、一、配給部門に於ては大口需要者が先取権を有するため」などとして、これらを翼政会厚生委員会の調査項目に加えた（九月八日条）。四三年の厚生委員会の調査項目に掲げられたのは、「一、緊急勤労対策、一、国民健康保険対策、一、医療薬品対策、一、国民栄養対策」の計四項目である。[53] 四二年の厚生委員会の調査項目では、医療薬品は項目として掲げられていない。[54] 医療薬品を取り上げたのは、医師会とも関わりの深い加藤ならではといってよいだろう。

加藤は厚生省委員の世話人会に出席した際、翼政会厚生委員会の経過を報告し「万全を希望した」ところ、小泉は「これから此席で重要問題は協議して、発表することにしようではないか」と答えている（九月九日条）。その後、一〇月一四日の世話人会では加藤が「勤労問題に就て報告」している（同日条）。厚生省委員そのものの活動は表2にもあるように前年同様、担当局長等からの説明や視察が中心となっている。しかし厚生省委員の会合の場は、厚生省と加藤あるいは各委員との意見交換の場にとどまらず、厚生省と翼政会厚生委員会の意見交換の場として機能しつつあったのである。

医療薬品問題については会合が重ねられた後、一一月一一日に厚生委員会での案作成に至り、翌一六日には政務調査会役員会を通過し、二四日には翼政会の事実上の指導者である前田米蔵総務会長と「医薬品問題と玄米問題の政治的取扱ひに関する件」について協議し、一二月七日には加藤が翼政会総務会で「医薬品対策」案を説明している（各日条）。総務会での決定を経て、「医薬品対策」は翼政会から厚生大臣及び内閣書記官長に申達された。生産増強と配給円滑を求めるとともに、生産・配給機構に日本医師会を参加させることや、加藤が愛知県医師会幹部から聴取していた大口需要者の特別扱い廃止などが盛り込まれている(55)。

2　加藤と翼政会の玄米食批判

最後に加藤が厚生委員長として扱うことになった玄米食問題について検討する。

三九年の朝鮮半島大干魃後、日本は食糧の慢性的供給難に陥った。外貨による外米輸入を嫌った陸軍は、精米する際に白米ではなく七分搗米とすることで米穀を節約するよう農林省に強いた。農林省は外米輸入と引き替えに陸軍の要求を飲み、「米穀搗精等制限令」が三九年一一月に公布された。しかし、その後も食糧事情は好転しなかった。また、七分搗米の栄養価の高さなどが喧伝された後も、空瓶に米を入れて棒で突く家庭精米が行われたことはよく知られている(56)。

日米開戦後に国民の食生活窮乏はさらに進み、四二年一一月には「玄米食の普及に関する件」が閣議決定された。玄米食の奨励によりさらなる節米を進めようとするものであったが、玄米は消化吸収しにくく、高齢者や子どもには不向きという難点を有していた。

玄米食奨励について武井群嗣の回想からみてみよう。武井によれば、「昭和十七年の春、所謂長期戦の段階に入つた頃」から玄米食が取り沙汰されたが、日本学術振興会、厚生省研究所国民栄養部など「学者の間に有力な反対があつた」。しかし、閣議で玄米食の炊き方食べ方を実演する学者が現れたり、地方官会議で玄米食普及を進言する知事が出たほか、大政翼賛会首脳部が推進する態度に出た。玄米食奨励は次官会議で取り上げられ、翼賛会首脳部が玄米食問題で政府を牽引するという意気込みを示す事態となった。武井は賛成しなかったことから「非国民呼はりされる」場面もあったという。厚生省内が反対にも関わらず小泉厚相は「陸・海軍人も玄米食とする条件」で「戦時食」としての玄米食に賛成したため、武井は「事務当局が頑張ると思はぬ怪我人を出す虞もある」ことから、法令等で強制はしない、玄米食の炊き方食べ方を翼賛会で実地指導する、などの条件を付して賛成したという。

農林省では井野碩哉農相が反対論者であった。井野は戦後の回想のなかで、栄養面のほか、精米後の米糠は飼料として用いていることから、玄米食にすれば家畜に与える飼料がなくなるとして反対したとしている。しかし、東條が玄米食愛用者であったため閣議で言い争いになり、それが後の内閣改造時の自身の更迭につながったという。[57]

閣議決定後、翼賛会は玄米食の奨励を進めたが、[58]反対論には根強いものがあった。『日本医事新報』には、玄米食の優位性は実証されておらず、慎重に奨励していく必要があるという社説も掲載されたが、これに対しては「喧々囂々たる賛否の言葉」があったという。[59]それもあってか同誌は「決戦栄養対策と玄米食」なる特集を組んだ。特集は、井野農相や伊藤博大政翼賛会国民動員本部副本部長、玄米食者であり『なぜ玄米でなければならぬか』[60]という著書もあった二木謙三東京帝大名誉教授、自らが記した玄米食の功罪論が東條の逆鱗に触れた[61]という川島史郎第七陸軍技術研究所所長・陸軍主計大佐らが参加した講演会の記録である。各人の講演は、事例を挙げたうえで玄米食の効用を語るか、玄米食は閣議決定を経た「国策」であり問題があれば改善策を考えるべきだという議論に終始している。ちなみに二木は座談会の場で玄米を炊きあげ玄米食のメリットを説いている。[62]

この後も『日本医事新報』には玄米食に関する投稿や記事が掲載されている。そのなかでも日本医師会理事の神尾友修は、玄米食は胃腸の状態によっては不適だとして慎重論を主張した。[63]対して玄米食推進論者であった伝染病研究所の荒川清二は玄米食の優位性を説いた上で、神尾は日本医師会理事という要職に就いているにも関わらず、「自己の自由主義的世界観を臆面もなく曝して」いるとし、いくつかの研究事例を示した上で、「国の大事を他事にみるかゝるユダヤ的根性は大祓して」ほしい、日本医師会は「米英の第五列ユダヤ的思想をみそぎし給へ」といった反ユダヤ思想を織り交ぜた「非国民」呼ばわりに近い激しい批判を加えている。[64]

翼政会政務調査会では玄米食の可否を審議することとなり、厚生委員会が具体的な審議にあたった（四三年七月二八日条）。加藤は田村春吉名大医学部長に玄米食について相談したところ「賛成は二木さん位い」であると聞き、勝沼精蔵教授とも議論を交わした（九月二日条）。また、先に挙げた翼政会厚生委員会の調査項目の「一、国民栄養対策」のなかには、「1、玄米食の再検討」が含まれていた。

厚生委員会では玄米食について審議する国民栄養対策小委員会が設置され、説明聴取が重ねられた（表4）。説明者には加藤が名大の伝手で招いた堀田一雄名古屋帝大教授のほか、大森憲太慶應義塾大学教授、伝染病研究所の矢追秀武博士、柿内三郎東京帝大教授、湯川元威食糧管理局長官、石井英之助農商省農政局長らが招かれた。柿内の講演には北島多一、高木喜寛、実吉純郎ら医師・医師会関係者も参加し、加藤は「玄米はダメ、白米が一番宜しと断定」している（一一月二日条）。

会合を重ねるなかで、加藤は「委員の多数も反対である、而し此の問題は政治的解決をせねばならぬ」と日記に記している（一一月一七日条）。閣議決定もされ、翼賛会で推進運動を行っている以上、この問題への批判的言及は政府批判と同義であった。加藤は前田米蔵総務会長と会見して「政治的取扱ひ」について協議を重ね（一一月二四日・一二月八日条）、厚生省委員世話人会で玄米食について小泉厚相や次官・局長と懇談している。ちなみに加藤は世話人会を「蓋し厚生行政の最高懇談会」とまで表している（一二月九日条）。

一二月二二日には厚生省委員の場で、小泉が加藤に「玄米食は各大臣の同意を得たり、一つ書で頼む」と伝えた（同日条）。政府批判につながりかねないことから、小泉は事前に閣僚から同意を得ていたのであろう。その上で、次期議会を視野に入れて加藤に「一つ書」を依頼したと思われる。

翼政会厚生委員会では、四四年一月一〇日に金光庸夫政調会長も参加した会で満場一致「玄米排斥」が可決された。その直後、小泉厚相から会見要請があり、加藤は小泉を訪ねた。小泉は「大麻君や山崎君や書記官長が或は彼是れ言ふかも知れぬ、先日も文句があつたので、アレハ加藤君か熱心にやつてゐるので、従ふ外あるまいと言つた」と話し、加藤は閣議で文句があれば自ら両大臣に会うと約束した（同日条）。翌日には大麻唯男・山崎達之輔両大臣と三人で協議し、「少し字句の修正でけり」がついた（一月一一日条）。

そして加藤は第八四回帝国議会衆議院予算委員会で、医療薬品問題とあわせて玄米食問題について質疑を行った。[65] 加藤は質疑の冒頭、玄米食は「一部ノ熱心ナ人」はいるが「大多数ノ国民」は実行していない現状に触れている。さらに、玄米食奨励者が玄米を食べないものは「非国民」だとして玄米食を強いている実情があるが、そもそも玄米食は政府・翼賛会でも「奨励」ではなかったのかと政府の見解を糺した。その上で、先の閣議決定では玄米食に関わる調査研究を行うとしていたが、その結果に基づきさらに玄米食を進めていくのか、それともさらなる調査研究が必要なのか、いずれかを問うている。小泉は玄米食については研究の一致点をみておらず「慎重ナル研究」を進めたいと答弁している。

山崎農商相に対しては、米糠を消化しない人間がこれを食べ、米糠を消化する牛馬に飼料として米麦が与えられているのは「馬鹿ゲタコト」だとして飼料政策について問い、山崎は食糧・肥料・飼料の三者の関係を踏まえた案を練り上げたいと答弁した。

翼賛会副総裁である後藤文夫国務大臣に対しては、翼賛会の末端では、玄米食を常食しない者は「非国民」だとして玄米食を強要する事態が生じていることについて見解を糺した。後藤は熱心の余りそうしたことが起きたかもしれないが、玄米食は「全ク奨励勧誘デアリマス」と答弁している。加藤は後藤に対して「或ル県ノ如キハ、県ノ力ヲ以テ非国民呼バハリヲシテ、之ヲ強制致シテ居ル」として翼賛会総裁に「戒飭サレタイ」と釘を刺している。

加藤が日記に「大臣は楽なものだ、一々内容さへ書いて与へたから」と記していることから、加藤が以上の質疑のシナリオを書いていたと思われる（一月二四日条）。この質疑は朝日・読売・毎日の各紙でも取り上げられた[66]。予算委員会の後、翼政会は玄米食について「政府に迫ること」となった（二月九日条）。二月一八日、加藤は毎日新聞社阿部眞之助主幹を訪問した際、阿部から「玄米食はとうとう廃止したそうです、而し当分改めて声明せないそうです、怪しからぬ」と聞いている（同日条）。阿部のいう玄米食廃止については他の史料からの裏付けが取れないが、結局玄米食は奨励に止まった。

戦局の悪化と国民生活の劣化により東條内閣への不満が高まるなか、倒閣の気運が生じていたことは周知のことである。そのことは、政府に対する批判的な質疑を行うための好条件でもあったろう。しかし、小泉厚相の「加藤君か熱心にやつてゐるので、従ふ外あるまい」という発言を考慮すれば、厚生省委員・翼政会厚生委員会委員長としての加藤の存在が、批判的質疑を可能にする一つの要因であったとはいえよう。ちなみに、加藤は山崎農商相から「『総理か、玄米食はどうなつた』と聞いて居ましたぜ」と伝えられている（一月二六日）。

四四年六月三〇日、各省委員制に代わり参与委員制が導入されたことで、加藤は二年にわたる厚生省委員としての務めを終えた。また、東條内閣の倒壊と小磯國昭内閣の成立により翼政会では役員人事が行われ、加藤は衆議院部次長となり厚生委員長を退任した。もっとも、加藤の後任となった深澤豊太郎が病に倒れたため、加藤は厚生委員長代理として四五年に入るまで「決戦労務対策」「決戦医療対策」について審議を進めている（一〇月五日条ほか）。

また、小磯内閣の厚生大臣となった廣瀬久忠と加藤は米内内閣で旧知であったことなどから、廣瀬は加藤を厚生政務次官として望んだ。これは実現しなかったが、加藤は廣瀬と会談を重ねている。加藤が厚生委員長として翼政会の「労務対策要綱」を作成していることを伝えると、廣瀬は賛意を示している（一九四四年一二月一六日・一七日条）。また、陶磁器に関わる熟練工の徴用解除などを進言したことなどは、拙著で示したとおりである。[67]

おわりに

さて、最後に本章で検討してきた加藤の動向についてまとめる。

まずは医師会との関わりである。加藤は医師会の官制化が進むなかでも、医師会関係議員として医師会側からの要請により活動していた。これは医師会幹部人事や医療薬品問題を検討するなかでみたとおりである。

また、本章では戦時厚生省と加藤の関係を、加藤が厚生省委員のみに就任していた時期と翼政会厚生委員長を兼任して以降の時期を比較し検討した。加藤は厚生省委員であることを利用して積極的に厚生行政に浸透しようとしたわけではない。加藤の日記と厚生省委員に関わる公文書をみる限り、厚生省委員が官僚と共同して政策立案に及んでいる様子はうかがえなかった。無論、本章の厚生省委員についての分析は、あくまで加藤を通して見た厚生省委員像である。(68) 加藤以外の厚生省委員、例えば三宅正一や河野密を事例とした場合は、本章と異なる側面が明らかになるかもしれない。(69) しかし、各省委員制の果たした機能が省ごとに相当異なっていた可能性は否定できない。

その一方で、厚生省委員が「議会対策上プラスする所は何物もなかつた」わけではなかったことも、本章の叙述から明らかであろう。特に加藤が翼政会政調会厚生委員長を兼任して以降は、厚生省委員の場が厚生省当局と厚生委員会との事前折衝の場になっていたことは見逃せない。ここでは、自民党政権下における各省―自民党政務調査会部会の関係と相似する形で、各省―翼政会政務調査会各省委員会という関係性を見出せる。玄米食問題をめぐる一連の動向は、こうした結びつきを政府側も軽視できなかったことを示しているようにも思われる。

もちろん、自民党政調部会と翼政会政調各省委員会が同質的であった、さらには戦時期の各省委員を「族議員」の源流と見立てるには、より一層の検討が必要であろう。(70) また、そもそも省庁に対応した形での政調会部会は政友会・民政党でも設置されている。(71) こうした問題を論じるには、史料的制約はあるものの、戦前・戦時・戦後、それぞれの局面における政党の政務調査会の機能を分析する必要があろう。

戦時期の加藤と厚生省との関わりは、戦時期の各省委員制、戦前期の政党内政策形成過程について、さらなる事例を積み重ねる必要性を示しているのである。

註

（1）粟屋憲太郎『昭和の歴史6　昭和の政党』（小学館、一九八八年、底本一九八三年）、二二頁、三〇六～三〇八頁。

（2）古川隆久『戦時議会』（吉川弘文館、二〇〇一年）、古川隆久『昭和戦中期の議会と行政』（吉川弘文館、二〇〇五年）。なお、古川以前には升味準之輔『日本政党史論　第六巻』（東京大学出版会、一九八〇年）、ゴードン・M・バーガー『大政翼賛会――国民動員をめぐる相剋』（坂野潤治訳、吉川弘文館、二〇〇〇年、原著一九七七年）なども参照。

（3）官田光史『戦時期日本の翼賛政治』（吉川弘文館、二〇一六年）。なお、内閣委員及び各省委員制度については、関口哲矢『昭和期の内閣と戦争指導体制』（吉川弘文館、二〇一六年）も参照のこと。

（4）矢野信幸「戦時議会と事前審査制の形成」奥健太郎・河野康子編『自民党政治の源流――事前審査制の史的検証』（吉田書店、二〇一五年）。なお、村瀬信一『帝国議会改革論』（吉川弘文館、一九九七年）も参照のこと。

（5）手塚雄太『近現代日本における政党支持基盤の形成と変容――「憲政常道」から「五十五年体制」へ』（ミネルヴァ書房、二〇一七年）。

（6）上記研究以外に、米山忠寛『昭和立憲制の再建1932―1945年』（千倉書房、二〇一五年）もある。

（7）紙幅の都合があるため、加藤の略歴は手塚前掲書及び加藤庄三著・加藤延夫監修『加藤鐐五郎伝』（名古屋大学出版会、一九九五年）に譲る。

（8）「健兵健民」政策、「社会国家」構想の全体像は高岡裕之『総力戦体制と「福祉国家」――戦時期日本の「社会改革」構想』（岩波書店、二〇一一年）、健康保険制度は中静未知『医療保険の行政と政治　一八九五―一九四五』（吉川弘文館、一九九八年）、医療利用組合運動には黒川徳男「無産派代議士の職能的側面と戦時社会政策――三宅正一と農村医療」『日本歴史』五七九号、一九九六年を参照のこと。

（9）高岡裕之「医界新体制運動の成立――総力戦と医療・序説」『日本史研究』四二四号、一九九七年。

（10）武井群嗣『厚生省小史――私の在勤録から』（厚生問題研究会、一九五二年）、二一～二二頁。

（11）本章で用いる加藤日記の愛知県公文書館での件名標記及び請求番号は次の通りである。
「当用日記」一九三九年、請求番号W一六―二三六五

「朝日日記」一九四一年、請求番号W一六―二三六六
「朝日日記」一九四二年、請求番号W一六―二三六七
「朝日日記」一九四三年、請求番号W一六―二三六八
「昭和十九年用家庭生活日記」一九四四年、請求番号W一六―二三六九
(12) 中静前掲書、一四〇～一四三頁。
(13) 手塚前掲書、第四章、及び「スクラップブック（昭和十二年四月衆議院議員総選挙）」愛知県公文書館寄託「加藤鐐五郎関係資料」W一六―二六四六。
(14) 前掲「スクラップブック」。産業組合と日本医師会との対立については、手塚前掲書、第三章を参照のこと。
(15) 「医療の社会化」運動と「医療の社会化」論については猪飼周平『病院の世紀の理論』（有斐閣、二〇一〇年）、第四章参照のこと。
(16) 本節での厚生省と医師会についての記述は、加藤の動向を除いて特記の無い限り高岡前掲論文、及び中静前掲書、二七三～二七四頁による。
(17) 『愛知県医師会史』（愛知県医師会、一九五五年）、二五三～二五四頁。
(18) 『東京朝日新聞』一九三九年一〇月一二日付社説は、「医薬制度の改革は、結局、現在の医療界の自由主義的営業方針または職業意識の是正によらなければならない」として「医術の公益性」「医療の社会性」に基づく半公人としての立場から、「改革案にもられた程度の犠牲」は忍ぶべきだと医師会を批判している。
(19) 答申は日本科学史学会編『日本科学技術史大系　25巻　医学〈2〉』（第一法規出版、一九六七年）二四三～二四六頁に掲載。
(20) 『関西医界時報』四〇六、一九四一年五月二二日。
(21) 以下の記述は中静前掲書、一六〇～一六七頁による。毎年度の契約については厚生省保険局『健康保険三十年史　下』（全国社会保険協会、一九五八年）二六九～三四七頁。
(22) 以下の記述は注記のない限り中静前掲書、二七五～二七六頁及び厚生省保険局『健康保険三十年史　下』（全国社会保険協会、一九五八年）二九四～三〇一頁、三三八～三四五頁による。
(23) 『日本医事新報』九七六、一九四一年五月一七日。『医界週報』三三九、一九四一年五月一七日。

(24) 高岡前掲論文、八二〜八三頁。小泉については高岡前掲書、四四〜四九頁
(25)『官報』一九四二年二月二五日。
(26)『官報』一九四二年八月二二日。
(27) 医療団に関する記述は特記のない限り高岡前掲書、二四四〜二四九頁。
(28) 矢野前掲論文、八六〜八八頁、衆議院調査会については村瀬前掲書、一八一〜二〇四頁。
(29) 会長は大口喜六、副会長は加藤と小柳牧衛である(『第七十九回帝国議会衆議院公報　第九号』五〇頁)。
(30)『第七十九回帝国議会衆議院公報　第八号』四七頁。
(31)「官報号外　昭和一七年一月二二日　衆議院議事速記録第三号」一二頁。
(32)『第七十九回帝国議会衆議院公報　第一九号』一三三頁。
(33)「手帳　昭和一七年」一九四二年一月三〇日条(国立国会図書館憲政資料室所蔵「大木操関係文書」一九六〈R一三〉)
(34)『新愛知』一九四二年二月一四日。
(35) 日本歯科医師会長は長年にわたり血脇守之助が務めており、加藤は一九四二年七月一八日にも奥村と「会長血脇さんの問題」で会見している。
(36) なお、日本歯科医師会では血脇守之助が引き続き会長を務めることとなった。
(37)『日本医事新報』一〇四六、一九四二年一〇月三日。
(38)『日本医事新報』一〇五九、一九四三年一月一六日。
(39) 手塚前掲書、第七章参照のこと。
(40) 加藤前掲書、第十六章参照のこと。
(41) 翼賛政治会については古川前掲書、一八三〜一九〇頁。引用部分は一八八頁。
(42)「内閣委員及各省委員設置制ヲ定ム」『公文類聚・第六十六編・昭和十七年・第六巻・官職二・官制二(内閣二)』国立公文書館類０２５６４１００、一九四二年六月二日。各省委員制度の概要は前掲官田書の第三章・第四章、前掲関口書の第四章参照のこと。以下、国立公文書館所蔵歴史公文書の引用にあたっては件名を「　」で、簿冊名を『　』で示した。
(43) 官田前掲書、一一九頁。
(44)『朝日新聞』一九四二年六月六日夕刊、一九四三年六月二七日。

(45) 厚生省委員の分析にあたっては、官田光史による商工省委員の分析手法を参考にした。厚生委員会兼務については『翼賛議員銘鑑』(議会新聞社、一九四三年)の加藤の項に「厚生兼務委員タリ」とある。

(46) 内閣の示した各省委員職務規程基準は次のとおりである(「内閣委員及各省委員職務規程基準及委員制度活用ニ関スル件ヲ決定ス」『公文類聚・第六十六編・昭和十七年・第六巻・官職二・官制二(内閣二)』国立公文書館、類02564100)。

一 諸般ノ企画立案ニ付諮問ニ応ジテ意見ヲ開申スルコト

二 特ニ委嘱セラレタル調査ニ当ルコト

三 施政ノ国民生活ニ対スル適応状況ノ査察等行政ノ考査ニ関シ協力スルコト

四 請願及陳情ノ処理ニ関シ諮問ニ応ジテ意見ヲ開申スルコト

五 国策ノ普及徹底ニ関スル啓発宣伝ニ当ル等上意下達ニ協力スルコト

六 帝国議会、翼賛政治会、大政翼賛会等トノ連絡ニ当ルコト

(47) 「内閣委員及各省委員職務規程基準及委員制度活用ニ関スル件ヲ決定ス」『公文類聚・第六十六編・昭和十七年・第六巻・官職二・官制二(内閣二)』国立公文書館、類02564100、「各省委員ニ関スル規程照会ノ件」『公文雑纂・昭和十七年・第一巻・内閣一』国立公文書館、纂02697100、及び『公文雑纂・昭和十七年・第六巻・内閣』国立公文書館、纂02702100に含まれる各省の運営状況報告。

(48) 「内閣及各省委員ノ運営状況報告ノ件昭和十七年分ノ一 17 厚生省」前掲『公文雑纂・昭和十七年・第六巻・内閣』。

(49) 九月一七日条にも同様の記述がある。

(50) 「[厚生省委員現地視察報告]」赤澤史朗他編『資料日本現代史 一三 太平洋戦争下の国民生活』(大月書店、一九八五年)、原史料は『厚生省委員関係』国立公文書館、昭47厚生00027100。

(51) 前掲「[厚生省委員現地視察報告]」。

(52) 官田前掲書、一五〇頁。

(53) 『翼賛政治会報』七、一九四三年月一一日(『大政翼賛運動資料集成』第四巻、柏書房復刻版、一九八八年、以下同じ)。

(54) 「会報」『翼賛政治』創刊号、一九四二年九月。

(55) 『翼賛政治会報』一三、一九四三年一二月一八日。

(56) 小田義幸『戦後食糧行政の起源――戦中・戦後の食糧危機をめぐる政治と行政』(慶應義塾大学出版会、二〇一二年)二一～二二頁、九〇～九一頁。

(57) 井野碩哉「米穀行政の思い出」米穀法五十周年記念会編・刊『米穀法五十周年記念誌』(一九七一年)、三四～三五頁。井野は小泉が「厚生省の見地から消化不良のため栄養上できない」として反対すると思っていたという。

(58) 翼賛会が作成した玄米食に関する文書として、「玄米の炊き方・食べ方」、「玄米食普及奨励ニ関スル意見書」がある(古川隆久編『戦時下政治行政活動史料　一九四一―一九四五　第二冊』不二出版、二〇一五年)。

(59) 「社説　玄米食には慎重を以て臨め」『日本医事新報』一〇五五、一九四二年一二月五日、「社説　玄米食の可否は炊き方にあり」『日本医事新報』一〇六七、一九四三年三月一三日。

(60) 大日本養正会、一九三四年。

(61) 「東条閣下、玄米はダメです!」東京12チャンネル報道部編『証言　私の昭和史4』(学芸書林、一九六九年)。

(62) 『日本医事新報』一〇七九、一九四三年六月五日。

(63) 神尾友修「玄米食に就て」『日本医事新報』一〇九一、一九四三年八月二八日。

(64) 荒川清二「神尾友修博士の『玄米食に就て』を断ず」『日本医事新報』一〇九三、一九四三年九月一一日。

(65) 「第八十四回帝国議会　衆議院　予算委員会議録　第四回」一九四四年一月二四日。

(66) 『朝日新聞』一九四四年一月二四日夕刊、『読売新聞』一九四四年一月二四日。『毎日新聞』一九四四年一月二四日。

(67) 前掲手塚書、一五八～一六〇頁。

(68) 加藤が議員の行政府浸透に批判的であったことは、既に矢野信幸が触れている(前掲矢野論文、九八頁)。

(69) 翼政会厚生委員会に属していた阪本勝は、加藤が委員長に就任する前に翼政会厚生委員会で立案された「労務対策要綱」について触れ、政府の諸施策のなかに「我々の真剣な意見なり希望なりが相当広範囲に採用せられ実現の運び」となったとしている(「労務問題の収穫」『翼賛政治』二―三、一九四三年三月)。

(70) 各省委員の姿に「族議員」の姿を見出す見解は、すでに官田前掲書、二五三～二五四頁でも示されている。

(71) 政友会政務調査会については黒澤良「議会審議と事前審査制の形成・発展――帝国議会から国会へ」(奥・河野編前掲書所収)参照。

第七章　戦時期における女性労働政策の展開
——総動員体制下の健康と賃金に焦点をあてて

堀川祐里

はじめに

本稿は、戦間期からの戦時期への連続性に着目し、二つの視点から戦時期における女性労働政策の展開について考察する。第一に、女性労働者の健康についての政策が変化するなかで、健康に関する調査研究が戦間期の延長線上にいかに進展したのかについて分析する。次に、戦時期に多様性のある女性たちを労働者として動員するにあたり、どのような対応がなされたのか明らかにするために、賃金に関する議論がいかに展開したかを分析する。

戦時期の女性労働政策についての歴史研究の到達点としては、佐藤千登勢の研究が挙げられる。[1] 佐藤は総動員体制を起点として女性労働政策を論じることで、戦時期と戦後を断絶して捉える見方に対して、戦後との連続性に着目する立場をとっている。具体的には日米の比較史の手法で両国における女性労働政策の「共通点」や「類似性」に着目し、とくに航空機産業に焦点を当て実証研究を行った。労働の「ジェンダー化」や、戦時期に創出された「女性の仕事」に基づく性別職務分離の確立とそれを支える労務管理が、戦後にいかに継承されたかという視点からの分析を行っている。この分析視角は日本の女性労働について分析した塩田咲子の議論と問題意識を共有している。(2) 佐藤や塩田のように戦時期の戦後への連続性に注目するならば、それ以前の時期との連続性を視野に入れることも可能であろう。そこで本稿では、戦間期から戦時期への変化をたどるという視点で女性労働政策を分析したい。工場法の制定、改正の流れをたどりながら、特に女性労働者の健康に着目して論じたい。

また、佐藤は日米間における女性労働の「共通点」に重点を置いたため、それぞれの国の中にある女性労働者の多様性については、それに気づきながらも十分に議論を展開しなかった。(3) 日本において総力戦体制論をリードした山之内靖(4)は、総力戦体制においては戦争遂行のために人的資源も全面的に動員されなければならず、そのために「階層性」の存在した近代社会に「編成替え」が行われたと論じた。山之内はこの「編成替え」によって、動員される者同士の間にあった「社会的身分差別の撤廃」が行われたと指摘した。また、戦時期の農村社会における階層間の「格差」の問題は板垣邦子や山口隆司によって研究がなされてきた。(5) それでは、女性労働における「格差」の問題は、当時いかに議論されたのであろうか。本稿では差違を端的に把握しやすい賃金に注目して論じたい。

一　産業革命期から戦間期の女性労働者の健康状態

一八八〇年代後半から一九〇七年ごろにかけての日本の産業革命期において労働者の圧倒的多数が女性労働者

であった。最も多くの女性労働者が従事した繊維産業に、化学、飲食物、雑工業等の他の産業もあわせると、産業革命期の工場労働者の六割以上が女性労働者によって占められた(6)。

工場法の制定過程をたどると、一八九六年段階において農商務官僚は順調な工業発展を阻害しない調和的な労使関係を形成することを展望し、「職工取締」と「職工保護」という二つの契機から工場法を構想した。一八九六年から一八九八年において農商務官僚が認識していた労働者像は、「保護」の対象であるのと同時に「取締」の対象でもある抽象的な「職工」であった。一八九八年に法案が議会に提出されずに終わったことにより、工場法構想は再構成されることとなる。その際に工場法をめぐる議論は「職工保護」へ収斂していくこととなった。一八九六年の大阪私立衛生会の調査を嚆矢として、衛生的な見地からの実態調査が行われるようになっており、一八九九年以降『職工事情』として結実する大規模な調査が着手された。繊維産業における労働の実態が明確になると、幼少年の就労や幼少年・女性労働者の長時間労働、劣悪な労働環境、生活環境、栄養状態が問題視された。その結果、一九〇二年に発表された工場法案では明快に幼少年と女性の健康破壊の問題が基軸となり、労働時間規制を中心とした政策介入の構想が確立した(7)。

その後、工場法は一九一一年に公布され一九一六年に施行されたが、主に紡績において行われていた深夜業が禁止されたのは一九二九年七月のことであった。社会局労働部が深夜業禁止前に深夜業を行っていた紡績及び織物の合計二〇六工場に、一九二八年度(一九二八年九月から一九二九年一月)と一九二九年度(一九二九年の九月から一九三〇年一月)に行った調査によれば、深夜業禁止後の平均罹病率は男女ともに低下した。罹病率は月末在籍職工数に対する新受診患者数の割合であり、特に女工についてみると一九二八年度の平均罹病率は三一九・九‰であったものが、一九二九年度には二八六・〇‰へと低下した。病類別にみれば、石原修の「女工と結核」(8)などによって広く問題意識が持たれていた結核については、禁止数ヶ月後では禁止前と差はほとんど見られなかった。一方で、消化器疾患の罹病率の減少は最も著しく七八・四‰から六五・七‰へ、ついで感冒が六九・三‰から六〇・四‰へ、その他の疾患が一一〇・一‰から一〇二・九‰へ、結核以外の呼吸器疾患では二五・九‰から二二・一‰への低下が見られた[9]。

女性労働者たちがよく罹患したのは、胃腸病、脚気、結核その他の呼吸器、生殖器病であった[10]。政府にとっても一般社会の認識としても、長時間労働や劣悪な生活条件が健康に有害であるという認識は共有されており、政府内外に工場労働者の健康への関心が存在し続けた。また健康や安全への配慮は生産性にも大きく影響するものであることも認識されていた[11]。しかしながら、たとえば結核のような病気に罹患したものは排斥されることがあり、病気の存在を認めたくない、という意識は健康問題に対する建設的なアプローチを困難にしていた。労働者は経済的理由から就業を継続するために自身の病気を公表したがらなかったし、雇用主側もまた病気の者が在籍する工場であることを知られることが、不都合であるという認識を持っていた。しかし戦間期になると、企業が労働者の健康と安全に責任を持つようになる。労働時間の短縮や栄養面、衛生面の改善に配慮がなされるようになった[12]。

一九二三年の改正工場法では第一二条において産前産後休暇と哺育時間についての条項が盛り込まれた[13]。一九二〇年代後半には細井和喜蔵の『女工哀史』が注目され、また女性労働運動も活発になっていった。社会局労働部による上記調査においては生殖器疾患についての調査はなされていないが、女性の生物学的特性である月経についての知識は、明治期にはすでに近代西欧医学や衛生観念の普及という観点から徐々に広がり始めていた[14]。一九二〇年代には労働科学研究所によって女性労働研究が行われていき、特に一九二五年から一九二七年にかけては桐原葆見《きりはらしげみ》による「婦人に於ける生理的周期と作業能」の一連の研究がおこなわれている。桐原は心理学を用いて産業疲労研究を行った研究者であり、紡績、巻煙草、被服裁縫などの女性労働者たちを対象に、実験のほか工場における実際の作業観察を行って月経と作業能力との関係を論じた。[15]

昭和初期には、月経を生殖能力の指標として捉える医学の分野における月経調査が多く見られるようになっていった。[16] 大正中期ごろには女学校出身者も就職するようになっていた。[17] 女性労働者の増大は「出身階層」の多様化を促し、高学歴者の中からは教員や産婆等の専門職に就職する者もあった。一方で生活を維持するために事務員や店員、「女工」や女中になる者も多かった。[18]

そのような状況の下、女性の出身階層に着目した月経研究が見られるようになる。たとえば大阪医科大学産婦人科教室の梶川嘉四郎による一九三一年の「女工ノ月経ニ就テ」では「工場衛生法ニ関スル一大根拠ヲ得ル」べく、階層性の観点から労働と月経に関する調査研究が行われた。そこでは女学生は「主トシテ中産家庭ノ子女ニシテ」「我国中流階級女子ノ月経トモ見做スベク」、本調査はそれより「生活状態及ビ教育ノ程度低キ一階級タル女工ノ月経ニ就テ観察」すると述べられた。[19] また多様な職業に従事する女性労働者を調査するようになり、東京帝国大学医学部産婦人科教室の岩田正道、内務省社会局労働部の大西清治などによる一九三四年の調査では紡績女工、煙草製造女工、印刷女工、売場店員、食堂給仕、バス車掌、エレベーターガール、事務員の調査を行っている。ここでは就職と初潮との関係から、工場法規定を改定し最低年齢を少なくとも一六歳あるいは一八歳まで引き上げることを主張した。[20]

さらに上記と同じく岩田正道による一九三四年の「工場婦人と母性機能」では、「工場労働婦人と蕃殖《〔ママ〕》機能」として不妊症や妊娠中の母体への影響、分娩についての問題を取り扱っている。[21] 金沢医科大学衛生学教室の矢ヶ崎徳蔵による研究においても、「労働環境及び労働条件の比較的不利なる地位にある所の工場労働婦人に於て」彼女たちの「母性的活動は工場生活によつて障碍を蒙ることはないか」研究考察を要するとの見方が示された。[22] 工場で働く女性労働者の「母性保護」の必要性を説き、「経済状態の変動からして婦人の就職を阻止する事は到底不可能であるから、吾々医師がその被害の真相を究めそれぞれ適当の対策を講じ」なければいけないとした。[23]

二　戦時期の女性労働政策の展開――女子挺身隊の動員と現員徴用

一九三七年の日中戦争の勃発は戦時経済への移行の契機となった。日中戦争に伴う労働力の不足から、労働時間に関する保護法規の一部緩和を通じて労働力を補充することとなる。社会局では一九三七年七月に「軍需品工場ノ年少者及女子労働者ノ就業時間並休日ノ取扱ニ関スル件」の通牒を発し、「今次ノ北支事変ニ関シ急速ニ軍需品ノ製造ヲ為ス必要アル工場」については、軍部の証明があれば、保護職工の就業時間及び休日の制限を定めた、工場法第八条第二項の規定の緩和を許可した。[24] 一九三七年九月には「軍需工業動員法ノ一部ヲ支那事変ニ適用スル件」が公布された。これに基づき軍需工場、事業場の管理、使用、収用をすべく一九三七年九月に工場事業場管理令が制定された。[25]

日中戦争の開戦にともない労働力需要は増大した。これによって熟練工の賃金が上昇すると、熟練工たちの稼働率の低下が問題となった。職工が一ヵ月ごとの生計費を稼ぐことを目的として働く場合、単価の高い能率給は労働供給を減らす可能性があった。つまり、職工たちは当該一ヵ月に必要な賃金が得られればそれ以上働かず出勤日を減らす、という行動をとったのである。熟練工の確保が難しくなる中で打開策として考えられたのは、作業方法や作業時間、作業量をマネジメントすることによって、女性や子どもを熟練工に代わる労働者として育成することであった。[26]

戦時期の女性労働政策は、一九三九年に発せられた「労務動員計画実施ニ伴フ女子労務者ノ就職ニ関スル件」という通牒によって、その方針が打ち出された。女性の動員にあたっては、「体力及能力ニ応ジ適職ヲ与ヘ以テ肉体及精神ニ対スル悪影響ヲ避ケツヽ生産ニ貢献」させることが重要だとされた[27]。重工業における女性の就業が適するものの基準が示され、女性にとって「就業適当ナルモノ」は、「簡易」で「半熟練」、「非熟練」的な「軽筋的作業」だと示された。この基準に沿って、もともと男性熟練工が行っていた作業を分割することにより、女性でも作業できるようにする工夫が行われた[28]。

太平洋戦争の勃発によって動員が強化され、一九四一年に「国民勤労報国協力令」が制定交付された。これによって勤労報国隊の編成がなされるようになる[29]。長期にわたる戦争により労働力不足が深刻化すると、一九四三年「女子勤労動員ノ促進ニ関スル件」では自主的に結成する女子挺身隊を採用した。一九四三年の『週報』によれば、この時点までに生活に余裕のないものは「産業戦線」に乗り出しており、今後動員するのは「生活に余裕のある層」だとされていた。当時、経済的な理由から働く女性たちは既に労働現場に出尽くし、政府はそれまで働く必要性のなかった女性たちを新たな労働力にしようとしたのである。勤労報国隊や女子挺身隊はそれまで経済的には働く必要がなく、労働を忌避していた未婚女性を動員するためにとられた動員政策であった。そのため、これらの編成には女性の父母の反対が強く、運用は難しいものであった[30]。板垣邦子は当時「上流・中流以上と大多数の貧しい大衆との経済格差は大きかった」と述べている。戦前期の社会において、上・中流階層と大衆、また都市と農村、さらに男性と女性の間には、生活や生活意識の面で大きな格差が存在していた。そのため戦時期には「様々な場面に表れた階層対立、地域対立と、その平等や均衡が強く要求され」た[31]。

政府は女子挺身隊の動員を促進するために、特に「大都市の良家の子女」に根強かった「女子勤労は非家庭的なりとする保守的観念」を一掃しようとした。女性を軍需産業に従事させるために、労働に対する侮蔑感を解消することを試みた。[32] 女子挺身隊のように従来工場労働に従事していなかった層が動員されることは、「勤労体制を新なる段階に飛躍せしむるもの」として意義が示された。知的水準が高く「自己の勤労の国家性を意識」しているこの層は、企業経営に対する「批判者」として期待されていた。また女子挺身隊は「家庭との絆が強い」ので、工場の「勤労秩序」や労務管理に家庭から「看視批判の眼」が向けられるようになるだろうということが指摘された。[33] しかしながら、女子挺身隊の結成状況は政府の期待に反して全国的に低調で、特に東京の結成状況の悪さが際立っていた。[34] 政府は一九四四年に「女子挺身隊制度強化方策要綱」で女子挺身隊の強制加入制度を確立し、さらに「女子挺身勤労令」によって強制加入に法的根拠を与えた。[35] 労働を忌避する女性たちを動員するためにさまざまな方策がとられたが、女子挺身隊の結成は政府の思惑通りには進まなかった。

そこで実施されたのが女性の「現員徴用」である。まず国民徴用制度は、一九三九年に国家総動員法に基づく国民徴用令によって始まり、敗戦時には約六一六万人を動員した。[36] いわゆる「徴用」は新規徴用ないしは増員徴用と称され、被徴用者を徴用前の職業ならびに従業場所から法令により強制的に他へ転換するものであった。[37]

徴用者固有の賃金形態というものはなかったが、皇国勤労観に基づく賃金体系は、能率給を否定して生活給を主張することにより家族制度の動揺を防ぐとともに賃金支払総額を抑えようとするものであった。特に男性の新規徴用者の多くは前職の賃金を明らかにしにくい商人や自由業者であり、また「白紙応召」として賃金のことをほとんど考えずに徴兵と同じような感覚で徴用に応じたことは、賃金を低く抑えようとする国家や企業にとって好都合であった。[38] また皇国勤労観の理念は新規徴用の数が最大限に膨張する一九四三年以降に特に強調されるようになり、徴用は「皇国勤労観の具現化」であり「栄誉」であるとされた。[39] 被徴用者とその遺家族の不満の噴出を抑えるために、国民徴用援護事業が全国的な規模で展開された。[40]

一九四三年一〇月には軍需会社法が成立するとともに、企画院を廃止し商工省の一部を合併した軍需省が設置された。一九四四年に軍需会社に指定されたものは六八三にのぼった[41]。今回着目する現員徴用とは、この軍需会社の営む軍需事業に従事する者は国家総動員法により徴用されたものとみなす、という制度のことである[42]。

国民徴用令は一九四〇年一〇月に改正され、これによって女性も徴用の対象になることとなっていた。しかし先に述べたように一九四三年に軍需会社法が成立し、男性については現員徴用も始まっていたにもかかわらず、女性については一九四四年二月の時点でも政府は家族制度の維持のために徴用しないと断言していたのである[43]。一方で大政翼賛会の中央協力会議に参加した女性知識人の中でも、山高しげりや羽仁説子は女子徴用を進めるべきだと強く主張していた。それは「中・上流階級の子女の勤労意欲が低いこと」を問題として、徴用によって女性も階層格差を乗り越え「一丸となって戦争協力に邁進できる」といった観点からの意見であった。また市川房枝のように、戦時下における女性の貢献が戦後社会での女性の地位向上につながると考え、徴用を支持する者もいた[44]。

上記のような女性知識人の発言は、女子挺身隊の動員が政府の思うようには進んでいなかった現状に呼応していたと思われる。一九四四年当時には「都市在住の婦女子こそ従来専ら消極的享受生活に終始」していたなどという批判がなされるようになっていた[45]。大日本青少年団中央本部主催の懇談会では、女子挺身隊の結成状況が芳しくないことに対する対策が議論された。東京都のみならず地方でも「上流と中流の者は挺身隊参加を拒否し知合ひの会社重役などに依頼し名目だけの就職をして挺身隊から脱れてゐる者が多」いとされた。そのため、挺身隊の動員を成功させるために、一般女子工員と女子挺身隊の摩擦を避けるための対策を行ったり、挺身隊の受入れ体制の整わない工場からは挺身隊を引揚げ、優良工場へまわしたりと対策がとられていた[46]。

しかし「政府が狙つた女子挺身隊による出動は依然として成績が悪い」という批判もあり、政府は「女子徴用も断行するとの決意」を示すように迫られていた[47]。そこでついに「女子徴用といふ最後の切札[48]」が切られることとなったのである。一九四四年一一月厚生次官の通牒として「女子徴用実施並に女子挺身隊出動期間延長に関する件」が出され、同時に軍需会社徴用規則第四条第一三号の一三の、徴用から女性を除外する旨の規則が削除された。[49]「徴用せらるべき女子」は、「現在男子徴用を実施してゐる、工場事業場に勤務するものに限られ、所謂現員徴用を」行うとされ、[50]従来からその工場の在籍者である一般女子工員が徴用されることになったのである。[51]軍需会社に指定された工場に勤める女性の徴用期間と年齢には制限がなかった。[52]また陸軍、海軍、運輸通信各省等の管理工場において女性を徴用する場合は、所管大臣を経て徴用申請を厚生大臣に提出し、認可を得ることで徴用令が発動された。軍需会社以外の場合の徴用期間は一年間であった。[53]

この女子徴用実施にあたっては、あくまで「女子挺身隊員に付ては徴用は適用されない」ことが強調された。[54]男性の場合、現員徴用制の狙いは新規徴用によって所定の工場に加入してくる新規徴用者の不満の緩和のために、元々の従業員をまとめて徴用するというものであった。しかし、「徴用」は「新参者」の代名詞と考えられ、現員徴用工員と新規徴用工員との間に差別待遇が生じ、非熟練である新規徴用工員は蔑まれた。[55]生計を立てることが自明の事実とされ労働することが当然だった男性労働者の間には、職場における熟練か非熟練かによる差別が起きたと考えられる。一方で女性の場合には新規徴用は行われず現員徴用のみが実施された。女子挺身隊が十分に動員できない事態を打開するため、政府はその企業の従業員として従来から労働していた一般女子工員の移動を制限し、労働力を定着させようとしたのである。

「戦争参加の一形態としての勤労」という考え方が強調された戦時期において、たとえば賃金の呼び名も勤労報国隊などには「謝礼」としている場合もあった。[56]さらに警視庁の説明によれば女子挺身隊を受け入れた工場事業場と挺身隊員間の関係は「雇用契約に拠らない」とされていた。[57]また労働を忌避する女性たちにとって「徴用」という呼び名は抵抗があったと考えられる。そのため、女性の場合には従来から労働する一般女子工員に

「現員徴用」という制度を適用しても、男性に行った「新規徴用」は行わなかった。労働を忌避する女性たちについては、あくまでも「女子挺身隊」として動員したのである。

三　戦時期の女性労働者の健康と賃金

1　健康状態の調査研究

日中戦争の拡大とともに軍需産業においては長時間の残業が継続的に行われ、労働者の健康状態は低下し労働災害も増加した。そこで労働力の増進を図るために内務省社会局では健康の維持に関して事業主への指導方針を作成し、一九三七年一〇月に「軍需品工場ニ対スル指導方針」の通牒が発せられた。[58] 太平洋戦争が勃発し、労働の強化に起因して労働者の体位が著しく低下の傾向を示すようになっていた。上記の「軍需品工場ニ対スル指導方針」では「労働者ノ健康ノ保持」のために健康診断の実施が挙げられていた。厚生省は工場労働者に対する健康診断制度の拡充を図るべく、一九四二年二月に工場法関係省令の改正を行い、三月より実施した。[59] なお、一九三九年には「工場就業時間制限令」が公布され、ここにおいて男性労働者にも就業時間の制限がなされることになった。戦間期より女性労働者の健康は労働政策において基本となる事柄であった。日中戦争の勃発以降、労働者の健康の保持のための対策が切要となり、軍需工場における女性労働者の労務管理研究はより力が入れられていったと考えられる。戦間期の女性労働の歴史から、繊維産業には女性労働者の労務管理についての蓄積があったものの、重工業にはノウハウの蓄積がなく、このことが労務管理研究を早急に進めなければならない要因となった[60]。

女性労働研究の蓄積をもつ労働科学研究所の研究員のほか、それまで女性の健康に関する研究に関わってきた研究者が戦間期の延長線上に調査研究を行っていた。たとえば東京帝国大学医学部産科婦人科学教室の佐藤美實は、女性が労働力としての動員と人口増大のための協力を要請されている現状を憂慮していた。佐藤は国家が「早朝ヨリ夜ニ至ル迄過労劇務中」の女性労働者たちに、「同等ニ其ノ健康ト其ノ妊孕力ノ保持サレンコトヲ希フモ果タシテソコニ矛盾ナキヤ」とした。佐藤は一九二〇年代以降、産婦人科の立場から多くの研究を残した医学者であるが、興味深いのは一九三九年九月から一二月における調査において女性労働者の「労働、教養、思想並ニ日常生活」についての聞き取りを行っていることである。調査に関して特筆すべきことは、調査対象である東京市内七つの軍需工場（蒲田区内一、五反田三、亀戸一、淀橋一、王子一）の女性労働者四〇〇名のうち、「家業」である父兄の職業を「無職」と記した者が最も多く七八・二五％存在したことである。佐藤は「自家業ヲ明記スルコトヲハヾカツテ無職ト記入シタモノモアルデアラウガ」、「一家ノ収入無キカ不十分ナモノ、為メニ是等女性ノ服務スルノ止ムナキニ至リシモノガ相当数アルコトガ想像サレル」とした。佐藤の調査によれば、彼女たちは「就職後ニ罹患者ガ増加」しており、立業者の八五・六一％、座業者の八四・六七％が労働による「肩凝」、「足痛」、「腰部冷感」、「腰痛」等の苦痛を訴えていた。また月経のある三七九人中三一三人は「下腹痛」や「頭痛」等の何らかの症状を感じており、月経不順は勤務年限が二年になったものに著しく多かった。さらに佐藤は女性労働者たちの月経の処置について「中ニハ非衛生的ノモノモアル」とし、そのような状況にありながら「工場監督者ノ態度ハ殆ド何等ノ対策ガ講ジラレテ居ナイノミナラズ寧ロ此ノ問題ニ就テハ殆ド念頭ニ無イカノ感ヲ起サシタ事ハ甚ダ遺憾デアル」と総括している[61]。

また同じく佐藤によって一九四〇年に行われた東京市内の陸軍省直属軍需工場における「既婚婦人」に対する調査では、配偶者が工員であるものが最も多く五五二人中六四・四一%となっており「生活ノ甚シイ困窮ノ為メ」労働している者はあまりいなかったようである。しかしながら「夫死亡」のためが次いで多くなっており、また配偶者が病弱のために「無職」である女性労働者も存在した。妊娠の状況は結婚後二年未満の者三五四名の中で未妊の者は二一六名（六一・〇二%）であり、これは一九三九年度全国出産調査成績の四六・五五%と比較すると遥かに高いものであった。工場法のうち、産前産後の休暇と哺育時間については戦時期においても継続されていた。しかし、産前産後の休養については「収入ノ関係、手不足ノ為メ、又ハ同僚ニ対スル気兼ネ等ノ関係カラ実行サレテキナイ」ものが多くいると考えられ、産前では休養日数〇日のものが六三・一三%と最も多かった。さらに乳幼児死亡については就職前分娩児五〇例、就職後分娩児一〇五例で併せて一五五例となっている。[62]このように佐藤は、軍需工場で働く女性労働者の生殖に関わる健康状態に関心をもち、彼女たちを労働せしめる理由と健康状態の関係性を考察していた。多くの女性労働者が健康に障る状態で労働についており、佐藤は健康状態に配慮の無い事態を憂いていた。

一九四三年に戦時行政特例法が制定され工場法戦時特例措置がとられると、厚生大臣の指定する工場には工場法における女性労働者保護規定であった深夜業禁止を適用しないこととなった。先述したように工場法の制定に際しては労働時間規制が中心の課題となり、一九二九年には深夜業が廃止になっていた。しかし、工場法戦時特例措置により、深夜業禁止、就業時間制限、休日・休憩時間が適用されないこととなり、危険有害業務についても厚生大臣の定めた業務には就業させることが許可された。[63]工場法戦時特例措置によって、戦争末期には労働政策における女性労働者の保護は後退した。しかしその一方で、戦間期から続けられてきた女性労働者の健康に関する調査研究は継承されていた。

企業において自社の女性労働者の健康状態を調査するものもあった。トヨタ自動車工業株式会社、帝国繊維株式会社大阪工場などでは月経を重点として調査が行われた。帝国繊維の鈴木省三は、「就業と月経停止（無月経）」について記している。調査時に月経が停止していた者は全体の一九・四九％であり、入社した時期に近い時期に発生していた。鈴木は、「工場生活の何等かが女性の生理機能に異常なる刺戟を持つもの」と考えられるとし、さらにこの月経の異常を最も憂慮するのは「彼女等工員自身」であるからこそ、精神上の不安は相当深刻であるとして「軽々に看過するを得ず」と述べている。[64] このような戦時期における無月経について、労働科学研究所の古沢嘉夫は「工場無月経」と名づけて対策の必要性を訴えていた。[65]

東京大学医学部産婦人科学教室の松本清一は、「所謂戦時無月経に関する研究」として「戦時生活が婦人性機能の表徴たる月経に及ぼす影響」を観察した。松本は、一九四〇年から一九四四年にかけて「戦時の窮迫社会状勢下の勤労婦人月経状態を知ると同時に健康集団生活者での所謂戦時無月経現象の存否を知るため」調査した。一九四五年八月には「都下某重工業会社の女工」三一名について調査がなされ、東大医学部付属医院の看護婦と同講習所生徒、産婆復習科生徒、ならびに昭和医専付属医院の看護婦、同講習所生徒との比較考察が行われている。この調査によれば、「女工」の体重減少は「他の孰れより比率が有意に高」く、また罹患の状況としては「胃腸カタル」が多かった。これについては「調査時期が二〇年八月で常時主食に大豆の配給が多かつためで〔ママ〕はないか」と分析されている。月経についいては「某工業では整順者少く、……看護婦産婆等の医療従事者に比し女工では月経異常者が特に多く」、月経に変化のあった者は「某工業三〇名中二〇名（五一・二～七八・六％）で某工業では特に多く、変化の種類は無月経となつた者最も多」いと報告している。松本によれば、「或一定期から閉経したもの」である「続発無月経者」は「殊に女工では医療従事者より多く」、これらは「就職時の環境変化、栄養摂取状態の変化による栄養低下、更に一般食糧事情悪化による栄養低下、戦時の過労等を原因とするものが混在するもの」であった。[66]

後に松本は戦時無月経の研究を始めたのは、当時無月経の患者が多いことに気づき記録に残す必要があると感じたからだと語っているが、松本はこの研究を通して産婦人科の社会医学的な面に強く心を魅かれたということである。[67] 松本は戦後日本の月経研究の第一人者となった医師であるが、戦時期の女性の健康状態は研究者にとっても大きな影響を与えるものであった。[68]

なお工場法戦時特例措置の下で、第二節に述べたような労働を忌避する女性たちをも労働者として軍需工場に動員しなければならないという事情も、政府が工場に対して受け入れ準備や労務管理の形成を指導せざるを得ない要因となった。そのため産業報国会厚生部、大政翼賛会や帝国大学教授、民間企業の労務課長や福利課長など、従来女性労働研究に携わっていなかったものを含めたさまざまな担い手によって労務管理研究が進められた。東洋書館では『女子勤労管理全書』全一〇巻が企画されるなど、女子労務管理に関する研究書の出版が盛んになった。しかしながらその内容は精神主義的に戦意を高揚させようとするものも多かった。[69]

2 賃金に関する議論——女性労働者の多様性をめぐって

戦時期における賃金統制は重工業の移動防止策としての賃金抑制から始まった。賃金統制令は日中戦争のインフレで起こった重工業の熟練工の移動を阻止し、さらに未経験労働者の青田買いに対応するべく、国家総動員法に基づいて一九三九年三月に公布された。賃金統制が次の段階に進むのは、欧州大戦の勃発に伴うインフレの加速によるものであり、一九三九年一〇月一八日の九・一八価格ストップ令の一環として一年間を時限とする賃金臨時措置令が発せられた。この賃金臨時措置令の期限が切れるのに対応すべく、一九四〇年一〇月には第二次賃金統制令が公布された[70]。工場、事業場で労働者の雇い入れを行う際の最初の賃金である初給賃金が設定され、未経験労働者以外にも、他の工場から移動した労働者が初めて受ける賃金も初給賃金と呼んだが、その最高額を「最高初給賃金」といった[71]。

女性労働者の賃金については男性労働者の不足から「女子労働者ノ激増シツツアル現状ニ鑑ミ」一九四〇年に至って、その初給賃金を公定することになった。女子未経験労働者の初給賃金は、一九四〇年九月六日に厚生大臣より各地方長官及び各鉱山監督局長に対し厚生省訓第三五九号が発せられ、一九四〇年一〇月一日より実施されることになった[72]。

労働科学研究所が主催した「賃金問題特別研究会[73]」に女子の賃金についての議論も確認することができる。一九四二年六月の「第三回賃金問題特別研究会」では、企業側として三菱重工業東京機器川崎鍛造工場や古河電気工業などが参加した。そこでは賃金の公平化が議論されたが、東京芝浦電気芝浦支社の山邊仁夫は某紡績会社で約四〇〇〇人の「女工」が辞めるということで自社に入社させようと思ったが「統制令による最高賃金を与へても、紡績工場の厚生施設がよいので追つ」つかず、結局入社させることはできなかったと証言している。そこで研究所所員の三好豊太郎は「実物給与を換算して考へるべき」だと発言した[74]。賃金統制令では「実物給与」について、「白米及び精麦」、「食事」、「住居」について換算のための評価額を定めている。しかし「所謂福利厚生施設の如きものは賃金として統制を受けない」とされ、上記以外の「実物給与」は賃金として換算する必要がなく、地方長官の許可があれば支給してよいことになっていた[75]。

「更衣室」「浴場」「便所」「洗濯場」「結髪室」「作法室（裁縫その他座つて行ふ教養場に利用）」「慰安娯楽施設」などの厚生施設[76]は、戦間期の女性労働の歴史を受けて繊維産業では他の工業の工場に比べて恵まれた状況にあった。戦間期までに繊維産業の大規模な工場においては、読み書き算盤などの一般教養のほか裁縫や礼儀作法を教える教育施設が整備されていた場合もあった。[77] そのような工場に就職することは、将来担うだろう家事労働を身につける訓練の機会として位置づけられていた。[78]

賃金統制令における最高初給賃金は、一九三九年時点の「事業別の差を無視した総平均」が基準にされた。一九三九年当時女性労働者の過半数が繊維産業に従事していたことにより、平均として出た金額は「重工業の当時の初任給の実情より相当額引下げられた」のである。また調査において寄宿舎や食事などの実物給与を換算せずに賃金額を回答した工場も相当数あったと考えられ、統計の結果は「実際よりも低く〔ママ〕過ぎた」。厚生省技師の金子美雄によれば、厚生省としては公定賃金を是正しようとしていたが「科学的に各人の納得するものを出すことは殆んど不可能に近」かった。また、女子の最高初給賃金は「軍需省、陸海軍」との相談も必要であり、物価との兼ね合いもあって簡単に引き上げを行うことができなかった。[79]

重化学工業における女性の雇用が拡大すると、男性と女性が同一もしくは類似した作業に従事する職場が生まれ、次第に性別を理由に賃金格差を設けることの正当性が問われるようになった。[80] 厚生省技師の金子は、これまで様々な理由により女性労働者の低賃金が妥当だとされてきたが、戦時下においては女性労働者が非常な意義を持ち、同時に「女子動員は仲々〔ママ〕容易ではない」ために賃金も自然に上がってきたと述べている。[81]

こうした議論は戦間期以前の男女同一労働同一賃金の議論とは論点が異なっていた。労働者の国際組織が男女同一労働同一賃金を組織の運動上の課題として初めて提起したのは、一八八九年七月の第二インターナショナルの結成大会においてであった。この要求は第一次世界大戦を契機として国際的な課題となった。[82] 一九一九年の国際労働機関（ＩＬＯ）の設立の根拠となったヴェルサイユ平和条約第一三編第二款一般原則第四二七条七号には「同一価値ノ労働ニ対シテハ男女同額ノ報酬ヲ受クヘキ原則」が掲げられている。[83] しかし、これを具体化する文書は採択されておらず、[84]男女同一労働同一賃金についての政策的な対応はなされていなかった。当時の要求は、資本家が低賃金の女性労働者で男性労働者の代替を行う事によって、男性が失業することを阻止するための要求として支持される側面もあった。たとえばイギリスでは、第一次世界大戦時の労働力不足による労働の稀釈化で女性労働者が大量に男性の労働現場に進出した際に、労働組合は男性の雇用を守るために男女同一労働同一賃金を要求した。[85]

日本でも一九一九年の友愛会第七周年大会時に「同質労働にたいする男女平等賃金制の確立」の要求が掲げられた。[86]評議会の山川菊栄は男女同一労働同一賃金問題を含めた女性労働者の問題について、「単に抽象的な平等の原則を承認」するだけの指導者たちを批判し、女性労働者への差別的な待遇に対する闘いは、「男子への戦い〔ママ〕ではなくて、実に資本主義そのものに対する闘いの一部分」であると指摘した。[87]また総同盟の赤松常子は男女同一労働同一賃金の要求の根拠として、単に女性であるからという理由で賃金差別が行われることが「婦人の人格を無視するもの」であり、また女性の労働はもはや「小使取り」ではなくその経済的役割は重要な位置に置かれている、という理由を挙げた。その上で、「婦人が安く使へると云ふ事は、男子労働者にとつて、失業の大なる脅威」であるという論拠も挙げている。女性労働者の低賃金は男性を失業させ、資本家の利潤をより大きくするという観点から男女同一労働同一賃金を要求したのである。[88]当時において男女同一労働同一賃金の要求は男女平等という視点とともに、資本家に対する男女両方の労働者の雇用確保という視点から要求されたのであった。

一方で、戦時期の男女同一労働同一賃金の議論は、動員によって女性労働者の重要性が高まり、女性であることを理由に低賃金であることを妥当としてきたことの正当性が問われたものであった。しかし、その実現は難しかった。賃金統制令における最高初給賃金は、同一年齢であっても男女に差がつけられていた。未経験労働者の初給賃金の標準額は道府県別に定められ、女子の場合は一二歳以上二十歳未満を二歳ごとに区分し、男子の場合は一歳ごとに区分している。例として東京、神奈川、愛知、大阪、兵庫、福岡の最高初給賃金を挙げると、女子は一二歳以上一四歳未満で八二銭、一四歳以上一六歳未満で八八銭、一六歳以上一八歳未満で九五銭、一八歳以上二〇歳未満で一〇九銭とされていた。これが男子では一三歳以上一四歳未満で八五銭（一二歳以上一三歳未満で七八銭）、一五歳以上一六歳未満で一〇四銭（一四歳以上一五歳未満で九一銭）、一七歳以上一八歳未満で一三〇銭（一六歳以上一七歳未満で一一七銭）、一九歳以上二〇歳未満で一五六銭（一八歳以上一九歳未満で一四三銭）であった。[89]高い賃金水準にあった航空機産業でも、男女間の賃金格差は年齢を重ねるにつれて大きくなり、経営者側は、女性の場合は常に反復的で熟練を要さない単純作業に配置されているため、男女間の賃金格差の拡大を当然としていた。[90]

上述したように、熟練工の確保が困難となったことによって、労働者の賃金は定額給にすることが考案された。定額給にすることにより、単価が上がることで出勤率が下がる出来高給に比べ、稼働率を安定させる狙いがあったのである。賃金形態論の議論が興隆すると、定額給の議論はその水準の問題に論点を移行させ、生活給の議論になっていった。またこれに加えて一九四〇年の勤労新体制以後は家族主義的なイデオロギー[91]の追い風も受けて生活給が優勢となり、月給制度が先進的な賃金制度とされるようになる。[92]

戦時期に物価騰貴は賃金上昇率よりも大きく実質賃金の低下は著しくなり、労働者の生活水準は低下した。[93]一九三九年一一月には米と煙草の公定価格が引き上げられ、また生鮮食料品は価格等統制令の対象外となっていたことにより価格の上昇が激しかった。そのため生活必需品の価格が上昇し、実質賃金は低下した。[94]賃金のアンバランスに由来した移動やサボタージュは労働力を固定することへの障害となり、個別企業は「ヤミ」の賃上げや福利施設の充実などによって労働者の離職の増大を食い止めようとした。また政府は、一九三九年の賃金臨時措置令下で賃金が一九三九年九月一八日の水準で固定されている一方で、生計費は上昇していくという状況を鑑み、一九四〇年二月に補助としての家族手当の設置を認可した。[95] 一九四二年ごろまでには家族手当も普及し、[96] 生活給による給与体系を確立しようとする議論が支持されるようになると、両親や兄弟、夫と同居する女性労働者には不利に働いた。家族手当の支給対象となる女性はわずかであり、総体的に女性の収入は低く抑えられることになった。[97] 女性の賃金は「生活上の地位を考へれば、男子の額まで持つて行くことは、現在の状態に於ては行き過ぎ」だとされた。[98]

戦時期に男女同一労働同一賃金は実現しなかった。その一方で、政府と企業が処遇としての賃金における重要な課題として取り組んだのは女性同士の賃金に関する格差解消であった。そのうちまず一つは、女子工員と女子事務員との賃金の格差解消だった。[99] 一九四三年、全国の工場法施行関係機関や工場、企業等の労務担当者を集めて、各地で開催された講習会の資料として「女子勤労管理講習会資料」が作成された。資料には「給与」の項目が設けられ、「女子なるが故に低賃金なる可き理由は存在しない」とされていた。「男子工員」との均衡が指摘されるとともに、女子工員と女子事務員との均衡が考慮され、工員と事務員との賃金については、同一年齢、同一学歴であった場合には、工員の賃金が事務員に劣ることのないように配慮されるべきだとされた。[100] 従来は、工員と事務員とでは学力や「社会的環境」に差があったが、今後は「女学校を出た優秀な人々或は良家の子女といつた人も皆工員として入つてくるから」、工員として入社する女性にも事務員と同程度の賃金を保障せざるを得ないという実情があった。[101]

さらに政府が熱心に取り組んだことのもう一つは、女子挺身隊と、従来から働いている一般女子工員との格差の問題であった。[102] 労働力不足によって、労働を忌避する未婚女性を動員するために政府は勤労報国隊や女子挺身隊として労働現場に出た女性たちに初めは特別な配慮をした。しかし、そのために挺身隊と従来から当該工場で働く一般女子工員との間には摩擦が生まれ、政府は、今度は挺身隊の女性たちと一般工員たちとの差を一掃しよ

う と試みたのである。[103]

女性労働者の賃金形態は、一九三九年の時点においては女性労働者の多くが繊維産業に従事していたため請負制が多く、それは能率を上げるために「或る程度の刺激」が必要だと考えられたためであった。[104] 一方、戦時下において女子挺身隊には「なるべく月給制に依らしむることが慫慂」された。[105] 挺身隊は「戦争参加の一形態としての勤労」であって、「賃金で全面的に評価される」形態は戦時下の「勤労観念」にふさわしくないという理由付けがなされた。[106] 先に述べた「女子勤労管理講習会資料」でも「今回の女子動員は平時ならば家庭にありて花嫁修業に専念する比較的に生活に余裕のある家庭の人達」を対象とするため、「賃金の多寡が就業の意思を決定する訳ではあるまい」とした。しかしながら、たとえ賃金を目的とするものでなくても、「その給与の形態なり額なりは適正、妥当でなければならぬ」として低賃金の是正を呼びかけるとともに、賃金形態については、「連帯性、一体性」が重要だとした。そして挺身隊に月給制を採用する場合には、事業場内の全労働者に実施すべきであるとしたのである。[107] しかし実際には月給制の採用やそれに伴う他の労働者の賃金形態の変更には困難が生じる場合もあり、挺身隊を動員する工場では女子事務員、女子工員、女子挺身隊の三者の関連を慎重に考えなければならなかった。[108]

おわりに

日中戦争開戦にともない政府は、男性熟練工たちの稼働率の低下の打開策として女性労働者を育成することになった。経済的な理由から働く女性たちが労働現場に出尽くすと、政府はそれまで働く必要性のなかった女性たちを新たに動員しようとする。しかし、労働を忌避する未婚女性たちを動員する上での困難に直面すると、従来から当該の企業に在籍していた一般女子工員に現員徴用を行うことで、労働力を定着させることとなった。

工場法は幼少年と女性の健康破壊の問題が基軸となって成立した。戦間期になると、企業が労働者の健康と安全に責任を持つようになり、一九二三年の改正工場法では産前産後休暇と哺育時間についての条項が盛り込まれた。女性労働者の増大は出身階層の多様化を促し、一九三〇年年代には出身階層に着目した調査研究が見られるようになった。日中戦争の拡大とともに軍需産業において労働者の健康状態は低下し労働災害も増加した。労働者の健康の保持は重要事項となり、軍需工場における女性労働者のための労務管理研究に力が入れられた。しかし、戦争末期には、工場法戦時特例措置により一部工場においては工場法における就業時間制限、深夜業禁止などが適用されなくなる。女性労働者の保護が後退する一方、戦間期から行われていた調査研究は継承され、軍需工場で働く女性たちの健康状態を可視化した。

戦間期において男女同一労働同一賃金は、資本家に対して男女両方の労働者の雇用を確保する観点から要求された。しかし、政策的な対応がなされることはなかった。戦時期になり、男性労働者の代替として女性労働者の動員が急務になると、従来の女性の低賃金の妥当性は否定され、男女同一労働同一賃金の機運は高まった。しかし格差の是正が考えられ議論は重ねられても処遇はそこまで追いつかなかった。政府と企業が女性労働者の賃金に関して熱心に取り組んだのは男女平等の観点からの賃金問題よりも、多様性のある女性同士の調整であった。従来はその仕事に就いていなかった女性を労働させるために、同じ仕事をする女性同士の賃金についての議論が行われた。

戦間期から戦時期にかけて進められた女性労働者の健康に対する調査研究の中でも、特に月経については戦後の「生理休暇」という日本特有の制度の制定につながっていく。また戦時期においても実現することのなかった男女同一労働同一賃金は、現代にわたって女性労働の課題であり続けている。戦間期から戦時期へと継承された女性労働者の健康と賃金についての視座は、戦後日本の女性労働政策に引き継がれたといえよう。なお、戦時期における女性労働政策は、賃金の議論にみたように、男性労働者を含めた枠組みにおいて論じることにより包括的な議論を行うことができる。また本稿においては展開することができなかった生産システムにおける女性労働者の技能形成についても別稿の課題としたい。

註

(1) 佐藤千登勢『軍需産業と女性労働――第二次世界大戦下の日米比較』彩流社、二〇〇三年。なお、戦時期の女性労働政策に関する研究については、女性労働政策と労務管理に関する論点を整理し、そのうえで戦時期に新たに労働力として引き出された女性が「いわゆる中産階級の子女」であったことを指摘した足立喜美子「戦時経済下の婦人労働者」大羽綾子・氏原正治郎編『現代婦人問題講座2・婦人労働』亜紀書房、一九六九年を起点にいくつかの先行研究がある。その他の先行研究については堀川祐里「戦時期の『女子労務管理研究』と女性労働者の健康――労働科学研究所を中心に」『中央大学経済研究所年報』四九号、二〇一七年、同「戦時期の女性労働者動員政策と産業報国会――赤松常子の思想に着目して」『大原社会問題研究所雑誌』七一五号、二〇一八年、同「戦時動員政策と既婚女性労働者――戦時期における女性労働者の階層性をめぐる一考察」『社会政策』九巻三号、二〇一八年を参照されたい。

(2) 塩田咲子『日本の社会政策とジェンダー――男女平等の経済基盤』日本評論社、二〇〇〇年は戦時期に展開された女性労働政策に戦後のルーツがあるという視点から、現代日本の女性労働問題について論じている。なお、塩田自身の佐藤への評価は塩田咲子「書評　佐藤千登勢『軍需産業と女性労働――第二次世界大戦下の日米比較』」『歴史学研究』七八六号、二〇〇四年、四五～四八頁を参照されたい。

(3) この点について上野継義は、著者が論点に気が付いていることに留意しつつ、性別職務分離といっても女性の経験や利害が多様であったことを指摘している(上野継義「書評　佐藤千登勢著『軍需産業と女性労働――第二次世界大戦下の日米比較』」『経営史学』三九巻一号、二〇〇四年、九九～一〇二頁)。また、上野は人種やエスニシティを組み入れた分析の重要性も説いている。日本についても戦時期における労働者の多様性に関しては朝鮮人、中国人労働者を含めて考察すべき問題であることは言うまでもないが、この論点は将来の課題としたい。

(4) 山之内靖「方法的序論――総力戦とシステム統合」山之内靖/ヴィクター・コシュマン/成田龍一編『総力戦と現代化』柏書房、一九九五年)。

(5) 板垣邦子『日米決戦下の格差と平等――銃後信州の食糧・疎開』吉川弘文館、二〇〇八年および山口隆司「雑誌『家の光』にみる日本の戦時体制下農村社会の平準化」千葉大学大学院人文社会科学研究科『千葉大学人文社会科学研究科研究プロジェクト報告書』二〇一二年、四六～六〇頁。

(6) 西成田豊「女子労働の諸類型とその変容――1890年代―1940年代」中村政則編『技術革新と女子労働』国際連合大学、一九八五年、九～一六、一七～一九頁。

(7) 下田平裕身「明治労働政策思想の形成(上)――明治三五年工場法案の成立過程の分析」『経済と経済学』三一号、一九七二年、一～一六頁。同「明治労働政策思想の形成(下)――明治三五年工場法案の成立過程の分析」『経済と経済学』三二号、一九七三年、一～四七頁。なお、工場法における女性労働者の就業継続策としての側面に焦点をあてた研究としては、千本暁子「日本における工場法成立史――熟練形成の視点から」『阪南論集・社会科学編』四三巻二号、二〇〇八年を参照されたい。

(8) 石原修『衛生学上ヨリ見タル女工之現況』国家医学会、一九一四年。

(9) 社会局労働部『深夜業禁止の影響調査』(労働保護資料第三七輯)一九三二年、七九～九八頁。

(10) 竹中恵美子『女子労働論』有斐閣、一九八三年、五二頁。

(11) 結核の厳密な原因についての医学的な見解や予防法は、国内外ともに第二次世界大戦まで意見が分かれたままであった。ジャネット・ハンター著/阿部武司・谷本雅之監訳『日本の工業化と女性労働――戦前期の繊維産業』有斐閣、二〇〇八年、一二〇頁。

(12) ジャネット・ハンター前掲書、一一七〜一二三頁。
(13) 上田四七二『改正工場法解説　附・関係諸法令』大同書院、一九二六年、五〇〜五一頁。
(14) 田口亜紗『生理休暇の誕生』青弓社、二〇〇三年、二八〜三八、一一一〜一一五頁。
(15) 堀川、二〇一七年、前掲論文。
(16) 田口前掲書、一二〇〜一二五頁。
(17) 村上信彦『大正期の職業婦人』ドメス出版、一九八三年、六七〜七四頁。
(18) 竹中前掲書、六三頁。
(19) 梶川嘉四郎「女工ノ月経ニ就テ」『日本婦人科学会雑誌』二六巻五号、一九三一年。
(20) 岩田正道・大西清治・西野睦夫「各種職業婦人ニ関スル社会婦人科学的研究　第一編　職業婦人ノ月経ニ関スル研究」『日本婦人科学会雑誌』二九巻九号、一九三四年。
(21) 岩田正道「工場婦人と母性機能」『産科と婦人科』二巻一二号、一九三四年。
(22) 矢ヶ崎徳蔵「紡績労働の初潮期に及ぼす影響に関する労働衛生学的研究」『金沢医科大学衛生学教室業報　民族生物学研究』三輯別冊、一九三七年。
(23) 岩田前掲論文。
(24) 労働省『労働行政史　第一巻』労働法令協会、一九六一年、六三五頁。
(25) 労働省前掲書、六三八〜六四〇頁。なお工場事業場管理令は一九三八年の国家総動員法の制定により廃止される。
(26) この段落については、金子良事「戦時賃金統制における賃金制度」『経済志林』八〇巻四号、二〇一三年、一五九〜一六一頁において検討されている、第二中央賃金委員会総会での波多野貞夫（呉海軍工廠、日本能率連合会二代目理事長）と斯波孝四郎（三菱重工会長）による議論の要約を参照した。
(27) 労働省前掲書、九二六〜九二八頁。
(28) 堀川前掲「戦時期の女性労働者動員政策と産業報国会——赤松常子の思想に着目して」。
(29) 労働省前掲書、一〇八六頁。
(30) 堀川、二〇一七年、前掲論文。同「戦時動員政策と既婚女性労働者——戦時期における女性労働者の階層性をめぐる一考察」。

(31) 板垣前掲書、二～五頁。
(32) 大日本産業報国会関東地方勤労協議会「学徒及女子挺身隊等の取扱」一九四四年、(神田文人『資料　日本現代史7』大月書店、一九八一年、四九五～四九九頁)。
(33) 大橋静市『企業の国家性』日本評論社、一九四四年、一一〇～一一二頁。
(34) 齊藤勉『新聞にみる東京都女子挺身隊の記録』のんぶる舎、一九九七年、一七四頁。
(35) 労働省前掲書、一一二一～一一三四頁。
(36) 佐々木啓「戦時期日本における国民徴用援護事業の展開過程――国民統合の一断面」『歴史学研究』八三五号、二〇〇七年、一頁。
(37) 加藤佑治『日本帝国主義下の労働政策』御茶の水書房、一九七〇年、一六六～一七〇、一八七頁。
(38) 加藤前掲書、一八四～一八七頁。
(39) 佐々木啓「徴用制度下の労使関係問題」『大原社会問題研究所雑誌』五六八号、二〇〇六年、二七～二八頁。
(40) 佐々木、二〇〇七年、前掲論文、四―八頁。
(41) 河原宏「戦時下労働の思想と政策」早稲田大学社会科学研究所ファシズム研究部会編『日本のファシズムIII――崩壊期の研究』早稲田大学出版部、一九七八年、二二六頁。
(42) 池田真之「軍需会社と援護法――準軍属たる『現員徴用者』の確認方法」『恩給』二五九号、二〇〇四年、一九頁。
(43) 佐伯敏男「国民徴用令及国民職業能力申告令改正並に国民勤労報国協力令について」全国産業団体連合会編『勤労管理研究』大日本産業報国会、一九四二年。『朝日新聞』一九四四年二月三日。
(44) 佐藤前掲書、五四～六四頁。
(45) 松本潤一郎「勤労化新体制と集団構成」『都市問題』三八巻六号、一九四四年、五頁。
(46)『読売新聞』一九四四年二月一八日。
(47)『朝日新聞』一九四四年七月一六日。
(48)『朝日新聞』一九四四年八月六日。
(49)『読売新聞』一九四四年一一月一〇日。
(50) 厚生省「女子徴用実施並に女子挺身隊出動期間延長」『内務厚生時報』九巻一二号、一九四四年、四～七頁。

(51)『毎日新聞』一九四四年一一月一〇日。
(52)法政大学大原社会問題研究所『太平洋戦争下の労働者状態』東洋経済新報社、一九六四年、一六～一七頁。
(53)厚生省前掲「女子徴用実施並に女子挺身隊出動期間延長」、四～七頁。
(54)同前。女子挺身隊については出動期間の延長が行われた。
(55)加藤前掲書、一六六～一七〇、一八七、二〇七～二〇八頁。
(56)『労務時報』一九四四年一月二七日、二五三号。
(57)『労務時報』一九四四年二月三日、二五四号。
(58)労働省前掲書、六二九～六三四頁。
(59)労働省前掲書、八四五～八五〇、一〇三〇～一〇三二頁。
(60)厚生省勤労局管理課「女子勤労管理講習会資料」一九四三年、(北川信編『婦人工場監督官の記録　谷野せつ論文集(下)』ドメス出版、一九八五年、二一一～二五九頁)。
(61)佐藤美實「戦時体制下ニ於ケル本邦女子労務者ノ社会的並ニ社会婦人科学的研究(第1報)第1篇　主トシテ未婚婦人ニ関スル研究」『日本婦人科学会雑誌』三六巻八号、一九四一年。
(62)佐藤美實「戦時体制下ニ於ケル本邦女子労務者ノ社会的並ニ社会婦人科学的研究第2編　既婚婦人ニ関スル研究」『日本婦人科学会雑誌』三七巻四号、一九四二年。
(63)堀川「戦時動員政策と既婚女性労働者――戦時期における女性労働者の階層性をめぐる一考察」。なお、一九三九年に公布された工場就業時間制限令も一九四三年に廃止された。労働省前掲書、八四五～八五〇頁。
(64)所輝夫「女子労務者の管理」『武田薬工学術部彙報』一号、一九四四年。鈴木省三「産業女性の異常月経とその対策試行」『武田薬工学術部彙報』一号、一九四四年。
(65)古沢嘉夫『婦人労務者保護』東洋書館、一九四三年、六四～六七頁。
(66)松本清一「所謂戦時無月経に関する研究」『日本産科婦人科學會雜誌』一巻三号、一九四九年、九一、九八～一〇一頁。なお、松本は同研究の末筆に「本論文は昭和二〇年四月～二一年六月の間に脱稿したが用紙不足のために」各篇毎にその大要を他の雑誌に分けて発表したことを付記している。
(67)松本清一『月経研究から性と生殖の健康と権利へ』自由企画・出版、二〇一一年、二五～二六、四九～五〇、六一頁。

教室百年史あゆみ編集委員会『東大産科婦人科学教室百年史あゆみ』東大産科婦人科学教室同窓会、一九八四年、一七九～一八四頁。

(68) 月経研究会（アクセス確認日、二〇一七年八月八日 http://月経.com/2016/12/15/%e3%83%a1%e3%83%a2%e3%83%aa%e3%82%a2%e3%83%ab%e3%81%a7%e4%bc%9d%e3%81%88%e3%81%9f%e3%81%84%e3%81%ae%e3%81%af/）。

(69) 堀川、二〇一七年、前掲論文。

(70) 金子良事前掲論文、一四九～一五八頁。なお、戦時下の法令に関する遵法精神に関しては、本書第八章、出口雄一「戦時期の生活と『遵法運動』」を参照されたい。

(71) 厚生省労働局『賃銀統制令解説』、一九四〇年、一、一一頁。

(72) 労働省前掲書、七七〇、七八五～七八八頁。

(73) 一九四二年四月一三日に第一回目研究会が開かれ、研究所側の出席者は所長の暉峻義等ほか安藤政吉、上野義雄などである。「第一回賃金問題特別研究会」［大原社会問題研究所所蔵（未整理）］。

(74) 「第三回賃金問題特別研究会」［大原社会問題研究所所蔵（未整理）］。なお、第三回目研究会の研究所側の出席者は、内海義夫、三好豊太郎、安藤政吉、河野公平、佐々木六郎となっている。

(75) 厚生省労働局前掲書、一、一一頁。

(76) 東京地方勤労協議会重要事業場東京部会「女子勤労管理要綱」、一九四三年、（神田前掲書、四三一～四三六頁）。

(77) ジャネット・ハンター前掲書、一三六～一四三頁。

(78) 榎一江「戦間期の繊維産業と労働市場の変容」『大原社会問題研究所雑誌』六三五・六三六号、二〇一一年、三九頁。なお、戦前期の日本製糸業の経営における雇用関係についての実証研究としては、榎一江『近代製糸業の雇用と経営』吉川弘文館、二〇〇八年を参照されたい。

(79) 金子美雄「女子の賃金に就て」軍事工業新聞編『女子勤労管理の要諦』軍事工業新聞出版局、一九四四年、四〇～四三、四五、五〇～五一頁。

(80) 佐藤前掲書、一九四～一九五頁。

(81) 金子美雄前掲論文、三六～三八頁。

(82) 深見謙介「賃金の男女差別と同一労働同一賃金の原則」黒川俊雄・嶋津千利世・犬丸義一編『現代の婦人労働　第1巻

婦人労働者の雇用と賃金』労働旬報社、一九七八年、七六～七九、八〇～八三頁。
(83) 飼手真吾・戸田義男『I.L.O. 国際労働機関　改訂版』日本労働協会、一九六〇年、三〇～三一頁。
(84) 浅倉むつ子『男女雇用平等法論――イギリスと日本』ドメス出版、一九九一年、四五頁。
(85) 深見前掲論文、八〇～八一頁。
(86) 桜井絹江『母性保護運動史』ドメス出版、一九八七年、四六～四七頁。
(87) 山川菊栄「無産階級運動における婦人の問題」『改造』一九二六年一月号（『新装増補　山川菊栄集　評論篇第四巻』岩波書店、二〇一一年、一二二～一五九頁）。
(88) 赤松常子「男女同一労働に対する男女同一賃銀の要求を叫ぶ」『労働婦人』第一〇冊、一九二八年九月一日、二～三頁。
(89) 労働省前掲書、七八〇、七八六頁。なお、第二次賃金統制令によって、二〇歳以上三〇歳未満の最高初給賃金の標準額も定められた。二〇歳未満の最高初給賃金は、従来の額が引き継がれてそのまま採用された。労働省前掲書、八〇六～八〇八、八二三頁。
(90) 佐藤前掲書、一八四～一八六頁。
(91) 「勤労」はこの時期に官僚側によって構想されたイデオロギーであり、国民は「勤労者」として平等であり、産業報国会のイデオロギーの中核に「勤労」が置かれた（佐口和郎『日本における産業民主主義の前提』東京大学出版会、一九九一年、一六四、一九一頁）。「皇国勤労観」は一九三八年に産業報国連盟が発足した際の趣意書に初めて宣言され（神田文人「解説」、神田文人編『資料　日本現代史7』大月書店、一九八一年、五八九～五九〇頁）、天皇の権威によって労働者の不満を抑え家族主義的擬制を維持する勤労観であった（河原前掲論文、一〇九頁）。この「皇国勤労観」に基づく家族主義が前提とされた賃金論には生活給が馴染んだ。「勤労」においては能率刺激の強い賃金形態は否定されるとともに、「勤労者」には生活の恒常性が確保されなければならなかった（佐口前掲書、一九六頁）。
(92) 金子良事前掲論文、一五九～一六八頁。
(93) 厚生研究会『国民皆労　戦時下の労務動員』新紀元社、一九四一年、一七〇～一七一頁。
(94) 金子良事前掲論文、一五七頁。
(95) 晴山俊雄『日本賃金管理史――日本的経営論序説』文眞堂、二〇〇五年、八四～九一頁。
(96) 佐口前掲書、二〇九～二一一頁。

（97）佐藤前掲書、一九七頁。
（98）金子美雄前掲論文、四九頁。
（99）佐藤前掲書、二〇〇～二〇一頁。
（100）厚生省勤労局管理課前掲「女子勤労管理講習会資料」。
（101）金子美雄前掲論文、四七～四九頁。
（102）佐藤前掲書、二〇〇～二〇一頁。
（103）堀川「戦時動員政策と既婚女性労働者——戦時期における女性労働者の階層性をめぐる一考察」。
（104）金子美雄前掲論文、五一～五二頁。
（105）厚生省勤労局管理課前掲「女子勤労管理講習会資料」。
（106）金子美雄前掲論文、五二頁。
（107）厚生省勤労局管理課前掲「女子勤労管理講習会資料」。
（108）金子美雄前掲論文、五三～五四頁。

第三部　変容する社会と戦時生活

第八章　戦時期の生活と「遵法運動」

出口雄一

はじめに

戦後「市民社会派」の有力な一角として、丸山眞男、大塚久雄とともに「戦後啓蒙」の担い手となった民法学者・法社会学者の川島武宜が、戦時下に所属していた中央物価統制協力会議において、統制経済と自由経済における法と倫理の関係についての思索を深めていたことは、現在では広く知られている。[1]その一つとして、川島が一九四二（昭和一七）年に公表した「統制経済における法と倫理」は、その前年一一月に展開された「経済統制遵法運動」について、我が国の統制経済法がこのような形での「遵法精神の昂揚にまで到達しなければならなかつたことは、きはめて特色的なことだといはなければならない」と述べ、このことが「法と倫理の関係についてのきはめて根本的な問題の核心を象徴して」いるとした上で、戦時下において「遵法精神」が特に昂揚されなければならないということと共に「法と倫理との結合が『遵法精神』なるものを媒介とせざるを得ないといふこと」への注意を促す内容となっている。(2)

戦時下において頻発する経済統制法令違反への対応は、川島に限らず、同時代の法学者たちにとって極めて優先順位の高い課題であった。上述の中央物価統制協力会議において、田中二郎・金澤良雄らと共に川島も従事していた「解説法学」は、複雑化・重層化する経済統制法令の動態的な把握と調整の役割を担っていたが、(3)日中戦争勃発後深刻化する経済統制法令違反に対して、刑法学からのアプローチでは十分でないと考える同時代の川島は、やがて「問題の解決を、法の外にあるところの『倫理』に求めるに至った」のである。(4)川島が後年、同論文を著作集に収めるにあたって、「国民の主体的な自発的な法律順守《ママ》の精神なしには、戦争経済の根幹であった資本主義経済のための統制法は実効をあげることはできない、というのが本稿における私のLeitmotivであ」ったと述べ、「私のほんとうの問題関心は、日本人の法意識の現実の姿についての社会学的な理解ということにあったのであり、それがこのようにゆがめられて現われているのを見ることは、私にとってはまことに悲しく且つ不愉快である」と回顧していることに示されるように、(5)戦時下の「遵法精神」に対する川島の関心は、戦後において展開される「日本人の法意識」論の理論的前提となる営為であったと位置づけることが出来よう。すなわち、後に戦後日本社会における権利意識の弱さを、専ら「前近代性」や「封建性」と結合した克服すべき課題として提示することになる「日本人の法意識」論に対して、以下に示されるような戦時における川島の「遵法精神」論は順接的に結び付くことになるであろう。(6)

率直に言ふならば、我々日本国民の［実］生活においては、国家規範の意識のほかに、少くともそれと同様に強く他の義理人情的社会規範が支配してゐるものといつて差し支へないやうである。我々の生活関係は、形式的には国家的の秩序の中にありながらも、現実においてはそれと同じ位強く、国家の中の他の社会的団体の規範秩序によつて支配されてゐる。家族的協同体に固有な規範の意識は、きはめて強い拘束力をもつてをり、又諸種の義理や人情的規範――そこでは、倫理と習俗と法が分化せず混然一体をなしてゐる――が我々を拘束する。〔中略〕我々の生活は具体的にどうであるかを省みるに、そこでは生活関係は、国家法的関係としてよりも、むしろより強く伝統的習俗的な義理人情や情実の支配する関係として意識されてゐる場合が少くはないやうである。(7)〔〔 〕内は著作集収録時の加筆部分を示す〕

このように描出される川島の「遵法精神」は、「生活関係」における規範の重層的構造、すなわち、国家法秩序としての経済統制よりも「伝統的習俗的な義理人情や情実の支配する関係」が優越するあり方を批判的に摘示するものであると言えよう。(8) しかし、戦時下における経済統制法令違反が、実際には、「輸出入品等ニ関スル臨時措置ニ関スル法律」（輸出入品等臨時措置法）や国家総動員法に基く膨大な委任法令群により、「極く最近まではそれが正しい行為として認められたものが、新しい法令が出まして、その後に於きましては是が犯罪になる」というような性質のものであり「新しい法令が出ましても当分の間と云ふものは、それはいゝことである、正しいことであると云ふ風に考へて、或は販売をせられ、或は生産をせられてゐる」場合も想定されるような状況であった以上、(9) 戦時下における経済統制法令は、その遵守を国民に期待することが極めて困難な性質の規範であったと言える。(10) このような危うい法秩序の維持のために行われたのが「遵法運動」であった。本稿においては、日中戦争勃発の年に制定された「遵法週間」とその展開を手がかりとして、戦時下における「生活関係」と「遵法精神」及び「遵法運動」との関係を、その規範構造に着目しながら検討することを目的とする。(11)

一　戦時経済統制と「遵法運動」

1　「遵法週間」の制定

「遵法週間」は、一九三七（昭和一二）年五月一三日に林銑十郎内閣が閣議決定した「国民教化方策」に基づき、同年一〇月一日の司法記念日から五日間制定されたものをその嚆矢とするものである。司法省の働きかけにより同方策の要綱に盛り込まれた「国憲ヲ重ジ国法ニ遵フ精神ヲ強化シ、以テ国家秩序ノ道義的法律的安定強化ヲ図リテ国民各々大義ニ立脚シテ其ノ職務ニ勉励スルノ気風ヲ馴致シ、堅実ナル国力ノ充実ニ寄与ス」との文言、及び、「宣伝スベキ項目」に加えられた「国憲国法ノ尊重、遵法精神ノ涵養」との文言に基づき、六月二四日の次官会議において国民教化運動に関する宣伝実施基本計画が決定され、そのうちの乙号宣伝として、遵法週間が指定されることとなった[12]。

なお司法記念日は、一九二八（昭和三）年一〇月一日の陪審法施行の際の昭和天皇による裁判所行幸を受け、翌一九二九年より設定されていたものである[13]。行幸にあたって「司法裁判ハ社会ノ秩序ヲ維持シ国民ノ権義ヲ保全シ国家ノ休戚之ニ繫ル今ヤ陪審法施行ノ期ニ会ス一層恪勤奮励セヨ」との勅語を受けた当時の司法大臣原嘉道は、陪審法の公布から施行の間の周知期間における啓蒙活動を受けて「更に国民をして徹底的に司法裁判の重要性を感得せしめる途を採る必要がある」とし、そのためには「矢張皇室の御稜威に頼るの外あるまい」と、司法の権威と天皇制の緊密な繫がりを再認識する必要を述べている[14]。

ところが、「遵法週間」の制定及びその宣伝方針が決定された直後の同年七月に日中戦争が勃発したため、「遵法運動」にはにわかに戦時色が反映されることとなった。司法記念日に併せて司法省が『週報』に掲載した文章には、「司法の使命と国民の協力」と併せて「事変に関する犯罪と其の防止」が掲げられ、軍機保護法や陸海軍刑法、新聞紙法及び出版法等についての説明が加えられているが、その末尾においては「所謂時局を喰う者、即ち事変を利用して悪事を働く者の犯罪が相当数発生してゐる」ため「斯る犯罪を予防し、以て出征兵士をして後顧の憂いを無からしむることは、銃後の国民としての責務であらうと思ふ」と述べられるに留まっている。(15) 当初の「遵法運動」は、司法事務が「恰も水や空気の如きもの」であり、国民が「此の職司の重要性に付殆んど無関心」であることに加え、司法部自体も「世俗よりも超然として、世人の司法部に対する認識が如何様であつてもそんなことは一切念頭にな」いというような状況の帰結として「司法一般に関する国民の理解に至つては、殆ど云ふに足りない実情」であることに鑑み、国民に対して「宣伝啓発」を行うというような性質のものであった。(16)「遵法週間」に併せて各界の有力者を招いて行われた座談会において、財界からの参加者が、公判の証人に呼ばれた際「言葉が丁寧でもあり、待たされもせず、極めて愉快であつた」が「取調が切り口上であるが、何《〔ママ〕》んとかならぬものか」といった証言を残していること等からも、(17) この段階の「遵法運動」が国民の「生活」を射程に入れることのない、ごく限定されたものであったことが理解されよう。

2 「遵法運動」と司法官僚・法学者

一九三九（昭和一四）年一一月一日、裁判所構成法施行五〇周年を記念して昭和天皇は再び裁判所行幸を行い、この年より司法記念日は同日に改められた。(18) この時の勅語は、「皇祖考立憲ノ鴻謨ニ本ヅキ司法権行使ノ制ヲ定《〔ママ〕》メラレ裁判所構成法ヲ施行セシメタマヒテ」から五〇年の成果を踏まえて「司法ハ国家ノ安寧ト国民ノ福祉トヲ保持スル所以ニシテ其ノ運用ノ如何ハ実ニ政教ニ影響スル大ナルモノアリ今ヤ国運隆興シ政務更張ノ秋ニ当レリ事ニ司直ニ従フモノ惟レ正惟レ直私ヲ去リ公ニ奉シ恪勤奮励以テ法ノ威信ヲ昂揚セムコトヲ期セヨ」というものであったが、元司法大臣の原嘉道は、この機会を捉えて「司法官憲の街頭進出」と併せて「国民に遵法観念を養成する為め」の「司法読本の編纂」を提案している。[19]

しかしこの間、一九三八（昭和一三）年六月に綿の強制管理に関する三省令が公布・施行されたことを契機として経済統制が本格的に開始されていた。[20] とりわけ、一九三九（昭和一四）年九月の第二次世界大戦勃発に伴う経済の混乱と、それに対応するための同年一〇月の価格等統制令等の制定は、司法部においては経済統制法令違反への新たな対応を迫る事態として認識され、天皇の裁判所巡幸が「遵法」と結びつけて捉え直されたのである。例えば、東京刑事地方裁判所検事局は、「法の威信を保持するの必要よりするも国家が法規の運用に付如何なる決意を有するかを国民に知らしめ以其の適従するところを理解せしむるの要あるべし」として、以下のような提案を同年一一月の文書において行っている。

経済統制の強化に伴ひ国民の遵法観念は之に逆比例し頓に希薄となり経済統制事犯に付刑事犯を手段に供し敢て憚らざる傾あり、統制徹底化は国民精神総動員運動に俟つべきものありと雖も先般畏くも司法部に賜りたる勅語の御趣旨を体し司法部も亦積極的防犯活動を開始し国民的共同精神の発揚に努力し以て国民の遵法精神を作興し法の威信を昂揚し此の種事犯の減少を期すべきものなるべし（司法懇話会、講演会、新聞紙等の活用）。[21]

さて、一一月一日に改められた司法記念日に併せて司法省が『週報』に掲載した文章では、「遵法精神」をめぐる課題が、自由経済から統制経済への移行による私的利益追求の制限の必然性として説明されている。すなわち、計画経済を国家総力戦の「必至の結論」であると断じ、この「未曾有の大変革」を「正視し、よく之を認識し、この変化に即応して、法令の要求する所に従ひ、行動を規制して行かなければならない。それが個人の小さな利己心から見て、如何に不便であらうと、如何に不合理と感じようとも」と訴えるその文脈からは、「かゝる事態を認識せず、私欲のため法令を蔑視して、時局下国民としてふさはしからぬ行動に出る者あることは、洵に憂慮すべく、遵法精神の昂揚、徹底を叫ばざるを得ない所以も亦茲にある」とされるのである。(22) 自由経済から統制経済への不可逆的変化の認識は、同時代の多くの官僚や知識人の共有する所であったことは先行研究によって明らかにされているが、(23) しかし、この認識が多くの国民に浸透していたとは到底考えられない。それでは、私的利益追求の抑制を如何に動機づけるのか。司法省はこれを「国民の遵法の『まこと』」によって説明する。「もし国民が遵法の『まこと』を致すに於ていさゝかでも欠くる所あらば、如何に取締官憲がその励行に努力するとも、如何に重い刑罰を以て違反者に臨むともそれは焼け石に水であつて、法令の所期する目的は到底達し得られるものではない」というのがその主張であるが、「これを皇道精神と云ふも、将又日本精神と云ふも、何等異なるものでない」旨が述べられていることが示すように、この説明は同時代に肥大化した「日本精神」や「皇道精神」、及び、それらを包含する「国体論」に基づくありふれたものであり、それだけに、単なる精神論を超える内容を持ち得るものとは言い難い。(24)

この点、林内閣・第一次近衛文麿内閣・平沼騏一郎内閣において司法大臣を務め、「遵法週間」制定当時には「由来我が司法部に於ては、対社会的には不言実行の立場に於て事を処し、敢て世間に呼び掛くるが如きことは、之を潔としない傾があつたのであるが、遵法精神の涵養と謂ふが如き重大なる事柄を担当した以上は、旧来の因襲を一擲し適正なる方法に依り国民を啓発宣伝し此の重任を全うすることを心掛けねばならぬ」と述べるに留まっていた鹽野季彦が、(25)二年後には以下のように述べるに至っていることは、本稿の関心から興味深い。

　欧米法制の中枢は、中世に於ける極端なる専制政治に反抗して起れる自由平等の思想並に之に基く個人の権利の概念である。彼の社会は個人主義の権化である。然るに我国に於ては、古来道義を以て社会生活の第一義となし、法的思想は之を第二義となし来つた。日本古来の社会生活は、権利義務によつて制約されるより、むしろ義理人情によつて動かされて来た。個人の利益を主張する前に、家族に対する責任と犠牲とを思ふのが本来の日本人である。我の社会は犠牲奉公の権化であつた。勿論社会諸条件の複雑化せる今日、昔ながらの家族制度と義理人情のみを以て、社会の規律が保てるとは誰しも考へないが、さればとてこれ等のものを簡単に封建遺制の一語を以て片づけるのも亦軽率であろう。(26)

　ここでは、冒頭で紹介したように、後に川島武宜が「遵法精神」を阻害する要因と捉えることとなった、「義理人情」を始めとする「欧米法制」に由来しない非個人主義的な社会規範が、むしろ「遵法精神」を充填する内容として肯定的に捉えられている。同年八月に法相を退いた鹽野は、翌一九四〇（昭和一五）年に「日本法理研究会」を立ち上げるが、鹽野の下に集った司法官僚たちは「法道一如」をスローガンとして掲げ、儒教概念を含めた虚構としての「日本的なもの」を、無批判かつ雑多な駆動原理として取り込んでいくことになる。(27)

　ところで、この「日本法理」運動には、東京帝国大学から、仏教的観点から「道義的責任」を理論化した刑法学者である小野清一郎と共に、(28)川島の師であった末弘厳太郎が参加していたことが注目される。経済統制法令に関する「解説法学」の限界を認識した末弘は、「更に進んで外部から法律社会学的考察を考へ、現行法令が現に立つてゐる社会的基盤の本質を考察して、それと法令との間に存する有機的関係を明か〔ママ〕にすると同時に、統制法令を単に法として其他多くの社会的諸要素から引き離して考へることなく、統制経済を成り立たしめている他の社会的諸要素と共に、統制法令も其等諸要素の一に外ならぬものと考へながら、他との関係に於て之を研究する必要がある」として、「科学的研究」と「道義的要求」の両立を企図し[29]、更に進んで、その方法論を「日本法理」運動と以下のように接合しようとする。

明治政府は欧米の法制に模倣して新に各般の制度機構を樹てた訳であるが、此等の新しい社会法則なり、政治力に依る新制度の実施に対して、我国固有の伝統力は果してどの程度まで抵抗したであらうか。その抵抗の実情を事実に付いて精確に測定し得るとせば、吾々は之に依つて我国固有の伝統力が何であるかを探知し得る訳であり、これに依つて我国社会の特質を明かにし得ると同時に、惹いては我国社会に妥当する法の特質、即ち日本法理のあるべき姿を考へる基礎を与へられる訳である。[30]

「日本法理」運動と慎重に距離をおいていた川島武宜が、それでも大戦末期には「統制経済の法と倫理とを歴史の上の単なる根なし草としてではなく、我々の祖先の歴史的遺産の中に根をもつた必然的な歴史の進展として理解し、またそのやうなものとして築き上げてゆくことこそ、我々の任務なのではないであらうか」と書かざるを得なかったように、川島もまた、戦時の言説空間の中にあったことは言うまでもない。[31] しかし、戦後にいち早く労働法制改革の中心的存在となりながらも教職追放となって東京帝国大学を追われた末弘と[32]、同じ東京帝国大学において「解説法学」の営為に参画しながらも戦後「市民社会派」の一翼として旺盛な執筆活動による「啓蒙」を開始する川島との懸隔には[33]、両者が同じ「科学」を追求していたことからはなおさら、単なる世代差を超えた別種の差異を改めて読み込む余地があるであろう。[34]

二　「遵法運動」の展開と拡散

1　「経済司法」と経済警察

冒頭において紹介したように、川島武宜が直接言及する「遵法運動」は、一九四一(昭和一六)年一一月一日から実施された「経済統制遵法運動」であった。これに合わせて『週報』は、司法省だけでなく、経済警察運営の観点から内務省、闇取引撲滅の観点から農林省及び商工省の文章を掲載した特輯号「経済統制と遵法」を刊行し、より具体的に、戦時下の生活に即した形で「遵法精神」を説いているが[35]、ここで述べられる「遵法精神」は、それまでのものとはやや異なる、より広い射程を持ったものとなっていることが注目される。すなわち、司法省が述べるところでは、「遵法精神とは、単に法を畏れてこれに遵ふといふ態度ではなく、法が円滑に行われ、臣民の総てが法に遵ふよう、進んで法に協力する精神」であり、「法を私議し、蔑視してこれを破るに至つては、天人ともに許さぬところといはねばな」らないとされ、「裁判所と検事局は刑罰を手段として最後の一線を守る法の守護者」であり「本当は臣民一人々々が法の守護者でなくてはなりません。法の守護者であるこの両者が、遵法精神をつながりとして結び合つて進むところに明るい取引、明るい生活が生れて来ます」と主張されるに至るのである[36]。

このことの背景には、前述のように一九三八(昭和一三)年六月から本格的に開始されていた経済統制が、この時期に全面化・本格化したことがある。司法事務官として経済統制法令違反事件への対応、すなわち「経済司法」の現場にあった関之によると、一九三九(昭和一四)年一〇月二〇日の価格等統制令及び地代家賃統制令の公布・施行に伴い「従来の経済現象進展の根本に対し大きな質的変化」が生じ、そのことが、経済統制法令違反の発生件数の爆発的増加と共に、以下のような犯罪の悪質化を招いたとされる。

第一に挙ぐべきは、遵法精神の頽廃、法令軽視の一般化が、特に甚だしかつたことである。統制経済法令は文字通り遵守すべきではない、何んとかして其の間隙を窺つて裏を掻くことを考へ、法令の存在を全く無視するが如き傾向が特に顕著になつて来たのである。違反として検挙せられても敢て恥とせず、却つて商才あるものとなし、違反もせず消極的なる営業に終始する者の無能を笑ふが如き事例が多々あつたのである。[37]

その上で関は、このような「遵法精神の頽廃化」がこの時期に甚だしかったことの要因として、経済統制法令が数量的に多く、立法技術が稚拙であったことと共に、「経済取引生活の殆ど凡てが、法的規整の対象」となり、それが「日常生活と同一体をなし、従来の自由取引の観念は容易に是正し難く、勢ひ法令違背が極めて頻発し易い」こと、執行運用にあたる官庁自身が経済統制法令違反を黙認する事例が散見されたことに加えて、検挙及び処罰が適当でなかった点があると指摘している。[38] 経済統制法令違反の勃発に対応して組織された「経済司法」は、当初「温情主義」的な運用を行っていたものの、一九三九年三月頃から悪質な違反事件に対する厳罰方針へと転換を始め、価格等統制令等の実施を受けて、「一罰百戒」を掲げた重点主義的検挙が志向されるようになっていたが、[39] その狙いは十分に果たされていたとは言い難い状態であった。

このことの構造的理由の一つは、経済統制法令違反への対応が、第一義的には「経済司法」に先行して活動を始めていた経済警察に依っているということにあった。経済警察は、その設置当初から「重大又は悪質なる犯罪に主力を注ぎ軽微なる事案に対しては徒らに苛察に亘らざる様篤と留意すること」が再三強調されており、[40] その「指導防犯」及び「防犯第一主義」の姿勢により「極端な指導偏重主義に陥り検挙を嫌忌する風潮」が生じる場合すらあったと指摘されている。[41] 例えば、同年一〇月に内務省警保局長の通牒によって米穀の闇取引を黙認する指示が出された事例に対し、「経済司法」の側からは「是等のことが業者及び一般国民の遵法観念を如何に頽廃せしめたかは蓋し想像に絶するものがあつた」との強い批判が提起されている。[42] このような批判もあり、経済警察は経済統制法令違反に対して「指導防犯」から取締強化へと方針を転換し、一九四一（昭和一六）年四月には「指導ヲ具体的ニ徹底」することと併せて「検挙ヲ重点ニ依リ遂行」することとされ、[43]「経済司法」と経済警察は一応の歩調を合わせることとなった。

さて、「経済司法」と経済警察との関係に即して本稿にとって興味深いのは、経済警察が捕捉した経済統制法令違反のほとんどが「注意」及び「説諭」に留められ、「経済司法」の範囲外となっていた点である。[44] 一九四〇（昭和一五）年一月に東京区裁判所検事局経済係が実施した調査では、この点につき以下のような懸念が示されている。

統制経済犯罪は例へて黴菌的犯罪と云ふことを得べし。然らば此の零細なる統制経済犯罪の犯罪としての危険性は如何。夫は零細なりと雖怖るべき犯罪なり、否却て其の黴菌的零細なる事こそ最も危険性を包蔵するものと云ふべし。何んとなれば黴菌的に微細なるにより社会の有する生活場面に侵入し之を病化する驚くべき力を有すればなり。従而此の全犯罪の九十九パーセントを占むる犯罪の零細部門に対して従来の如き態度により処遇する事は統制経済犯罪の本来の黴菌的性質を理解せざるものにして此の部門に対して何等かの対策を為すが当面の急務に非ざるか。其の対策の一として此の部門に対する防犯運動の如きを挙げ得べきか。[45]

ここで言及される「防犯活動」とは、前述のように、司法記念日に紐付けられた「遵法運動」を指している。[46]

すなわち、「注意」や「説諭」で済まされる軽微な経済統制法令違反の発生についても、「遵法精神」との関係から問題視され始めているのである。

この点は、「消費者の法令無視が犯罪の一原因をなしてゐる」との違反業者からの主張がこの頃から見られるようになったという指摘と軌を一にしている。[47] 経済統制法令違反の被適用者についての理論的検討を行った中央物価統制協力会議の金澤良雄は、物品販売価格取締規則による統制が行われていた初期の段階では、経済統制法令違反の対象となるのは、第一義的には経済秩序の構成員たる業者、すなわち販売者とされたが、このことは、「価格統制が往々にして売主側の恣意によつて左右されて来た従来の事情が、戦時に於ては、物資不足により、愈々増長される傾向にある」ことに加え、被適用者の拡張によって生じる「社会的不安や摩擦」を避ける企図でもあったとし、これに対して価格等統制令は、停止価格を「超エテ之ヲ契約シ、支払ヒ又ハ受領スルコト」を禁止する形をとることで「売主中心主義は一擲」され「その法律関係に関与する両当事者を平等に義務主体とし、統制目的の貫徹を確保せんとするに至った」旨を強調する。[48] しかし同法は一方で、第一三条において「当該契約ヲ為スコトガ自己ノ業務ニ属スル」場合を除き、「契約ノ当事者ニシテ営利ヲ目的トシテ当該契約ヲ為スニ非ザルモノ」には同法を適用しない旨を同時に定めており、一般消費者は価格等統制令の被適用者から除かれるというのが通説的な解釈であった。[49]

それでは、戦時下において経済統制法令違反を犯す消費者には本当に問題はないのか。横浜区裁判所検察局検事の馬屋原成男は、経済違反と脱法行為に関する研究を「司法研究」の中で行った際、「闇取引防止の対策としては、経済新秩序を樹立し、遵法精神を高揚する以外にはない」として、以下のように述べる。

経済人をして経済新道徳を樹立を〔ママ〕しめんには一般消費者の協力なくしては不可能である。業者に対して公定価格販売の遵守を要請するに就ては一般消費者に対しても亦公定価格に依るの買入を要請しなければならぬ。それが為には、購買力の抑制、貯蓄の励行を強制しなければならぬ。之なくして公定価格に依る買入の遵守はあり得ない。〔中略〕まことにイエリングは七十年の昔に之を喝破して曰く「購買社会が精確な目方と定価の遵守を注意しないならば斯くの如くにして法規の観念的な権威は危殆に瀕するであらう」と。売手たる業者をして経済法令の遵守に付、「不法を為す勿れ」と命ずるに付ては買手たる消費者にも亦「不法を忍ぶ勿れ」と要求しなければならないといふのである。然るに現在の状態は買手売手の不法を忍ぶどころか、買手の不法なることを欲するのである。果して能く斯くの如くんば、公定価格制度の維持励行は到底不可能にして、経済統制の実効は百年河清を俟つに等しい。此の意味よりして今や町会、隣組を単位として消費者団体の新組織の出現が最も要望されてゐる。それは実に消費者をして消費の公共性を認識せしめ、消費の自粛及び適正なる供給を確保するに役立つのみならず、自ら闇値による買受を為すことを得ざらしめ、却つて配給機関による闇取引を監督するの使命を果すに至るであらう。[50]

日中戦争勃発時から政府が実施してきた物価政策は、一九三九（昭和一四）年四月の「物価統制ノ大綱」、及び、商工省に設置された物価局の下で同年八月に答申された「物価統制実施要綱」を基調として強力に進められたが、このことは、戦時の計画経済において物価が重要な制御手段であったことを意味している。[51] しかし、第二次世界大戦勃発による海外物価の急騰を「停止価格」によって制御しようとする価格統制の実施は、その違反行為が「各方面に発生し更に之は全面的に彌漫するに至り目に触れるもの悉く違反と称するも過言でない様な状態」を惹起し、一九四〇（昭和一五）年九月には、全経済統制法令違反のうち実に八七・七％が価格関係違反によってこれて占められるに至っている。[52] 上述のように、経済警察及び「経済司法」は重点的な検挙と厳罰方針によってこれに対処しようとしたが、「遵法精神」論は、経済統制法令違反に問うことの出来ない——すなわち「法の外にある」——公定価格違反による一般消費者の購買行動を抑制することで、警察及び司法の「外部」である「生活関係」から物価の制御を行おうとするものであった。例えば、一九四一（昭和一六）年一月に各府県及び警察署に「経済生活相談所」が開設され、「統制の間隙から生ずる生活の不安を障碍を一つ一つ打開していくこと」を目指したことなどは、この動きの反映であろう。[53]

2　戦時下の生活と「遵法運動」

本稿の冒頭において言及したように、価格等統制令を始めとする経済統制法令は、既存の経済秩序において適法なものとして認められていた商取引が、法令の施行によって違法なものとして非難されるというものである。これは通常「経済刑法」と呼ばれる行政刑法の一種であり、刑法学においては、その違反行為は社会的・倫理的に非難される自然犯ではなく、法定犯として理解されてきた類型である。しかし戦時下においては、経済統制法令違反、あるいは、広く経済犯罪を自然犯と法定犯のどちらに属する犯罪として把握するかという点につき、学説の争いが見られた。[54]この点について川島は以下のように述べる。

経済統制の倫理は、国家的統制の秩序の有機的一部分として存在するのであり、それはいはば「国民倫理」とも称せらるべきものである。換言すれば、経済統制の法と倫理とは国家といふ社会的協同体に担はれそれを媒介として統一の秩序を構成してゐるのである。／〔現在の経済〕統制法は、刑罰による単なる強制によつてのみではなく、「国法は守られねばならない」といふ、［］国家的協同体［］の〈生活の〉意識［ないし思想］〈自体〉に〈由来し〉基礎づけられた遵法精神によつて、その秩序を維持する。しかし、［］単なる遵法［］の意識即ち国法の拘束性の意識それだけでは、その［統制］〈秩序は実質的に意味ある全体として完成され得ないのである〉［実際上有効に機能し得ない］。法に固有なる一般的抽象的性質・形式的定型的性質の故に、単なる遵法精神は現実に対する法の形式的妥当を確保し得ても、終局的な実質的な秩序の完成には足りないのである。〈ここにおいてか〉［そこで］、倫理――全生活関係の秩序を具体的に確保し形成するところの、「空気の如くどこにでも入り込む」倫理――による支持を必要とする。経済統制においては倫理と法とは、「国家」を媒介として、市民社会におけるよりも遥かに強く結合統一され〈てゐなければならない〉［ることが、意図されている］のである。[55]［［ ］内は著作集収録時の加筆部分、〈 〉内は削除部分を示す］

このように述べる川島は、経済統制法令違反は「ほかならぬ経済自体の内部的秩序の違反」であり「経済倫理違反行為たる性質を有する」ため、「国家作用の形式から見るならば行政犯でありながら、その実質から見るならば反倫理的な行為」であるとする。[56]公法学の立場からは反対意見も存在していたが、[57]上述した「日本法理」運動の中心的人物であった小野清一郎が「時間の推移と共に国民がひとしく統制経済の必要を自覚するに及んで、今や其の経済的合目的性とともに其の国民的倫理性が意識されつつある」ため、統制経済が「単なる行政秩序から生活秩序そのものに変化しようとして」おり、「経済統制違反は行政犯でありながら、刑事犯的性格を帯び来りつつある」と主張したように、[58]当時の多くの刑法学者は経済統制法令違反を自然犯と理解していた。[59]

このような経済統制法令違反の性質をめぐる刑法学説は、部落会・町内会を通じて「生活関係」に「遵法精神」へと変換されて浸透していく。一九四〇（昭和一五）年九月に通達された「部落会町内会等整備要領」において「国民ノ道義的錬成ト精神的団結ヲ図ルノ基礎組織」と共に「国民経済生活ノ地域的統制単位トシテ統制経済ノ運用ト国民生活ノ安定ニ必要ナル機能ヲ発揮」することを目的とされた部落会・町内会においては、その基幹としての「常会」を設置し、指導書の普及などを通じた戦時体制の具体化が試みられた。[60] 一九四一（昭和一六）年に「経済統制遵法運動」が実施された際の『週報』では、「経済統制と遵法」の特輯号の「常会の頁」において、「〃統制経済法規を守つて、明るい取引、明るい生活を打樹てませう〃といふ経済統制遵法運動が一一月一日から全国で行はれますから、常会では是非この問題をとり上げて、趣旨の徹底を図つて下さい」として、経済統制法令に関する常会の席上での徹底事項が箇条書きにされているが、その中には以下のような記述がある。

（一）統制経済が戦時下の日本に絶対に必要なものであることは申すまでもないことで、経済犯罪は今日では、法規を知らなかつたから誤つて罪を犯したといふやうな単純なものではなく、詐欺や恐喝や窃盗などと同様、破廉恥罪です。経済犯罪が国民道徳に反する非国民的行為であることを徹底させて下さい。[61]

また、同年の『週報』には、三回にわたって「統制経済遵法の手引」が連載されているが、その中でも「法令を知らなかつたために誤つて罪を犯した場合」についての想定問答において「経済犯罪は最早単純な取締法規違反の罪ではなく、殺人や窃盗等にも比較され得る犯罪といひ得るのです」として、上述のような経済統制法令違反の自然犯としての性質が単純化して強調されている。[62] その一方で、「中にはずゐぶん気の毒だと思はれる場合もあるでせうね」との問いが立てられ、以下のような回答が添えられていることも注目されよう。

司法当局の方針も、統制当初の時代には、無暗に峻厳な態度を採らず、真に法令を知らなかつたために犯し

た と思はれるやうな事件は起訴することを差し控へ、専ら指導するといふ方針を採つてをりましたが、近頃では真に法令を知らなかつたため罪に陥つたといふ場合は極く稀で、単なる弁解のための弁解に過ぎない場合が多いやうです。そんな場合は容赦なく処罰されます。しかし国民は徒に狐疑逡巡し畏怖する必要はないのです。善良な国民としての態度を以て臨み、真に国策に協力しようといふ考へで注意をすれば決して過ちのあるものではありません。[63]

これらの記述からは、経済統制法令違反を意図的に犯すことを抑止するという段階を超え、一般の国民が消費者として闇取引に参画しないことを求めるという観点から「遵法精神」が強調されていることが看取される。上述のように、価格等統制令を中心とする価格関係違反法令は、闇市場におけるブローカー等をその違反者として想定しているものであり、営利目的ではなく闇値で買った消費者を対象とするものではない。[64]しかし、常会が呼びかける「生活空間」においては、消費者としての「善良な国民」が「遵法精神」にしたがって買手に回らないことが期待されている。このことは、「経済統制遵法運動」特輯号が「一人の闇取引は万人を闇取引に駆り立てる」とのスローガンを見返しに掲げていることからも明らかであろう。[65]

それでは、「非国民的行為」とされた経済統制法令違反行為への加担を、具体的にはどのように防止しようとしたのか。上記「常会の頁」はこう続ける。

(三) 闇取引のやうな経済犯罪をなくするには、「商人さへ闇値をよせば……」とか「客が闇値で買ひさえしなければ……」とかいつてゐたのでは何時まで経つても駄目です。消費者も、配給業者も、生産者も、各々自覚して国民全体が統制経済に協力しなくては今日の時局を突破できません。このことをよくみんなの人に徹底させて下さい。
(四)殊に一般の消費者としては、買溜めや、買あさりが闇取引の起る原因となり、一人の闇取引、一人の買溜めが万人の闇取引、買溜、買あさりとなることを十分自覚して下さい。
(五)親が闇取引をしてゐることが、子供にどんな悪影響を及ぼすかを考へて見て下さい。
(六)闇値でしか売らない店、抱き合せや買惜しみ、量目不足など闇取引をする不正業者に対しては、常会の申合せによつて反省を求めるなどの方策をとつて下さい。[66]

すなわち常会においては、法定犯から自然犯へと「倫理的」に変化しつつあるとされた経済統制法令違反行為を、常会に参加した家族及び村落共同体の相互監視によって防止しようとしているのである。この志向は、「不自由は共々に忍びませう、苦しいことはお互さまです、この家族的の気持があつて、どうして買溜めだ、闇取引だといふやうな非国民的な行動が出来ませう、自分の町からは、自分の村からは、こんな忌はしい言葉は、消して仕舞はう」という、我々に馴染みの深い戦時下の窮乏生活イメージと重なるものであるが、[67]これこそは、川島武宜がむしろ「遵法精神」を阻害するものとして摘示した「伝統的習俗的な義理人情や情実の支配する関係」ではなかったか。[68]実際、大戦末期においては、後述のように闇取引が常態化することになるが、司法省が経済課長又は経済課事務官を集めて各地で開催した「闇対策懇談会」においては、その背景を為す「社会的原因」として、指導者層の無自覚無反省、労務者農山漁民等の生活程度の向上、耐乏生活観念の欠如、拝物的思想の彌漫、経済流言、時局便乗的思想の彌漫、闇ブローカー等の発生と併せて、「遵法精神の欠如」と共に「義理人情の濫用」が挙げられ「親戚、恩顧者、知人等よりの依頼に伴ふ闇物資の譲渡」や「一面識の者と雖も家庭の事情等を打明けられ(所謂泣落し戦術により)闇物資の都合をつける傾向は特に農山漁村に多し」として問題視されているのである。[69]

おわりに

一九四一（昭和一六）年九月三〇日付刑事局長通牒「統制経済法令違反事件報告方ニ関スル件」により、経済統制法令違反に関しては「経済事件処分票」が作成されることとなり、その中に「犯罪原因」として「利欲」「仕入値（材料値、修繕費）上リ」「得意維持」「配給減少」「原材料入手難」「生活難」「遵法精神欠如」「法規不知」「営業損失回復ノ為」の記載が開始されることとなった。[70] この処分票を踏まえた分析によると、一九四三（昭和一八）年三月までの期間に、「法規不知」は一・五％から〇・六％に減少しているのに対し、「遵法精神欠如」は一三・二％から二五・四％へ急増を見せている。[71] この期間は、司法統計の上では経済統制法令違反の件数が一九四〇年一〇〜一二月をピークに一旦減少し、その後微増に転じる時期と重なるが、大阪府経済保安課が調査した経済法令違反事件検挙人員調と、これに基づく分析においては、説諭人員数が激減する一方で送致人員数が急速に増加していることは「取締方面に於ける技術と方法の向上が重大事犯の検挙に其の実効を納めてゐることを示すと共に一面経済事犯の悪質化を物語る以外の何ものでもない」ことが指摘されている。[72]

とりわけこの時期に問題視されたのは、瀆職事件の頻発による国民の経済統制そのものへの信頼が失われていくことであった。[73] 仮に、法体系が存在するためには、ハート（H. L. A. Hart）の言う「内的観点」を備えて「法を存立し適用する人々」である「公職者（officials）」が法を規範として扱うこと、すなわち、「それが自己利益に適うかどうか、道徳的に正しい内容を有しているかどうかによらず」に「法が法であるゆえに従うべきだ」と主張する者が必要であるとするならば、(74)経済統制法令を運用する側が「遵法精神」を欠如させたとき、戦時経済秩序自体が崩壊に向かうことは容易に推測可能である。大戦末期において経済統制自体が混乱を来す中で、一九四四(昭和一九)年二月に制定された「経済関係罰則ノ整備ニ関スル法律」は、統制団体の役職員による瀆職や軍関係の秘密漏洩についての厳罰化を図る趣旨のものであったが、(75)この時期には政府自体が軍需品に公定価格を超えた価格を支払い始め、(76)急激な物価騰貴と共に「遵法精神」は減退の一途を辿る。敗戦後の経済統制方針の混乱と「闇市」の展開は、大戦末期のこのような状況の延長線上にある。すなわち、「闇を不正義とせざる思想が一部に混在し、闇の反倫理観を麻痺せしめ、闇の普遍化をもたらす」ことの帰結としての「統制経済なり経済統制なりの病理現象」が、なかば必然的に経済統制法令を有名無実化したのであり、「闇の絶滅を期する必要があるからといつてただ声を大にして遵法精神を説いても恐らく何等の効果を期待し難い」というのが、大戦末期から敗戦直後の実情であった。(77)

しかしその一方で、敗戦直後の食糧事情の悪化に伴い、一九四六(昭和二一)年二月の食糧管理法施行規則の改正によって、正規のルートに依らずに米麦等を「輸送シ又ハ之ニ付輸送ノ委託ヲ為シ若ハ輸送ノ委託ヲ受クルコトヲ得ズ」とされたこと等の影響もあって、戦後には一般家庭消費者が多数検挙されるようになった。(78)そのような中で、一九四七(昭和二二)年一〇月に東京地方裁判所判事の山口忠良が闇物資を拒んで栄養失調のため死亡するという象徴的な事件が起こるが、(79)さまざまに語られるその「遵法精神」は、経済統制法令の遵守をより厳しく求められ、かつ、「生活者」としての視線にもさらされていた「公職者」であるが故の悲劇であったとも理解されよう。(80)しかしこの営為について、「敗戦直後で皆が虚脱状態」であったところに『我こそが日本人だ』ということを見せた訳です。鍋島藩の葉隠精神を地で行った人ですよ」との言説が戦後七〇年が経過して現れるとき、(81)

そこには、戦時下の生活の場において、「伝統的習俗的な義理人情や情実の支配する関係」を超えて「偽史」として構築され、戯画化された日本人の「遵法精神」が投影されているようにも思われる。(82)

※本稿は、平成二九年度科学研究費基盤研究（C）『戦後体制』の形成過程に関する近現代法史の観点からの実証的再検討」の一部である。

註

（1）戦時下の川島の営為に関しては、高橋裕「川島武宜——その初期の活動」小野博司・出口雄一・松本尚子編『戦時体制と法学者　1931—1952』（国際書院、二〇一六年）を参照。

（2）川島武宜「統制経済における法と倫理」『経済統制法年報』一巻一号（一九四二年）一一七頁以下、同「『統制経済』における法と倫理」同『川島武宜著作集（4）』（岩波書店、一九八二年）四頁以下。なお、注（5）を参照されたい。

（3）「解説法学」に関しては、さしあたり、拙稿「戦時・戦後初期の日本の法学についての覚書（1）——『戦時法』研究の前提として」『桐蔭法学』一九巻二号（二〇一三年）一三一頁以下、及び、「戦時法研究の射程——日本近現代法史の観点から」小野・出口・松本編前掲書、一〇四頁以下を参照。

（4）川島前掲論文「統制経済における法と倫理」一二五頁以下。この点は、後述する「日本法理」運動における末弘厳太郎の活動を念頭に置いたものと考えるべきであろう。

（5）川島武宜「解題」同前掲『川島武宜著作集（4）』四〇七頁。

（6）周知のように、川島武宜『日本人の法意識』（岩波書店、一九六七年）によって広く世に問われた「法意識」論は、法社会学のみならず隣接諸領域において大きな議論を呼ぶことになった。「日本人の法意識」に関する文献は数多いが、さしあたり、松村良之「法社会学は何をしてきたか——川島武宜の法意識研究を中心として」和田仁孝・太田勝造・阿部昌樹編

『法と社会へのアプローチ』(日本評論社、二〇〇四年)一〇頁以下、及び、川口由彦「調停制度分析における法史学的視点」同編『日本近代法史の探求(1) 調停の近代』(勁草書房、二〇一一年)二頁以下を参照。
(7) 川島前掲論文「統制経済における法と倫理」四九頁以下。
(8) この点は、同論文の後に執筆した「自由経済における法と倫理──民法を中心として(1)~(2)」『法律時報』一四巻六~七号(一九四二年)において、川島が「近代市民社会における法と倫理の特質と関連とについての一般理論」を描出しようとしたことと連動している(川島前掲「解題」四〇八頁)。なお、利谷信義『新装版 日本の法を考える』(東京大学出版会、二〇一三年)五五頁以下を参照。
(9) 豊島章太郎「経済警察今後の取締方針」豊島章太郎・荻野益三郎『商工業者と経済警察の立場──刑罰法規の改正はどうなつた?・』(日本商工倶楽部、一九四一年)一一頁。
(10) この点は、「遵法責務」と共に「悪法問題」としても議論される問題であり、本稿の末尾において再論することとしたい。その法哲学的な論点に関しては、横濱竜也『遵法責務論』(弘文堂、二〇一六年)を参照。
(11) なお、本稿における史料の引用においては、旧漢字は原則として新漢字に改めた。改行は「/」で示し、筆者による補足は〔 〕で示した。引用文献は原則として初出時のものに依り、後に著作集等に収録された際の異同は適宜附記した。また、本稿の内容は、別稿「戦時経済統制と『解説法学』」伊藤孝夫編『経済法の歴史』(勁草書房、二〇一八年刊行予定)と一部重複する箇所がある。了とされたい。
(12) 船津宏「遵法週間の制定」『法曹会雑誌』一五巻一〇号(一九三七年)二一三頁以下。
(13) 司法記念日に関しては、拙稿「戦時下の陪審裁判」小野・出口・松本編前掲書、三四九頁以下を参照。
(14) 原嘉道「臨幸十周年記念日に於て遵法教育の普及を提議す」『法曹会雑誌』一七巻一一号(一九三七年)五〇頁以下。
(15) 司法省「時局と遵法の精神」『週報』五〇号(一九三七年九月二九日)一一頁。司法省『時局と遵法の精神』(一九三七年一〇月一日)一〇頁以下にも同じ内容が掲載されている。
(16) 船津前掲論文、二一五頁以下。
(17) 「司法省と遵法週間」『法律新報』四八五号(一九三七年一〇月一五日)七頁。
(18) 司法省秘書課「裁判所構成法施行五十年記念式典記事」『法曹会雑誌』一七巻一一号(一九三九年)一九四頁。
(19) 原前掲論文、五九頁以下。

(20) 西田美昭「戦時下の国民生活条件――戦時闇経済の性格をめぐって」大石嘉一郎編『日本帝国主義史(3) 第二次大戦期』東京大学出版会(一九九四年)三六九頁以下、同「戦時・戦後闇経済の実相」『復刻版 経済月報 別巻』不二出版(二〇〇二年)五頁以下。

(21)「諮問事項に関する答申」(一九三九年一一月一八日)中村隆英・原朗編『現代史資料(43) 国家総動員(1)』(みすず書房、一九七〇年)六六二頁。

(22) 司法省「時局と遵法精神」『週報』一五九号(一九三九年一一月一日)四頁以下。

(23) 白木沢旭児『大恐慌期日本の通商問題』(御茶の水書房、一九九九年)、柳澤治『戦前・戦時日本の経済思想とナチズム』(岩波書店、二〇〇八年)等を参照。

(24) 司法省前掲論文「時局と遵法精神」七頁。なお、田中康二「日本精神論の流行と変容」緒方康編『一九三〇年代と接触空間――ディアスポラの思想と文学』(双文社出版、二〇〇八年)、藤田正勝「日本的なるものへの問い」苅部直他編『岩波講座 日本の思想(1)「日本」と日本思想』(岩波書店、二〇一三年)等を参照。

(25) 鹽野季彦「遵法精神の涵養」『法曹会雑誌』一五巻一〇号(一九三七年)二頁。

(26) 鹽野季彦「次に来る五十年」『法曹会雑誌』一七巻一一号(一九三九年)七五頁。

(27) 日本法理研究会に関しては、さしあたり、拙稿「『日本法理』と『国家科学』――近衛新体制期の法学者・法律家たち」『法史学研究会会報』一八号(二〇一五年)を参照されたい。

(28) 小野清一郎の刑法思想に関しては、拙稿「統制・道義・違法性――小野清一郎の『日本法理』をめぐって」『桐蔭法学』二〇巻二号(二〇一四年)、『日本法理』における固有と普遍――小野清一郎の言説を中心として」岩谷十郎編『再帰する法文化』(国際書院、二〇一六年)において若干の検討を行った。

(29) 末弘厳太郎「経済統制法の法律社会学的考察」『法律時報』一三巻一〇号(一九四一年)一〇頁。石田眞「末弘法学の軌跡」六本佳平・吉田勇編『末弘厳太郎と日本の法社会学』東京大学出版会(二〇〇七年)一七〇頁も参照。

(30) 末弘厳太郎「法律と慣習――日本法理探求の方法論に関する一考察」『法律時報』一五巻一一号(一九四三年)三頁。

(31) 川島前掲論文「自由経済における法と倫理(2)」三二頁。この箇所は、戦後に『法社会学における法の存在構造』(日本評論社、一九五〇年)に「市民社会における法と倫理」と改題の上採録される段階で削除されている(なお、著作集に収められたものの底本は、この改稿を経た「市民社会における法と倫理」であり(川島前掲『川島武宜著作集(4)』一〇九頁)、こちらにも対応箇所は見当たらない)。
(32) 髙橋裕「川島武宜の戦後——一九四五〜一九五〇年」和田仁孝他編『法の観察——法と社会の批判的再構築に向けて』(法律文化社、二〇一四年)一九頁以下。
(33) 六本佳平「末弘法社会学の視座——戦後法社会学との対比」六本・吉田編前掲書、二四一頁以下。
(34) ここで含意される「科学」の射程については、別の機会に検討を行いたい。
(35) 『週報』二六四号(一九四一年一〇月二九日)。
(36) 司法省「統制経済と遵法精神」同前三頁以下。
(37) 関之『経済犯罪概説』(松華堂、一九四三年)五七頁以下。
(38) 同前六六頁以下。なお、官庁による経済統制法令違反に関しては、本稿の末尾で再論する。
(39) 荻野富士夫「『経済司法』の戦時と戦後」『復刻版　経済月報　別巻』(不二出版、二〇〇二年)三二頁以下。
(40) 清水重夫「実践方法に留意を要す」(一九三八年八月二〇日)小松正巳・小網利夫『解説経済警察読本』(日満工業新聞社、一九三八年)一八七頁。
(41) 八木胖『経済犯論』(東洋書館、一九四七年)。
(42) 寺西博『統制経済法規違反事件に関する研究』(司法研究報告書二九輯二)』(司法省調査部、一九四一年)二六五頁。
(43) 内務省「経済警察の使命と方針」『週報』二六四号(一九四一年一〇月二九日)九頁以下。
(44) 西田前掲論文、六頁以下。
(45) 「統制経済犯罪に関する若干の調査」中村・原編前掲書、六七二頁。同前八頁も参照されたい。
(46) 前掲「諮問事項に関する答申」六六二頁。
(47) 関前掲書、八一頁。
(48) 金澤良雄「経済統制法の被適用者(2)」『法学協会雑誌』六一巻六号(一九四四年)一一五頁以下。
(49) 同前一一六頁。佐伯千仭「経済犯罪の理論」大隅健一郎・佐伯千仭『新法学の課題』(日本評論社、一九四二年)二九四頁以下、齋藤秀夫『戦時生活の法律と判例』(河出書房、一九四四年)四三五頁以下。
(50) 馬屋原成男『経済事犯と脱法行為の研究(司法研究報告書三一輯四)』(司法省調査部、一九四二年)二一五頁以下。
(51) 岡崎哲二「戦時計画経済と価格統制」『年報　近代日本研究(9)　戦時経済』(山川出版社、一九八七年)一七六頁以下。

下。

(53) 内務省「経済警察の使命と方針」『週報』二六四号（一九四一年一〇月二九日）八頁以下。

(54) 山中敬一「統制経済刑法の展開とその評価」同『近代刑法の史的展開』（信山社、二〇一七年）八〇頁以下。

(55) 川島前掲論文「統制経済における法と倫理」五四頁以下。

(56) 同前五七頁。

(57) 美濃部達吉「経済法に付いての一般的考察」『法律時報』一二巻八号（一九四〇年）四頁以下。

(58) 小野清一郎「経済刑法と違法の意識（1）」『法学協会雑誌』五九巻六号（一九四一年）九頁以下。同『刑罰の本質について・その他』（有斐閣、一九五五年）二三一頁。

(59) 山中前掲論文、一二五頁。

(60) 部落会・町内会及び「常会」に関しては、須田将司『昭和前期地域教育の再編と教員――「常会」の形成と展開』（東北大学出版会、二〇〇八年）、山本悠三『近代日本の思想善導と国民統合』（校倉書房、二〇一〇年）等を参照。

(61) 「経済法規を守れ――先づ常会から徹底しませう」『週報』二六四号（一九四一年一〇月二九日）三九頁以下。

(62) 司法省「統制経済遵法の手引」『週報』二六五号（一九四一年一一月五日）二九頁。

(63) 同前三一頁。

(64) ただし、配給統制違反については一般消費者が被適用者となる可能性がある（金澤前掲論文、九八頁以下）。この点は本稿の末尾において若干触れる。

(65) 『週報』二六四号（一九四一年一〇月二九日）。

(66) 前掲「経済法規を守れ」四〇頁。

(67) 古谷敬二『常会の話』（中央教化団体連合会、一九四〇年）一三頁。

(68) 「日本の社会は、家族および家族的結合から成り立つており、そこで支配する家族的原理は民主主義の原理とは対立的のものである。〔中略〕まさにこの家族的生活原理こそわれわれの社会生活の民主化を今なほ強力にはばんでゐるものであり、これの『否定』なくしては、われわれは民主化をなしとげえない」（川島武宜「日本社会の家族的構成」『中央公論』六一巻六号（一九四六年）三六頁、同『川島武宜著作集（10）』（岩波書店、一九八三年）一五頁）。このように述べる川島は、「遵法精神」と「近代的な法意識」を等価の概念として「近代法の行われるための不可欠の条件」として把握することになる（川島武宜「遵法精神の精神的および社会的構造（1）」『法学協会雑誌』六四巻七号（一九四六年）二頁、同「順法精神」川島前掲『川島武宜著作集（4）』一一一頁）。このことの含意については、川島法学の全体像、及び、戦後「市民社会派」の営為との関係を視野に入れた検討が別途必要となろう。なお、拙稿「『戦後法学』の形成――一九五〇年代の社会状況との関係から」「年報日本現代史」編集委員会編『年報日本現代史（20） 戦後システムの転形』（現代史料出版、二〇一五年）を参照。

(69)『経済月報』四巻九号（一九四四年）八五頁以下。

(70)『経済月報』一巻四号（一九四一年）二六九頁以下。

(71)『経済月報』三巻五号（一九四三年）二八頁以下。

(72) 野村前掲書、一九五頁以下。

(73) 西田前掲論文、六頁以下。

(74) H・L・A・ハート／長谷部恭男訳『法の概念』（筑摩書房、二〇一四年）一九一頁以下。横濱前掲書、一九頁以下。

(75) 荻野前掲論文、六〇頁以下。田中二郎「経済関係罰則の整備強化――経済関係罰則の整備に関する法律を中心として」『法律時報』一六巻四号（一九四四年）三五頁以下。

(76) 大蔵省昭和財政史編集室編『昭和財政史（9）』（東洋経済新報社、一九五六年）三七六頁以下。

(77) 田中二郎「統制法の病理現象としての闇」『法律時報』一六巻一二号（一九四四年）一頁。大戦末期から占領初期にかけての経済統制と「闇市」に関しては、原山浩介『消費者の戦後史』（日本経済評論社、二〇一一年）一五頁以下を参照。

(78) 武安将光「特別法犯（特に経済犯罪）」法務大臣官房調査課編『本邦戦時・戦後の犯罪現象（第一編）』（法務資料三三一号）』（一九五四年）七五頁以下。

(79) 山形道文『われ判事の職にあり』（文藝春秋、一九八二年）。なお、団藤重光『法学の基礎』（有斐閣、一九九六年）二二四頁以下を参照。

(80) 山口判事は、病に倒れて地元に帰ってからは闇物資を拒まなかったという（同前二八四頁以下）。

(81) 徳本栄一郎「『プリンシプルの男』か『狂人』か――遺族が明かす餓死判事の死の真相」『週刊朝日』一二〇巻四六号（二〇一五年）一一六頁以下（山口判事死去の記事を執筆した記者への晩年のインタビューによる）。

（82）早川タダノリ『「日本スゴイ」のディストピア——戦時下自画自賛の系譜』（青弓社、二〇一六年）。

第九章　昭和戦時期日本の国家財政と家計
——貯蓄奨励の論理と構造

米山忠寛

はじめに——分析対象と目的

本稿では戦時期日本における労働と生活に関する問題の中で、国家財政と家計の関係について扱う。この二つは一見すると関連が乏しい離れた関係の様にも見える。「政治的な事柄」と「身近な事柄」とで縮尺が合わないようにも感じられるだろうか。関連の薄い様にも見える両者を繋ぐのが「貯蓄奨励」という問題である。実は戦時体制を構築し、戦時の国内経済を円滑に動かしていく際には、家計の問題は慎重な対応が求められる課題となっていた。昭和の戦争は総力戦という戦争の様式の中で戦われることになった。戦争の規模は大きくなり、国力の多くを投じる必要が生じた。国内経済の総力が試されることになったのである。昭和戦時期の政策担当者は総力戦であることに伴って、家計の動きについても多くの期待をせざるを得なくなった。

古典的な理解に沿って昭和戦時期を軍部などによる「支配と抵抗」の図式を用いて考慮するのであればこのような問題の存在が発見されることはない。軍部が支配していたのであり、家計に関しても国民は従っていたことになるだろう。その場合は支配に従順な国民と抵抗する国民の存在を描写すればそれで十分だということになる。しかしこの問題は単純な〈支配―被支配〉に還元できるわけではない。単純な支配で戦意を維持できるのであれば容易であろう。しかし人間はそれほど単純ではない。この問題は戦時体制への国民の貢献に如何に報いるか、という国家の態度が問われ続けた問題とも言えるからである。

昭和戦時期には既に社会主義国は存在していたのだから、戦時運営に際して計画経済を導入すれば簡単だったのかも知れないが、日本は恒常的な計画経済を選択することはなかった。計画経済と戦時統制に一見すると類似した側面はあったとしても、戦時体制の構築に留まったと言える。それ故に、資本主義的要素を如何に活用するかが、戦時日本にとっての大きな課題となった。行政組織や企業に関する部分であれば行政からの命令系統・要請系統を整備する中で対応できる部分は大きいだろう。

だが国内経済の中で広く国民一般の関与する経済の側面については制御が厄介である。結果的に日本ではあくまで国民の自主的な戦争協力に多くを依存することになった。それが国家財政と家計の関係の中で整備されたものが「貯蓄奨励運動」であったと言える。この問題を検討対象とすることで、両者を架橋し、その双方を理解する視点が得られるものと考えられる。

一 「貯蓄奨励」と国民運動化――戦時経済の基本構造

昭和戦時期に政府・大蔵省は貯蓄奨励を推進し、国民の中での貯蓄奨励運動を喚起した。だがそれらはなぜ必要だったのか。貯蓄は戦費に用いるために必要だったのだろうか。その発想は基本的に間違いである。その側面もないわけではないが迂遠な間接的な関係に過ぎない。その点の誤解は平時の財政と戦時の財政の思考様式の違いを看過することで発生するものである。基本的に戦時期の国内経済は以下の様な経路を辿る。どの国でもこの構図は基本的に変わらない。

〈戦費支出〉→〈資金投下・インフレ〉→〈市場に金が溢れる〉
〈並行して物資不足〉

第一次世界大戦における成金や、朝鮮戦争に伴う朝鮮特需など、戦争に伴う軍需景気は国内経済を活性化させる。一方で経済状況の急激な変化はインフレを発生させる。シベリア出兵に伴う米騒動の事例が典型的であり、物価の急騰は国民生活に支障を来すことになる。軍需産業の活性化で資金は供給され続けるが、総力戦の運営に際しては軍需産業の発展は欠かせない。ではそこで生じるインフレにはどう対応すれば良いのだろうか。インフレ抑制には購買力の吸収が必要となり、基本的には租税（増税）による手段が用いられる。好景気に沸く軍需産業他の殷賑産業に通常以上の課税を行う臨時利得税（一九三五年）などはその典型である。その上で貯蓄が検討課題となる。

日中戦争（日華事変・支那事変）勃発時の大蔵大臣であった賀屋興宣は貯蓄奨励を勧める講演で以下の様に「収入の増加した者の義務」論じている。(1)

一方に於て日本国民の一部忠勇なる将卒は、艱難辛苦を嘗めまして、貴重の生命を犠牲にして奮闘されて居ります。他の方面には先程申しましたやうな、物資の統制から自分の事業に従事することが不可能に陥つた人もあります。私共、洋服、靴等を新調しないやうにと申しますと、洋服、靴を製造する人が困る、販売だけする人も困る、さういふ風に戦争に捷つ為に已を得ず起る経済、産業上の犠牲といふものは国民の一部に痛切に現はれるのであります。さういふ際に当つて軍需工業其の他の関係方面に於きまして収入を増加する人があるのであります一方に於て生命を犠牲に供する人があれば一方に於て経済上打撃を蒙る人もある其の間に於て経済上利得を得る者は日本国民として大いに考へねばならぬと思ひます。こういふ人は事変に依り収入の増した部分を貯蓄に廻して欲しいと思ひます。(2)〔中略〕結局、今収入の増加するものは国民の戦費の負担に依つてできたのであるといふことを考へねばなりません。世界戦争の際儲けたアブク銭とは違ふのであります。(3)

戦争によって苦労する者がいる一方で非常に儲けている者もいる。(4)第一次世界大戦の時のように好景気で成金が発生しているだけの状況とは意味合いが異なる。戦争による犠牲も国内には存在しているからである。だとすれば他者の犠牲によって得られた儲けは贅沢に浪費するよりは貯蓄すべきということになる。殷賑産業にとっては貯蓄を行う余裕もあるし、戦時に伴う変化で苦境にある他産業からの不満を緩和することにもなる。もちろん急増した利得は租税の対象でもあるが、租税による対策には限界もあり、「貯蓄」にも役割が求められたということになる。

戦時体制の下で、悪性インフレ対策や購買力の吸収といった目的は同じでも、その手法として「租税」を用いるか「貯蓄」を用いるかで長所短所がある。(5)またその中間とも言える「強制貯蓄」も政策手法としては考えられる。もちろんそれぞれの手法には一長一短がある。その中で日本においてはどのような議論が為され、政策が選択されていったのかを検討することで、昭和期日本の戦時体制の重要な一側面について、その特質を理解することができるものと思う[6]。

租税であれば強制はできるが、負担が戦時利得者以外にも課せられ加重な負担になる点が危惧される。自主性に任せようとすると国民の自発的な「貯蓄」に期待することになる。しかし強制でないのだから必要な予定された額の貯蓄が達成されないことも考えられる。そこで「貯蓄奨励」が掲げられ、国民運動としての「貯蓄奨励運動」が展開されることになるのである。

とはいえ理論的な経済政策と精神的な国民運動では政策としての質はかなり異なる。大蔵省で租税政策を検討する大蔵官僚にとっても、数字を睨み税額を検討する一方で、色合いの異なる節約・貯蓄の宣伝を行うという不得手な領域での活動が行われることになった。それは、所得税と並んで酒税などを主な財源として、どぶろくの摘発などの徴税活動を盛んに行っていた大蔵省にとっても、日常とはまた一種違う国民運動への関与となる[7]。理論と宣伝という二面性を持ち、性質の異なる動きが注目される点と言える。

「貯蓄奨励」についての以上の背景を説明した上で、留意しなければならない点がある。それが「貯蓄奨励」についての誤解の存在である。それは「国が戦費を必要としていたために、国民の貯蓄を集めて戦費に充てた」といった誤解である。既に述べてきた様に、単純に戦費が必要であるのならば貯蓄ではなく租税として徴収するはずである。租税と貯蓄の関係性を視野に入れないとそのような誤解が発生することになる。

国家の民衆への支配の強化などを中心に扱おうとする「民衆史観」的な文脈でこの問題を理解しようとすると全体像を見誤ることになる。貯蓄奨励は国家が国民を支配して富を収奪したというよりは、むしろ国家によらずに市場の機能を維持・温存しようと試みる方針と言える。もしも戦費が不足しているのであれば租税を中心とすれば良いのである。また、この時期には国外への資産流出については管理ができており、臨時資金調整法（一九三七年九月）などで国内の資金の動きは産業への融資に向かう様にコントロールできている。戦費が増え、予算が膨張したとしても大蔵省が戦費の不足で困っていたわけではない。恐いのは国家の支出の急増に伴い国内経済に溢れた資金によって悪性インフレが発生する事態であり、国民から直接収奪を行う必要はなく、国民は支出を控えてくれさえすれば良かったのである。

その結果、貯蓄奨励は国民の支出の抑制に重点が置かれることになった。だが国民運動化に際しては国民への説明を平易に工夫する必要がある。その点の工夫を、昭和期の貯蓄奨励にとっては初期の段階である一九三八年に大蔵省の国民貯蓄奨励局が発行したパンフレット（小冊子）から見てみよう[8]。

一方には理論的な側面がある。つまり支出によるインフレに向かわずに貯蓄をするのでありさえすれば方法は何でも良いのである。例えば国債の直接買い入れに限らず、銀行預金・金銭信託・郵便貯金・産業組合貯金・無尽掛金・各種保険及び郵便年金への加入・貯蓄債券の買入れなど、貯蓄の方法は各人が好きに選べば良いとされる[9]。直接的な戦費が必要な訳ではないのだから国債である必要はない。

郵便局や銀行が集めた資金についても戦争や国民生活に関係の乏しい優先度の低い産業への融資は制限されている。つまり、「外国為替管理法に依り国外への流出を防止され又国内に於ては臨時資金調整法に依つて現下の時局に於て不急不要の方面に廻らぬ様な措置が講ぜられて居るから」「時局に必要な産業資金に使用せらるる」様になっていた[10]。そのため貯蓄の方法は何でも良い。どのような貯蓄でも戦時体制において有用な資金として融資される。また悪性インフレ対策に限定すれば、家計の中で所謂タンス預金の形で死蔵されていく形でも問題はないのである。

ただ一方で国民運動として展開していく上では、上記の様な本音だけでは運動の活性化に繋がらない。そのため貯蓄奨励運動として展開するための精神論的な要素も含まれることになる。つまり、「陸海軍の将兵が現地に於て身命を賭して、国家の為に戦つて居る際、又事変の影響に依り積極的に収入の減少した人々もある中にあつて、此の際収入の増加した人々は誠に幸な人である。」「其の収入の増加は直接間接に国民全般の負担に依るものであるから、此の点を良く認識して其の増加所得は貯蓄して貰い度いのである。[11]」と主張され、更に話が精神論に進むと「収入の増加した者が之を華美に費消することは感心できないのである。[12]」となる。

ここでポイントになるのは戦争が国民にとって負担のみを与えるわけではないということである。戦争は戦死者・戦傷者を生み、不景気による転廃業や失業者を生み、その一方では好景気をも生む。社会の変化を同時に発生させており、その点の配慮が運動の中でも必要とされていた。[13]この点で貯蓄奨励の問題は、当時の臨時利得税(一九三五年)や利潤統制・配当制限などの問題などとも対になる関係である。

また一方で話は道徳論にも広がり、謂わば内容が拡散することになる。つまり「事変後収入が減少する場合も考へ(中略)生計を膨張せず貯蓄をして置けば将来の生活を安定せしめることになるのである。」「此の際所得の増加せざる者に在つても生活に余裕のある者は勿論、然らざる者も努めて冗費を省き貯蓄に努むることが必要である[14]」と主張されることになる。インフレ抑制には支出抑制が重要なことは間違いないのだが、こうなると生活指導の要素が並列的に生まれてきていると言えよう。貯蓄奨励そのものの構造があるのに加えて、国民運動化する際に道徳性・倫理性が付加されたものと理解することができるだろう。

二　生活改善・経済活動と錯綜する貯蓄奨励運動

その結果、国民運動として進展していく際には、旧来からの生活改善運動との関係が重要になった。その関係を見ていく際に注目されるのは、旧来からの生活改善と結びつけられていく中で、「貯蓄」と「倹約・節約」という別の意味合いをもつ二つの目標が合わせて語られることになったことである。国家財政の中での貯蓄奨励の必要性を家計の視点に置き換えようとする際に起こるズレの発生である。

結果的に「貯蓄奨励」は具体的な実践に際しては、「窮乏に耐えて節約をして貯蓄をすべき」という精神論と結びつけられていくことになった。これは運動を展開していく際には致し方のないことでもある。「貯蓄奨励運動」が官製の国民運動として展開されていく中で、それを社会・国民の中に具体的な形で浸透させていく影響力は十分に強くはない。質素倹約という形で旧来から社会に存在した生活改善運動に意識的に取り込まれていくことで運動は普及したが、一方で国民にも、後世の人間にとっても、位置付けが混乱したままに記憶が残されることになったのである。

具体的な例を挙げると以下の様になる。生活改善・新生活の普及運動を行っていた佐藤新興生活館では『貯蓄報国生活費三割切下の提唱』[15]（一九三八年）など、「貯蓄報国」の具体例として「生活費三割切り下げ運動」を提唱していた。同パンフレットでは「本館は、貯蓄奨励運動並に物資総動員の国策に順応し、茲に、生活費三割切下げ運動を提唱し、その具体案として本冊子を全国に配布することにした。」「大蔵省国民貯蓄奨励局、文部省、厚生省、国民精神総動員中央連盟等に御高覧を願つたところ、各当局共、広く之を国民に奨励するに適するものと認められた。」「国民貯蓄奨励運動の一助として、大方の御賛同御協力を切望する次第である。[16]」と、政府の進める国民貯蓄奨励運動との連関を強調している。そして生活費三割切下げの内容として、食費・住宅費・光熱費・

育児教育費・交際費、そして冠婚葬祭や娯楽費など、節約の方法が説かれていくことになる。

「元来貯蓄と物の消費節約とは表裏をなすもので、貯蓄は物の消費を節約することによつて、初めて出来るものである。此の際は何にも増して物が必要なのである。一般物資が不足勝ちのところへ、貯蓄をしない、則ち物を買ふといふことになるとますます物資は欠乏し、物価は暴騰して、国民生活はおびやかされ、輸出は減退して、国家の経済は愈々困難に陥る結果となる。」[17]。

物資不足であるのも確かであり、大蔵省他にとってもそれを否定する必要はないので、物資の節約自体は推奨される。結果的に節約・倹約の一部としての貯蓄奨励の位置付けも否定されずに普及していくこととなった。一例として本多静六『決戦下の生活法』では「貯蓄報国は斯くすべし」と題して「勤倹貯蓄は日本人の美風です。われわれの祖先は蜜蜂のやうによく働きよく貯め、日本の国力を充実させてくれました。開闢以来上御一人から下賤民に至るまで勤倹貯蓄の思想をもつて誇りとしてきたのです。」[18]と倹約・貯蓄の生活改善が説かれている。戦時だからこそ国民の勤倹貯蓄の精神はますます重要になっているというのである。精神論としての要素も含まれていくことになった。

貯蓄奨励は戦争に際して政府が推進する運動であったが、一方でそれは経済活動でもあり、関係する業界にとってはビジネスチャンスでもあった。たとえば日中戦争（日華事変・支那事変）の勃発翌年の一九三八年に発行されたパンフレット（小冊子）として、『銃後の国民に訴ふ　如何に貯蓄報国の実を挙ぐべきか』[19]（A）や『支那事変貯蓄債券パンフレット：第三輯』[20]（B）がある。小冊子の標題だけを見れば貯蓄奨励運動を促進しようと喚起させることを目的としたものに見える。特に後者（B）などは、冒頭に「長期戦対応の姿勢」池田成彬（大蔵大臣）、「貯蓄報国」石渡荘太郎（大蔵次官・国民貯蓄奨励局長官）といった大蔵大臣・大蔵次官が貯蓄強調週間に合わせて示した訓示的な記事を転載して公共性を強調している。[21]

一見すると政府系団体の機関紙にも見える様な体裁なのである。発行元に目が留まらなければ小冊子の実際の役割に気が付くのは時間が掛かるようになっている。実は前者（A）は保険銀行通信社、後者（B）は日本勧業銀行国民貯蓄勧奨部が発行元であった。つまり銀行（政府系銀行）や保険会社が貯蓄奨励運動を利用しようとしたものである。

（A）は貯蓄報国を主張しながらも貯蓄報国の実を挙げるには、強制的であること・楽しみがあること・長期継続的であること、といった条件が必要だとする。そのためには生命保険が一番だとして、一例としての日清生命の生命保険（利益配当附逓減養老保険）の具体的な紹介に進む。『貯蓄報国』！ 一歩進んで『保険加入』こそ之れ実に私達の進む可き国策の一線であります。」という結びの一文には、貯蓄報国と生命保険を結びつけたいという苦心がにじんでいる。

（B）についても同様である。貯蓄債券は事実上国債と変わらない「準国債」「国策債券」としての性質を持つものであって貯蓄報国の途に叶うのだと主張される。[22] この債券発行による収入金は大蔵省預金部に預入れることとされていた。[23] 日本勧業銀行としては貯蓄奨励運動に率先参加し、貯蓄組合設立にも協力すると強調している。既に述べてきた様に貯蓄奨励だけなら貯金でも保険でも国債でも良い中で、巨額の国民の資金が貯蓄に廻る状況は各業界にとっても重要な経済活動の好機となったといえよう。

また一方で、冷遇されることになった存在についても留意すべきだろう。つまり株式の扱いについてである。好景気は軍需産業だけでなく各産業を好景気に導いた。他方で不要不急とされた産業では転廃業に追い込まれる悲哀もあった。軍需産業の株式購入などは「報国」に含めても良いはずなのだろうが、会社経理統制令などによる配当制限で高額な株式配当には批判が生じる様になっていた。配当額が抑えられることで株式の利点は失われ、一方で貯蓄奨励で貯金・国債・保険などが奨励される。日本経済において昭和戦前までの直接金融中心から戦後の間接金融中心の資金調達への構造の変化にとっても、この貯蓄奨励運動は一定の寄与があったと考えられるだろう[24]。戦後の日本人は自ら直接株式は買わずに貯金をするようになっていくことになる。貯蓄奨励運動は結果的にその傾向を後押しすることになったと言える。

三　政策知識の蓄積と展開——ケインズの「強制貯蓄」論

生活改善の一環としての平時の貯蓄奨励と、戦時の国内経済の変動に対応するための戦時の貯蓄奨励には違いはありつつも、実際に運動と展開されていく際には混淆させた形で推進されていった。そのうちの戦時への対応について、先例として参照できる事例は他の政策分野と同様に基本的には二つの戦時の事例が挙げられることになる。つまり日本における日露戦争と他国における第一次世界大戦(欧州大戦)の事例である[25]。

国民貯蓄奨励局編『日露戦争前後に於ける我国の貯蓄組合　附‥欧洲大戦当時に於ける欧米諸国の貯蓄奨励[26]』がまとめている当時の政策知識の状況からは、いくつかの特徴的な点を見出すことが出来る。

日露戦争の事例と比べてみると、総力戦の発想の輸入以前と以後の変化がわかりやすくなる。つまり日露戦争の時期にも同様に貯蓄奨励の問題はあり、運動としての先例とはなっていたが、一方で経済統制や国内経済の国境での管理には制約があった。インフレが発生すれば海外との為替の変動に苦しむことになる。そのため国債消化や戦費調達に関心が集まることになったのである。日露戦争における高橋是清による米英での資金調達が成功例として語られている事情もその中で位置付けられるだろう[27]。日露戦争の際の事例では、貯蓄組合を各地で発足させることが活動の中心であり、戦争記念・納税準備・国債応募・銃後援助などの様々な目的で結成されていた。[28]第一次世界大戦における欧州各国でも状況は同じである。イギリスでは戦時貯蓄債券が売り出され、国民戦時貯蓄委員会が貯蓄奨励を行っていた。フランス・ドイツなどでも同様である。[29]ただ日本でも欧州各国でも、臨時資金調整法などの融資についての統制が存在しないことで、国債や貯蓄債券の購入の奨励運動に限定されており、昭和期日本での保険・預金なども含めて貯蓄と見なす運動とは構図が異なっている。

欧米各国の中で特徴的なのがアメリカである。もちろんアメリカでも軍需景気が過熱し、貯蓄債券や貯蓄組合は結成されたのだが、周知の如く第一次世界大戦でのアメリカの立ち位置は欧州各国よりも国内の切迫感は乏しいものであった。その結果貯蓄奨励運動の位置付けも異なることになる。戦時貯蓄債券から戦後にも引き続いて発行されたアメリカの大蔵省（財務省）貯蓄債券は、好利回りで小額投資を誘引して民間貯蓄銀行を圧迫するとして一九二四年には貯蓄債券売り出し中止を求める運動が起こっている。大蔵省（財務省）の強硬な反対にも関わらず銀行側の政治への運動によって貯蓄債券の売り出しは中止に至ったという。[30]平時の経済活動としての意識が伴うと貯蓄奨励運動は反発も受けうる。これは株式と貯蓄債券の関係でも生じ得る潜在的な対立関係と言えるだろう。

貯蓄奨励についての政策知識は既にあったが、第二次世界大戦が始まってからも政策知識は更新されることになる。貯蓄奨励について興味深いのはケインズによる「強制貯蓄案」の提唱である。一九三九年に公表され、翌一九四〇年に公刊されたケインズの最後の著作とされるもので、日本では『戦費支弁論』として翻訳されていた。[31]貯蓄の重要性が増して必要不可欠となっているのであれば、自発的な貯蓄奨励よりも強制的にして制度化させた方が良いというのは理解できる発想である。

当時の理論的な紹介によると、このケインズの提案は、戦時に於いて一般国民の収入が著しく増大しているにも関わらず戦争目的遂行のためには消費を抑制せざるを得ないという矛盾に対応するためのものであった[32]。ただ、物価放任政策や課税政策では限界があり、負担の均衡を損ない生産の増大を阻害してしまう。国民の消費の拡大をすぐに許容できないのであれば労働に報いる機会を提供すべきであって、そのためには貯蓄の強制が最も理想的なものとケインズは主張したのである。強制貯蓄の制度化に際しては子女手当や生活必需品の低価配給も同時に行うことと構想されていた。なぜかといえば、租税や自発的貯蓄では一旦不当利得者の掌中に労働者階級の所得を収めさせ、後から租税や貯蓄という形で国庫に移すことしかできない。強制貯蓄を行い、戦後の不況時に貯蓄の封鎖を解除する方が一部の不当利得者以外の者にとっては有利になると説くのである[33]。このケインズの強制貯蓄案に対しては経済学者グスタフ・カッセルによる消費税賦課論などによる反駁もあったが、いずれも購買力の吸収に適した方法を検討する同様の問題関心に基づくものであった[34]。

この強制貯蓄は日本においても実行はされずとも検討の対象とはなっていた。というのも貯蓄奨励の目標額の実現には苦労があるし、租税で購買力を吸収しようにも各税目の税率は既に引き上げられていたことで、増税をしにくい状況があったからである。民間研究団体の国策研究会では元大蔵次官の河田烈を委員長とした委員会を組織し、一九三九年にインフレーション防止の政策提言をまとめているが、その中でも強制貯蓄は検討されていた[35]。ちなみに河田は翌一九四〇年には第二次近衛内閣に大蔵大臣として入閣している。

報告書では強制貯蓄を導入できないかと、多様な方法が検討された過程が記されている。貯蓄奨励を国民の自発的協力に委ねるだけにはいかないのではないかという危機感である。たとえば強制貯金として官吏の給与や退職金の一部を預金通帳や国債の形で支給するという案である[36]。だがその場合は払い戻しや転売の制限について検討が必要となる。心配されるのは転売に加えて国債が紙幣的流通を始めることである。市場に投下された紙幣についで購買力吸収を行うはずが、国債が紙幣として流通し始めてしまっては元も子もない。小額公債の転売防止についての研究が必要とされた。

また強制貯蓄が良案であるとしても、国民の反応はどうなるだろうか。「強制貯蓄が、購買力吸収の最も端的な方法たることは否み難いが、反面国民心理に及ぼす影響の点に於て、また国民の自発性に訴へ自主的協力を喚び起す工夫に欠けて機械的に流れる惧れある点に於て、欠点を免れないといひ得る[37]」とされ、国民の士気の点から貯蓄奨励運動の戦意高揚の側面や、強制的な貯蓄による負担感が問題となってくる。

その代わりとして一定の半強制力をもった方法が考えられた。つまり、「本委員会はかかる仕組みとして労働保険、社会保険の施設が最も妥当するものであり、従つて斯の種施設を拡充することの必要については、みな一致した意見である。」とされる。というのも、「列国に比して著しく立遅れてゐる我国の労働保険、社会保険制度は、今や戦時経済再編成の視角より課せられつつある国民厚生政策の一環としても、今日最も力を注いで其の確立発達を促すべきことが要請されて居」るということになる[38]。保険制度を充実させることで保険料掛金が購買力吸収に役立つという因果関係になるのである。この点はドイツが成功例として挙げられていた。貯蓄奨励の有効策が社会保険制度だというのは一見すると意外で奇妙に思われるかもしれないが、購買力吸収という目標からは外れていない。

強制貯蓄に難しさがあるのは一律の施行が困難だからである。一律の施行は「時局景気に凹凸がある限り不振産業関係者には過酷である。時局の好影響を享けてゐるか否か、その程度の判定計測は技術的に非常な困難が伴ふ[39]」ことになる。ならば「国家が直接国民個々に強制する方法を避け、工場、鉱山、銀行、会社等各経営に向つて道徳的強制を以て臨み、之等の経営者が主体となつて各自の使用人に強制する方法を撰ぶ。[40]」とし、職場で状況に合わせて目標を示して貯蓄を推進する方が望ましいということになる。

結果的に強制貯蓄とすると租税と同様に公正性の困難が生じ、負担の均衡を損なう危険があるということになるだろう。各人の具体的な状況に応じた負担を課すことが技術的に困難となった結果、強制力を増そうとしながらも自発的な貯蓄に委ねるしかないと判断されていくことになったのである。

四　貯蓄と徴税活動——納税施設法

強制貯蓄の検討の中でも示されていた様に、貯蓄と租税には密接な関連があるが、それが珍しい形で現れたのが納税施設法（一九四三年三月一五日）である。[41] 同法は直接的には納税を促進するために隣組や同業者などで納税団体を結成させるものである。租税公課を取り纏めて納付する他に、日頃から予定納税額を積み立てておき納税を容易にすることを利点とするものであった。徴税活動の一部を町内会・部落会などに丸投げしたものと考えても良い。

その中で貯蓄に関して規定されているのが、納税施設法の「第四章　租税ノ貯蓄納付」（第十七条以下）[42] である。具体的な条文を挙げると（片仮名は平仮名に改めた）、

第十七条　命令を以て定むる租税の納税者命令の定むる所に依り当該租税額の百分の三百以内の金額を貯蓄したるときは当該租税の納付ありたるものとす

第十九条　戦時納税貯蓄を為したる者に対しては戦時納税貯蓄証書を交付す

第二十条　戦時納税貯蓄は（中略）二十年以内に之を払戻すものとす

つまり本来納付しなければならない租税の代わりに貯蓄を行って証書を受け取ることで、租税を支払わなくて良くなるということである。具体的には「戦時納税貯蓄規則[43]」にて、払い戻しに一九年掛かる甲種貯蓄では百分の二百、十一年六ヶ月で払い戻しとなる乙種貯蓄では百分の三百とされた（第三条・第六条）。三倍もしくは二倍の額の貯蓄を行うことが租税納付の代わりとして扱われることになる。租税と貯蓄の位置付けがかなり重なる意味合いを持つものと認識された結果がこのような租税の代わりとしての貯蓄という制度になったものと理解できるだろう。

おわりに

貯蓄奨励運動は戦時体制の中では複合的な要素を持ち、様々な可能性を持っていたことが検討対象としての意義にもなっている。国家財政の問題でありつつも、具体的な実行に際しては家計の問題ともなる。硬軟両面の性格を併せ持つことになっている。もちろんそれを硬い形で強制性を強めて実行する選択もあり得たのだが、実効性を損ねる懸念も出て来る。結果的に軟らかく家計の問題として説明することで社会に普及していった。ただその際には旧来の生活改善運動に呑み込まれることにもなり、貯蓄奨励の当初の課題であったインフレ対策からは外れて、生活の倹約節約の問題として扱われることにもなった。理論的側面と精神論的側面の双方に繋がりを持つことになったのが貯蓄奨励運動の具体的な展開の形であった。

昭和戦時期についての租税の問題や生活の問題など、それぞれに絡んだ形で戦時体制の全体を形成していく中で、硬軟の境目を調整する部分として貯蓄奨励という問題が存在していたと考えることができるだろう。また留意しなくてはならないことは、この問題は単純な〈支配―抵抗〉の戦時体制の構図では理解できないということである。戦時体制の中で全体の枠組みを考えグランドデザイン（全体構想）を検討する中で、国家の社会への関与を如何に自重するかという点が戦時体制の中で重要な意味を持っていたということが示唆されているのである。

「贅沢は敵だ」というのは戦争中のスローガンとして有名なものである。国民生活への圧迫の様子として扱われがちである。だが貯蓄奨励を巡る状況を検討してみるとまた違った側面が見えてくるのではないだろうか。つまり戦争中には殷賑産業などにとっては軍需景気で「贅沢をできる環境が整っていたこと」、なおかつ「強制ではなく自発的な贅沢（消費）の抑制に委ねざるを得ない側面があったこと」、そしてインフレの国民生活への悪影響を考えるならば「贅沢をする不当利得者こそが国民の敵だ」といった側面があるということ、など様々な様相が標語の背景事情として見出すことができるのである。国家が強制ではなく標語による自発的な協力に国内の戦時体制の行方を委ねざるを得なかったとすれば、標語が示しているのはむしろ国家による国民への懇願の様とさえ言えるのである。

※本稿は科学研究費補助金（研究課題番号：26885088・研究課題番号：16K17055）の助成を受けた研究の成果の一部である。

註

(1) 前蔵相賀屋興宣氏「経済報国の意義」国民貯蓄奨励局編『国民貯蓄奨励講演集』国民貯蓄奨励局、一九三八年。
(2) 同上、五一頁。
(3) 同上、五二頁。
(4) 本書の中でも、軍需景気による大きな経済的変動の問題は、労働者の賃金の急騰という点では堀川祐里論文と共通する部分もあるだろう。
(5) 購買力吸収の観点が租税や国民貯蓄の重要な役割となった状況を説明している状況を、以下の高橋亀吉『金融財政の再編成』(千倉書房、一九四二年、二七二頁)が説明している。

租税及び官業収入増大(専売局益金、鉄道、通信等)に由る購買力の徴収利用。

租税に由る国民所得の天引は、普通之を国民貯蓄とは謂はないが、併し、戦時経済の現段階に於ける計画的国民貯蓄と謂う場合には、国家の必要とする資力の動員と云ふ広い意味に於て、租税は之を国民貯蓄の総合対策の有力なる一手段として数へねばならないのである。而して、斯かる目的のために租税を利用するについては、租税そのもの丶考方、やり方等を、右目的に即応せしめるの要あること謂ふ迄もないであらう。

(6) 戦時体制における租税の問題については、米山忠寛『昭和立憲制の再建 1932〜1945年』(千倉書房、二〇一五年)を参照。
(7) この時期には国税庁はまだ設置されていない(戦後の一九四九年に設置)。
(8) 国民貯蓄奨励局編『国民貯蓄奨励に就て』国民貯蓄奨励局、一九三八年。一九三八年四月に国民貯蓄奨励局が大蔵省の外局として設置された。国民貯蓄奨励局長官には大蔵次官が充てられた。その後一九四二年一一月には国民貯蓄局と改称され大蔵省の内局となっている。また貯蓄奨励局ではポスターなども多数作成された。一例として、アジア歴史資料センター、インターネット特別展「『写真週報』にみる昭和の世相」「広告にみる世相　4・貯蓄奨励」を参照(二〇一八年一月三日閲覧）。

（9）同上、一九頁。

（10）同上、二〇頁。

（11）同上、二二頁。

（12）同上、二二頁。

（13）前掲米山忠寛『昭和立憲制の再建　1932〜1945年』（第一章第三節・第二章第三節）、米山忠寛「戦時体制再考　戦後システムの前史として」『年報日本現代史二〇　戦後システムの転形』（現代史料出版、二〇一五年）を参照。

（14）前掲国民貯蓄奨励局編『国民貯蓄奨励に就て』、一三頁、一一頁。

（15）佐藤新興生活館編『貯蓄報国生活費三割切下の提唱』佐藤新興生活館、一九三八年。

（16）同上、「はしがき」。

（17）同上、三頁。

（18）本多静六「貯蓄報国は斯くすべし」『決戦下の生活法』主婦之友社、一九四二年、七八頁。

（19）『銃後の国民に訴ふ　如何に貯蓄報国の実を挙ぐべきか』保険銀行通信社、一九三八年。

（20）『支那事変貯蓄債券パンフレット：第三輯』日本勧業銀行国民貯蓄勧奨部、一九三八年。

（21）国民精神総動員中央連盟機関紙『国民精神総動員』第一一号からの転載。

（22）『支那事変貯蓄債券パンフレット：第三輯』日本勧業銀行国民貯蓄勧奨部、一九三八年、一四〜一五頁。

（23）国民貯蓄奨励局編『非常時財政経済に対する国民の協力に就て』国民貯蓄奨励局、一九三八年、一四頁。合わせて日本興業銀行の興業債券も事業資金の供給のために用いられていた。

（24）野口悠紀雄『1940年体制　さらば戦時経済』（東洋経済新報社、一九九五年）などが直接金融から間接金融への変化に関心を示している。同書には戦時期における貯蓄率の上昇についての言及もある（一三四頁）。

（25）もちろん開戦後しばらく経つと、第二次世界大戦に参戦中の各国の状況も同時進行で参照の対象として加わることになる。

（26）国民貯蓄奨励局編『日露戦争前後に於ける我国の貯蓄組合　附：欧洲大戦当時に於ける欧米諸国の貯蓄奨励』国民貯蓄奨励局、一九三八年。

(27) 日露戦争と昭和の戦争の違いに関して国外からの戦費調達ができなかった点を重視して昭和の戦争は失敗したとの指摘がなされることもある。だが比較の意義は乏しいようにも思われる。日中戦争・日米戦争などの昭和戦時期には外債による戦争運営が困難なことは国際関係から考えて自明であり、国債消化はもっぱら国内のインフレの問題との関係で扱われていた。日露戦争での高橋是清の外債募集の成功を真似られなかったから昭和期には失敗したという総括は、自由経済と総力戦の発想の関係を理解しないことによる誤解の典型と言える。

(28) 国民貯蓄奨励局編『日露戦争前後に於ける我国の貯蓄組合　附・欧洲大戦当時に於ける欧米諸国の貯蓄奨励』国民貯蓄奨励局、一九三八年、九〜一一頁。

(29) 同上、附・一〜一一頁。

(30) 同上、附・九頁。

(31) ジョン・メイナード・ケインズ著、日本銀行調査局訳『戦費支弁論』、日本銀行調査局、一九四〇年。また『戦費調達論』との別名で論じられることもある（例えば、「戦費調達論」宮崎義一・伊東光晴編『ケインズ　ハロッド』中央公論社〈世界の名著〉、一九八〇年）。小寺武四郎「ケインズにおけるインフレーションと分配　ケインズ『戦費調達論』と関連して」（『経済学論究』三一（二）、関西学院大学、一九七七年）も参照。

(32) 奥田孝一『戦時インフレーションと其の対策』高陽書院、一九四一年、二二八頁以下。

(33) 同上、二三六頁。

(34) 同上、二二四頁以下。

(35) 『インフレーション問題に対する研究報告（国策研究会第四研究委員会　報告書第二四号）』国策研究会、一九三九年。

(36) 同上、一一頁。

(37) 同上、一二頁。

(38) 同上、一二頁。

(39) 同上、一三頁。

(40) 同上、一三頁。最終的な政策提言としては「インフレーション防止策要綱」にまとめられている（同三六〜三七頁）。

(41) 大蔵省主税局編纂『納税団体制度の解説』内閣印刷局、一九四三年。

(42) 同上、二九頁。

(43) 同上、四二頁。

第十章　パーマネント報国と木炭パーマ
――なぜ戦時中にパーマネントは広がり続けたのか

飯田未希

はじめに

日中戦争開始以降の総動員体制下において、女性のパーマネントは国民精神総動員中央連盟（精動）や婦人団体などにおいて問題化され、度々「禁止」の対象となった。パーマネントは「華美」、「浮薄」、「奢侈」など「時局にふさわしくない」髪形であるとみなされ、パーマネントをかける美容業者には政府から「自粛」が呼びかけられた。昭和初期に批判を浴びた「モダンガール」と同じく、都会的な消費文化の「奢侈」と「性的放縦さ」を象徴する存在として、パーマネントをかけた女性たちへは繰り返し非難が集中した。[1] 実際にはパーマネントは日本の女性の髪形としては初めて肩のあたりまでの長さの「短髪」を一般的に可能にした、[2]「近代的」な髪形であったと言える。男性が丁髷を「近代化」の名のもとに明治初期に捨て去ったのに対し、一般の女性の髪形は昭和初期まで日本髪、和風束髪、洋髪（欧風束髪）の間を揺れ動いていたが、それらはいずれも髷を結った「長髪」であった。[3] ストレートの髪をボブスタイルにするおかっぱ頭は女学生などには一般化したが、成人女性の髪形としては特殊であり、第二次大戦終了以前は一般化しなかった。[4] 日本の女性は戦前は着物で過ごすことが多かったため、袖などのボリュームに対して短髪で頭が小さいのは、全体のバランスが悪いと考えられたことが大きかったようである。[5] パーマネントによる髪形は「雀の巣」とも揶揄されたが、頭髪全体にパーマをあてることで頭のボリュームが出たこと、また日本髪のように腰まである髪ではパーマネント機でパーマをかけることは不可能であったことから、「髷なし」の髪形がパーマネントによって普及した。[6] このように髪の毛を短くすることが可能になったため、洗髪も楽になり、女性たちは活動的になった。明治中期に日本髪の不衛生さと非活動性が婦人束髪会によって問題化されて以降、女性の髪形の「近代化」は教育家や美容家たちによって度々議論されてきた。[7] パーマネントによる短髪は、これまで問題点とされてきた日本の女性の髪形の問題点に対する解決策であり、また実際美容師たちは女性を「活動的」にする髪形として婦人雑誌や新聞などでパーマネントによる髪形の提案を度々行っていた。しかしながら、戦時色が強まる中で、精動の指導者たちや新聞などのメディアにおいて、パーマネントは女性の「活動性」ではなく「奢侈」を象徴するものとして意味づけられ、批判のターゲットになっていった。

総動員下の女性団体が「パーマネント排斥」を活動目標としたことから、戦時下にパーマネントの女性はいなくなったということがジェンダー史の議論の中で暗に想定されていることが少なくない。これは一九八〇年代から一九九〇年代にかけての女性史の大幅な見直しの中で、女性の戦争協力や女性の国民化がテーマとして浮上したという点も関係している。このようないわゆる反省的女性史の議論においては、精動へ参加した知識層の女性たちや愛国婦人会、国防婦人会などに参加した女性たちの行動が分析の中心になるため、これらの女性たちの「戦争協力」に焦点が当てられる傾向が強くなった。[8] したがって彼女たちが「パーマネントを排斥した」という行為は分析の対象となっても、排斥されたパーマネントそのものがどうなったかについて関心が払われることは少なかった。「贅沢は敵だ」という標語や「パーマネントはやめましょう」という歌は、確かに戦時中のパーマネントを取り巻く状況の一面ではある。また一九三七年の精動の精神作興の委員会による「パーマネント排斥」の決議[9]以降、精動では同様の決議が繰り返し決定され、また銑鉄鋳物の製造制限令（一九三八年）、商店法による閉店時間規制（一九三八年）など、間接的な法規制によっても美容業者にとって困難な状況が始まっていた。しかしながら、パーマネントへの反対運動が起き、パーマネント業者への規制が強まったということは、必ずしもパーマネント業者が事業をあきらめたり、また女性客がパーマネントをかけるのをやめるということは意味していなかった。

戦前にパーマネントを実際にかけていた美容業者の回想や当時の新聞などの記述を見ると、パーマネントは総動員運動の中で「終わった」わけではなかったということが分かる。例えば一九四五年六月二〇日の『読売新聞』の「黒髪をけがすナ」という投書では、筆者は「疎開の持ち込んだ伝染病ともいうべきパーマネントが純な農村の乙女の心を汚し」つつあることをなげき、隣人の「御花ちゃん」までもが「突如クラゲのような頭をしだして私はじめ近所のものを呆然たらしめている」ことを伝えている。また「クラゲ頭が野良のあっちにもこっちにもうようよして」おり、この投稿から農家の女性たちの間に、戦争末期の一九四五年の時点でまだパーマネントが広がっていたということが分かる。しかしながら、ここから分かるのは、単に「パーマネントの流行」が農村部へと広がっていたという事実だけではない。戦争末期の交通手段が限られていた時期に、農村部の女性たちが、しかも農繁期に気軽に都会にパーマをかけに行ったと推測することは難しいだろう。農村部の女性たちがパーマネントをかけていたということは、戦争末期のこの投稿者の住む地方に、パーマネント機とパーマネント技術を持った美容師ないし髪結が存在していたということを意味するのである。[10]一九三九年に今和次郎はパーマネントは「都市的な現象」であり「農村ではどうしてもパーマネントの店は開ける可能性はない」ことから、都市と農村の分断を招くものであり、時局的にパーマネントを廃して「風俗一元化」を行うしか都市と農村の女性の分断を避ける方法はないと語っている[11]。しかしながら、この投書に見るように、戦時中にパーマネント機は都会だけでなく地方へも広がっており、岩手では一九四三年という時期にパーマネント機を持った美容業者の組合すら誕生している[12]。また東京市内でも一九三九年には八〇〇軒の美容業者が一三〇〇台[13]のパーマネント機を設置していたのが、一九四三年には三〇〇〇台になっていたといわれている[14]。戦時中、パーマネントは広がり続けたのである。

本稿が論じるのは、度重なる反対運動や規制にもかかわらず、終戦までなぜパーマネントが広がり続けることが可能であったのか、という問題である。本稿ではパーマネント反対運動や規制の実効性を問い直すとともに、パーマネントが存続することが可能となるための物質的条件（製造、販売、技術習得など）を考える。「髪形」とは、化粧品のようにお金を出せばすぐ購入できる商品ではない。髪形を作るという行為は一定の技術に基づいており、その技術を持つ人が存在しない限り髪形は作られ得ない。パーマネントの場合は、この技術習得の問題がさらに複雑化する。パーマネントによる髪形は、電力インフラ、パーマネント機という電力を使う機械、ソリューションという化学薬品を必要とするからである。パーマネントに携わった美容師や髪結たちはパーマネント機を使う技術やソリューションなど薬品に関する新しい知識を学ぶ必要があった。従来のように日本髪師匠から弟子へという知識の経路でパーマネント技術を学ぶことは不可能だったのである[15]。

パーマネントによる髪形の広がりを支えていたのは、機械や技術だけではない。パーマネントを求め続ける女性客たちの存在が、パーマネントの広がりを支えていた。戦前からの美容師や髪結の回想には、パーマネントをかけるために店に女性たちが「押しかけた」様子が度々登場する。大阪の大型美容院である丸善では、一九四〇年末に店の入り口にパーマネントを求めて数十人の女性が群がっている様子が写真に残されている[16]（図1）。また一九四〇年にパーマネント機を導入した水戸の美容師小山テリはパーマネント規制が強まる中、東京の美容師から「中古」のパーマネント機を購入したが、営業開始後一カ月で投資が回収できたという[17]。女性たちのパーマネントへの要望は、電力規制が強まり「木炭パーマ」と呼ばれる熱源に木炭を用いるパーマになってからも衰えることはなかった。パーマネントの存続と広がりが可能になったのは、これらの女性たちのパーマネントを求める強い気持ちがあったためである。

本稿では美容師や髪結の伝記や回想記などを資料として使うことで、戦時中に排斥された側、すなわち美容関連業者にとっての総動員体制と戦争体験を考えたいと思う[18]。総動員体制は女性の国民化が完遂する近代化のプロセスとして議論されてきたが[19]、この国民化のプロセスにおいて、パーマネントという髪形は他者化され、排除の対象となった。国民化のプロセスは国民国家の領土内のすべての階層、性別の人々が国民となるよう国家が「呼びかけ」(interpellation)を行い、また人々がその呼びかけに応える(主体化＝国民化)ことで成立する。しかしながら、この呼びかけは常に「否定」(negativity)を通じて成立するものであった。「日本女性」という国民主体は、それとは「逆」のイメージを否定し排除することによってかろうじて可能になった[20]。その排除の対象となったものの一つが「パーマネント」という髪形である。それでは、実際に排除された側の人々(美容業者、女性客)はどのように総動員体制を経験したのか。それが本論の問いである。本稿では戦時中にパーマネントの

図1　1940年末に丸善美容院前でパーマネントの順番待ちをする女性たち

出典)『美容と経営』、1970年10月号、116頁。

広がりを可能にした重層的な関係と、それらの関係におけるパーマネントへの重層的な意味付けに注目する。

一　パーマネント反対運動とその実効性

戦時色が強まるにつれて、パーマネントに対する風当たりは強くなっていった。戦時の「パーマネント禁止」については、婦人会による張り紙や呼びかけ（「パーマネントはやめましょう」）が記憶されているが、実際にパーマネント業者に対する規制はどのようなものがあったのだろうか。総動員体制が強まる中で、美容業者に対する働きかけは主に二つのレベルで起こっていたと考えることができる。第一には「精神総動員」という言葉通り、意識ないしは精神的なレベルでの働きかけである。戦時期に理想化された「貞節」などの「日本婦道」とは対極の、「奢侈」や「浮薄」の象徴としてパーマネントを定義する集団的な意味付けが行われた。戦争開始以降、精動や精動関連の婦人団体では度々「時局にふさわしくない」として「パーマネント禁止」の決定を出した。[21]一九三七年一二月の精神作興運動委員会では「婦人の断髪禁止、パーマネントの排斥、厚化粧の遠慮」などを決定し、「全国の婦人達に呼びかける」ことを申し合わせた。[22]一九三九年六月の精動小委員会でも「婦女子のパーマネントウエーブその他浮薄なる服装化粧の廃止」を決定した。[23]また一九四一年にも東洋婦人教育会が「黒髪へ還れ」と呼びかけ、[24]一九四三年には各種婦人団体を統合した大日本婦人会でも「都下百四〇万の日婦会員にパーマネント廃止運動を起こすことを決定」している。[25]これだけ繰り返し「パーマネント禁止を決定」していたということ自体が活動の実効性を疑わせるが、パーマネント排斥運動は精動の数々の呼びかけの中でほぼ唯一「実行運動」を伴ったものであると一九三九年一〇月の『読売新聞』の社説は指摘している。[26] パーマネント業者の回想には戦争末期にパーマネント反対の声が強まったという記述もあるため、[27] このパーマネント反対運動は戦争終了まで繰り返されていたと考えることができるだろう。

このような意識への働きかけ（意味づけ行為）は主に女性客たちに向けられたものであった。これに対し、パーマネント関連業者がパーマネント業を続けにくくするような法的規制もあった。これが第二のレベルである。しかしながら、総動員体制の中で出された様々な規制において、直接的に美容業者に対しパーマネントをかけることを「禁止」したり、パーマネント機製造業者に対し製造を「禁止」するような法令は出されなかったという点に注意する必要がある。[28] 政府関係者もパーマネントそのものを「禁止」する法的な根拠を示すのは難しいと考えていたようである。一九三九年六月の精動小委員会で「パーマネント廃止」の決定が出たことを受けて警視庁衛生部ではパーマネント業者を呼んで「自粛会議」を開くが、「パーマネント禁止」の根拠について岸本衛生課長は以下のように述べている。

> 業者を喚んで懇談はしたが、ただ漠然とパーマネントはいかんといっても外来の髪だからいかんのか、バサバサした形が気に食わんのか肝心の理由がはっきりしない。衛生上に危害があるのなら兎に角、これ以上警察命令でどうのこうのというわけにはゆかない。要は業者の自粛は勿論お客そのものの非常時意識が問題ではないか。[29]

美容業の監督官庁である警視庁としては、パーマネントを禁止する明確な根拠が見当たらないため、パーマネントを法的に規制するつもりはないことを言明しているのである。

パーマネント関係業者に影響があったのは、むしろパーマネントを直接的なターゲットとしない「間接的」な規制であった。例えば一九三八年に商工省から銑鉄鋳物の製造制限令と鋼鉄の使用制限令が出されたため、ヘアーアイロンやパーマネント機の製造に鉄を使うことが不可能となった。[30] これに対しては、業者はアルミニウムなどの軽金属を代替で使用することで対応している。[31] また一九四二年九月にはアルミニウムなどの軽金属に対する使用制限が出され、パーマネント機へのアルミニウムの使用は禁止された。[32] しかしながら、製造業者はパーマネント機の生産を続けていたため、一九四三年二月に一斉検挙されることとなった。[33]

またパーマネント機を購入した美容師や髪結にとっても間接的な規制は障害となった。例えば一九四三年の「特別行為税」は「不急消費」とみなされたサービスを受ける客に対し、価格の三割の税金を付加するというものであった。[34] 一回の料金が一円以上かかる「調髪及び整容」として、パーマネントも「特別行為」に該当したため課税の対象となった。[35] このため、パーマネントをかけに来た女性客たちは高い税金を払うことになった。また一九四三年一〇月にはパーマネント機などの「調髪用電熱器」で電力を使用不可とすることが決定された。[36]

ここで注意しておきたいのは、上記の二つのレベル（「意識＝意味付け」と「法的規制」）は業者および一般人々の認識においては重なり合っているという点である。後者の法的規制は包括的なものであり、パーマネント製造業者や美容業者のみをターゲットにしたものではなかった。しかしながら、当時の新聞を見ると、鋼鉄の製造制限や特別行為税などパーマネント業者に関係がある場合には、「愈々お洒落追放　あすから電髪にも三割税金」[37] のように、様々な対象を規制する法令があたかもパーマネントをターゲット化したものであるかのような見出しで枠付されているのである。また精動などが度々出した「パーマネント禁止令」は実際には婦人団体への「呼びかけ」を行う程度のものであったが、「入国以来一〇年、パーマネントいよいよここに廃止??　美容師、別れの言葉」[38] のように、あたかも美容師や髪結がパーマネントをかけること自体が禁止されたかのような見出しをつけている。美容業者や一般の人々に政府の決定や新たな法規制を伝えたメディアは全く中立的ではなかった。政府のパーマネント禁止の意向を過剰に忖度し、各種の法令がパーマネントのみをターゲット化したものであるかのように提示したり、また実際には効力のない精動の「パーマネント禁止」の決定を、パーマネント業を続ける業者への「禁止命令」のように提示したりしていたのである。新聞メディアが翼賛的な報道を行っていたことは周知の事実だが、パーマネントに関しても非常に偏った報道をしていた。パーマネント関係業者や女性客、そしてパーマネントには直接関係を持たない一般の人々は、このように提示された情報に基づいてパーマネントを見ていたのである。

二　パーマネントの流行を可能にした物質的条件

1　パーマネント機製造競争と技術講習

パーマネントが終戦ギリギリまで日本全国に広がり続けた根本的な理由の一つは、パーマネント機の製造業者が製造を続け、各地に販売して回ったからである。[39]一九三五年前後は国産パーマネント機が一般に出回るようになったため機械の低価格化が進むとともに、パーマネントの大流行が始まった時期として美容業界では記憶されている。[40]昭和初期には東京のマキノ商会などを通じてパーマネント機が輸入されていたが、それらは一〇〇〇円から一五〇〇円ほどもする非常に高価なものであった。[41]輸入パーマネント機は非常に高価であったため、美容室でかけるパーマネントの一回当たりの料金も高額であり、髪の結賃が一回当たり一円程度であったところ、パーマネントは三五円ほどであったという。[42]この時点ではパーマネントは女性客にとって高価過ぎたため流行しなかったが、国産機の普及とともに、[43]パーマネント代も一〇円から一五円程度に落ち着いた。それでも他の結髪と比較すると高額であった。

国産機の開発競争と販売競争は熾烈であった。著名な美容家山野愛子の夫である山野治一は逓信省で働いていたが、パーマネント機を製造するために仕事を辞め、電気学校に通った。彼は輸入されたパーマネント機を分解して構造を理解し、「ヤマノスター号」を開発した。[44]同じように国産機の製造を目指す人々がこの時期現れ、アメリカ帰りの福田啓が開発した「ABC号」、高山長次郎が開発した「ファウンド号」、美容家山野千枝子が技術者と組んで開発した「ジャストリー号」などが量産化されるようになった。[45]国産機の開発競争が激化するとともに特許争いが発生し、福田啓は一九三五年にパーマネント機の特許を申請し受理されたが、これに対抗して高山長次郎は一九三六年に特許無効を提訴している。[46]この特許問題と並行してすでに流行は始まっており、ヤマノスター号は一九三六年頃には月産二〇台が全て売り切れる目途がついたという。[47]流行はさらに勢いを増し、同機は一九四〇年ごろには月産五〇台まで伸ばし、それでもすぐに売り切れたという。[48]

製造されたパーマネント機はいかにして美容師や髪結たちに販売されたのか？　パーマネント機は国産化されてもまだ非常に高額であり、思い切った投資であることに変わりはなかった。しかしながら、流行が始まりかけていた一九三五年頃から東京各地区の寄席や公会堂で無料の「パーマネント講習会」を行った山野愛子・治一夫妻は、講習会の後、パーマネント機の注文が殺到したと述べている。「講習会」は無料であったが、一日使い方を見ただけでは実際に機械を使いこなすことは無理だったため、パーマネント機を購入した髪結や美容師たちは山野愛子が指導する日本橋蛎殻町の美容講習所に教授料を払って講習を受けに来ることになった。[49]このように

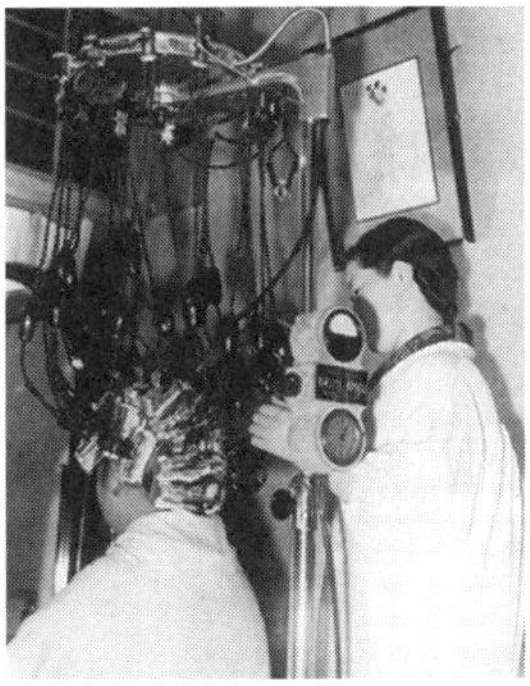

右：図2　スズ細野によるパーマネント講習会の様子
出典）『しんびよう——美容100年記念号』新美容出版、1968年12月号、259頁。
左：図3　岩手県で初めてパーマネント機を導入したはま美容院の荒浜イマ
出典）岩手県美容業環境衛生同業組合編『いわて美容物語』、1987年。

パーマネント機の販売と講習を一緒に行うということは、電気設備がまだ非常に新しかった当時の東京では、美容師や髪結の側の購入へのハードルを下げる役割を果たしていたと思われる。これ以外にスズ細野のマキシン美容研究所[50]、渡辺学洋の渡辺美容研究アカデミー[51]学校など最新のパーマネント技術を教える学校を経営しながら、銀座などで最先端の美容室を経営する美容師もいた（図2）。

戦時中にパーマネント機は東京、大阪、福岡などの大都市部だけではなく、地方都市へも広がり続けた。山野愛子・治一夫妻は東京だけでなく、「近県くまなく」出張講習会を行った[52]。さらに山野治一は東海道線の三等寝台にパーマネント機を五、六セット載せて四国や九州までパーマネント機を担いで売り込みに行ったと語っている[53]。高山美容学校の高山長次郎、高山タケ夫妻もまた、全国を廻って技術講習とパーマネント機の販売を行った[54]。その一方でパーマネントなど最新の美容技術に関心を持つ髪結や美容師が東京などの大都市に技術研究に来ることも多くあった。この結果、茨城では一九二九年に水戸の堀こまがパーマネント機の店を出したのが最初で、その後一九四〇年頃に県内で五店、翌年には一七店になっている[55]。また岩手でも一九三八年にパーマネント機を置く店が二店現れたのを皮切りに、一九四三年には岩手県内で一九店以上の店でパーマネント機を設置するようになった（図3）。北海道でもパーマネント機を導入した店が次々現れた。[57]戦時中の地方でのパーマネント機の増加は、パーマネント機製造業者の販路開拓と地方の美容師の技術習得やパーマネント機への投資によって可能になっていた。

2　パーマネントへの規制と業者の対応——「木炭パーマ」の開発

先に見たように、パーマネントへの反対運動や間接的な規制が精動運動の中で一九三八年頃から始まっていた。パーマネント機製造業者は素材を鉄からアルミに変更するなどして対応していたが、一九四四年の電力規制の施行後はパーマネント機の使用は東京でも他の地方でもほぼ完全に不可能になった。しかしながら、業者たちはそれでもパーマネント関連製品の製造をやめなかった。山野治一やセフティ商会の岡野健夫などは金属供出を免れたロッド（髪を巻き付けて熱を通す部分）やヒーターなどを再利用して、「木炭パーマ」と呼ばれる道具を作った。[58]供出されずに残ったロッドを木炭で温め、髪を巻き付けて型をつける器械であった。ソリューションがまだ入手可能な場合はソリューションを使ってより長持ちするウェーブをあてることができたが、そうでない場合は、大正末から昭和初期に流行した「マルセル・ウェーブ」と同じ原理のコテを使った洋髪であった。この「木炭パーマ」は①もともとパーマネント機を持っていた美容師や髪結がパーマ機製造業者に頼んで改造する場合と、②パーマネント機製造業者が「木炭パーマ」として販売したものを購入する場合があったようである。[59]終戦間際に開発されたこの「木炭パーマ」も需要が高く、よく売れたという。[60]この木炭パーマも大都市部だけでなく、茨城、岩手や北海道などの地方へも広がっていたという記録がある。[61]

したがって、パーマネントという髪形が戦時中に大都市部だけでなく地方への普及が可能となったのは、度重なる規制にもかかわらず業者が製造を続けたという点が大きい。そして常に新たな困難に直面していたにもかかわらず業者が製造競争を続けていたのは、需要そのものが衰えなかったからであり、山野治一や岡野健夫の露悪的な言葉を引用すると戦時中のパーマネントは「儲かった」からであろう。[62]

三　電髪組合──「協力」と再定義

パーマネント批判が強まる中、一九三八年に美容専門雑誌すがた社主筆の島田一郎を中心とする東洋パーマネント協会と美容家小口みち子を中心とする日本パーマネント協会が設立された。[63] この二つのパーマネント業者組合は翌一九三九年に統一されて「大日本電髪理容連盟」[64] となり、六月二三日に両協会に属する業者八〇〇人が合同の「自粛大会」を開催した。[65] パーマネント流行以前から髪結を中心とした結髪業組合や、美容師を中心とした美容師協会などがすでに東京では設立されていたが、パーマネントへの批判の高まりを受けてパーマネント業に関わる美容師や髪結だけではなく、彼女たちの夫（片岡守弘、小守谷達夫、山野治一など）、美容専門雑誌社（すがた社、くろかみ社など）、パーマネント製造販売業者（岡野健夫、高山長次郎など）など関係者が協力してパーマネント関連業者による業界団体を結成したのである。[66]

では日本パーマネント協会や合同した大日本電髪理容連盟などの業者の団体は、どのような活動を行っていたのであろうか。パーマネント業者の組織化の目的は、業者の営業権を守ることであった。[67]一九三九年に大日本電髪理容連盟の結成によって組合組織が統一されたため、精動により「組合による営業自粛」が認められ、業者が危惧していた「営業廃止」はなくなった。[68]この中で、パーマネント業者が組織として行った活動は、①パーマネント自体が「報国」であると示すこと、②パーマネント以外で団体の国家への恭順を示すこと、③パーマネント業の営業停止への対処、の三点が主なものとなった。まず一九三八年から三九年の結成初期の活動においては、パーマネントを業者の視点から「パーマネント＝報国」と再定義し、精動や婦人団体、メディアなどを説得することが中心的な関心となっていた。一九三九年の大日本電髪理容連盟の発会式においては、①時局下にふさわしい髪形を提案し、実施普及させること、②女学生のパーマネント謝絶（店頭に表示する）、③パーマネントの文字を排して、あらゆる場所からこの言葉の排除に努力するという三点を申し合わせた。[69]発会と前後して美容師柳村マサヂらによる「純日本型」のパーマネントの髪形三点が『読売新聞』に提案されている[70]（図4）。大日本電髪理容連盟によって唱えられた「パーマネント報国」とは、パーマネント業を自粛したり廃業したりすることが目的ではなかった。パーマネントという言葉を「電髪」などの「非敵性語」で置き換えたり、美容師が「活動的」なパーマネントの髪形を提案することで、パーマネントが「銃後の女性たちにふさわしい」ものであると再定義したのである。

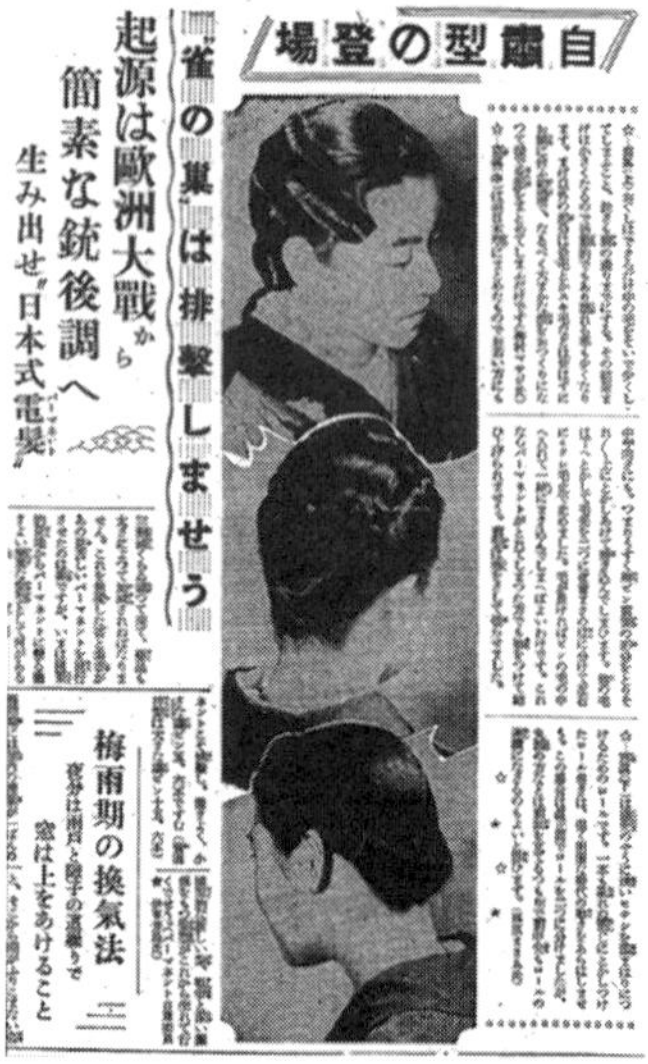

図4 「日本式電髪」として提案されたパーマネントを使った髪形3種
出典）『読売新聞』1939年6月24日。

しかしながらこの初期のパーマネントに対する反対運動の後に、実質的には客が減ることがなかったためであろうか、新聞などで美容師がパーマネントを「実用的」な髪形として紹介することは少なくなっていく。そして、むしろ時局への恭順を示すため、パーマネント業務に関わりのない領域で様々な活動を打ち出していった。例えば、当時朝日新聞などで盛んに行われた飛行機献納のための寄付を模して、一九四〇年に山野治一などが先頭に立って美容師や製造業者などから寄付金を集め、「美容号」という飛行機を献納した。[71] またすがた社社主の島田一郎は髪結や美容師に呼びかけて、同じく一九四〇年に「皇紀二千六百年奉祝理容報国大会」を開催した。美容業界に近い政治家、警察関係者、業界の著名人などが一堂に会した大イベントであったようである。[72]

これに対し、戦争末期の一九四三年になると電力規制によりパーマネント機が使えなくなることが決定したため、大日本電髪理容連盟の中心的なメンバーが企業整備委員として営業権などの補償問題や、パーマネント機の「買い上げ」(「供出」ではなく)を求めて内務省で交渉を行い、[73] 補償金で軍需物資の部品下請け工場である東美電機工業株式会社を五反田に設立した。工場では「工員は全て美容組合員およびその従業員」として、営業を続けることが困難になった業者や「失業した弟子を吸収」することを目的としていた。[74] しかしながら、この軍需工場も一九四五年三月に爆撃に遭い、東京の美容師たちは疎開して業界団体の活動も行われなくなった。[75] 美容師、髪結、パーマネント機製造業者や美容雑誌社などは業種の垣根を超えて営業権を守るために活動を続けたが、国家への恭順を示すことで正面から政府を説得するには限界があった。[76]

四　パーマネントから「木炭パーマ」へ——美容師・髪結と女性客の関係

1　パーマネントの広がりと女性客たち

業界団体を結成してパーマネントを守る活動を行う一方で、個々の美容師や髪結にとって重要であったのは、女性客たちとの関係であった。高価なパーマネント機を購入し、苦労してパーマネント技術を習っても、女性客たちが来なければ投資は無駄になるからである。実際都市部ではパーマネントの講習施設が増加していたとはいえ、昼や夕方に店を早く閉めて講習に出かけることは、小規模自営業者にとっては客を逃す大きなリスクともなりえた。また地方から東京などの都市部にパーマネント技術を習いに来る女性たちは、さらに大きなリスクを抱えていた。したがって、多額の投資をして購入したパーマネント機を、反対運動が起きたからと言って簡単に投げ出すことはできなかった。そして、彼女たちがパーマネントをあきらめなかったおそらく最大の理由は、パーマネントを求め続ける客の存在であった。パーマネント業者の戦時中の回想では、しばしばパーマネントを求め続ける女性客への「驚き」と「連帯意識」が語られている。

パーマネントは比較的高額であったが、戦争景気に沸く工場街では女工たちの間に急速に広まっていた。[77] また小学校の多くの女性教員がパーマネントをかけていることも指摘されている。[78] パーマネントは若い職業婦人だけではなく、「子持ちなればこそ」パーマネントが必要であると主張する女性からの投稿もあった。[79] 美容師芝山みよかはパーマネントは「五六カ月はもつ」ので毎朝結髪に時間をかける必要もなく、日本髪などよりも「パーマネントの方が安くつく」と主張していたが、[80] この主張は都市部では広い階層、職種の女性たちに受け入れられていたようである。また地方都市でもパーマネント機が導入されると「客が押し寄せた」ため、先述のように投資が一カ月程度で回収できたという回想はあちこちで見られる。女性たちの心をとらえていたのが「活動的」になること、すなわち「自由への希求」だったのか、それとも「雀の巣」と揶揄されたパーマネントに美意識を見出していたのか現時点では明らかにできないが、大都市圏だけではなく地方においても女性たちのパーマネントへの関心が高かったことは確かなようである。

しかしながら、パーマネントをかけることは女性客にとってもリスクを伴う選択であった。パーマネント機を持っていた美容師や髪結の回想には、しばしば子供たちが店の前で「パーマネントはやめましょう」という歌を歌っていたという話が出てくる。[81] このような子供たちの声は店側からすると単なる営業妨害であるが、店の前で順番待ちをする女性客たちにとっては直接的な「攻撃」であった。実際、当時パーマネント機でパーマをかけるのは時間がかかったため、店の前で待っている女性たちがいる場合も多かったのである。またパーマネントは一度かけるとなかなか元のまっすぐな髪には戻らなかったので、女性客たちはパーマネントをかけたという事実を隠すことができなかった。このため、パーマネントをかけた女性たちは街頭や市電の中など、公衆の面前で見知らぬ人々から突然糾弾されることもあった。[82] 動員された遠野駅で「パーマは非国民だ」と「兵隊上がりの教官」から怒鳴られたという女性の回想もある。[83] 婦人会などによる反対運動は業者だけではなく、女性客たち自身にも大きく影響した。したがって、このような厳しい状況でパーマネントを求め続ける女性客たちは、美容師や髪結にとってすらある種の「驚き」として映ることがあった。[84]

また、地方では実際に女性客たちが美容師とともにパーマネントのために「戦った」という記録もある。一九四四年にパーマネント機を購入した岩手県大船渡市の浅沼真佐子の浅沼美容院へは、大船渡沿線では初めてのパーマネント機だったこともあり、沿線各地から女性客が押し寄せた。[85] しかしパーマネント機を使うたびに付近一帯で停電が起きたため、近所からの苦情が殺到した。女性客の応援もあって、浅沼は東北電力と交渉し、近くにオートトランスをつけてもらうことで停電は解消した。[86] この時期は実際には岩手でもパーマネント機への電力使用は禁止されていたはずだが、彼女は電気を引き続き使用することとなったのである。戦時中の美容師や髪結たちは、女性客たちのパーマネントを求める気持ちの強さによって事業を続けることができることを実感していた。パーマネント業者への電気供給が完全にストップした後の「木炭パーマ」の流行は、この女性客たちの「協力」をさらに前景化することになった。

2　木炭パーマと配給

「木炭パーマ」の広がりは、美容業者と客との連帯意識を作り出すものとして記憶されている。木炭パーマは、パーマネント機が回収されたり、電力規制が敷かれパーマネント機など へ電力を使うことが実質的に不可能になった後に普及した。木炭パーマの燃料である木炭自体も当時はすでに配給であり、[87] したがって「家」を単位として配分され管理されていたものであった。このような木炭を、女性たちが「髪形」という自分たちの「個人的」な目的のために美容院に持参してパーマをかけてもらっていたのである。パーマネントをかける美容業者に木炭が営業用に配給されることはなかったため、[88] 木炭パーマという仕組みは、女性客の協力なしには成立し得なかったのである。新宿にオリエント美容室を開いていた美容師の真野房子は、女性客が木炭パーマをあてるため、「薄の枯れたのを集めてご飯を炊いて炭を節約」し、「その炭でパーマをかけることができ」ると彼女に語ったことを覚えている。[89]「家」を単位として配給された炭を「節約」して、その炭で自分のためにパーマをかけるというのは、当時使用された「節約」という言葉の使用法からは完全に逸脱している。「節約」はあくまでも国＝公領域のために行うものであり、私的・個人的な目的のために行うものではなかった。[90]

また当時の炭やコメなどの生活必需品の配給は、男性が動員されていたため女性たちが中心になっていた。配給や資源回収など婦人会を中心に進められた生活に密着した活動によって、それまで私的なものとみなされていた家族の生活領域の活動が公的な意味合いを強めた。[91] 戦中に女性が公的な活動をする際の基礎となったのが「産む性」、すなわち「母」としての女性という位置づけであり、彼女たちの所属する場は第一義的には「家」であった。[92] 彼女たちはあくまでも「家」のために尽くすと同時に、国家に役立つ子供を産み育てる（「母」）ことで、公的な性格を獲得し、生活を「公領域化」する活動への参加を正当化していたのである。[93] 配給や資源回収などの活動は、生活領域を公領域化すると同時に、女性たちを「家」の代表として位置づけ、[94]「家」と国家とを結びつける役割を女性たちに付与した。[95] 国家から女性たちへの「呼びかけ」である。すなわち彼女たちは国家と「家」を結びつける存在として位置づけられ、その位置から「主体＝国民（national subject）」となるよう呼びかけられていた。「家」の代表として配給や廃品回収、さらに防空演習などに参加することは、この国家からの呼びかけに応えることであり、このような活動を通じて、彼女たちは主体化（subjectification）すると同時に国家へ従属（subjugation）することとなった。

これに対し、木炭パーマは「家」に配給された木炭を、女性たちが自分たちの髪形のため、すなわち「個人的」な目的のために利用するものであった。[96]「家」を基礎単位として、「家」の代表である女性たちを国家とを結ぶ配給のシステムから、彼女たちの行為は完全に逸脱していた。秋田の美容師中村芳子は、一九四三年に電力が止められたにも関わらず、女性客たちがパーマネントを求めて炭を持って店にやってくる様子を以下のように述べている。

店の前には相変わらずの行列でした。戦争も女性の美しさへのこだわりを押さえることはできなかったのです。わたしは本当に感動しました。しかし「辛い、辛い日々」でもありました。みんながパーマを歓迎している訳ではありません。お国の一大事に敵国のパーマをかけるのは国賊だといって――店の前に炭をもって並ぶ数に勝る中傷、非難の嵐が吹き荒れました。「アメリカのまねをするな」と店に石を投げ込まれた苦い思い出もあります。しかし、わたしはパーマをかけることを一度も止めようとは思いませんでした。求めるものがいる限り、それに応えていこうと心に誓っていました。[97]

炭を持って美容院の前へ並んでいる女性客たちが国民化への呼びかけから逸脱していることは、他の人々の眼にも明らかだったのであろう。岩手でも「愚戦末期のヒステリー時代」[98]と言及されており、おそらくこの木炭パーマという仕組みの根本的な問題がパーマネント批判を再燃させたのだと思われる。木炭パーマが盛んになった一九四三年から一九四五年という戦争末期には、業界団体ですら「活動的」な髪形としてパーマネントの提案は行っておらず、「パーマネントに代わる簡単で便利な断髪法」による髪形の提案を行うようになっていた。[99]パーマネントを公的な領域に位置づけるレトリック（「パーマネント報国」）は、業界団体も使うことが難しくなっていたのである。このような時期に木炭パーマは全国に広がっていき、女性客たちが炭を持って順番待ちをする姿があちらこちらで見られるようになった。パーマネントをかけることの「個人的」な意味合いが強まる中で、さらに女性客たちは「家」単位に配給された木炭を彼女たちの「個人的」な目的のために利用していた。このように女性客たちの規範からの逸脱による美容業者への協力なしには、木炭パーマは成立しなかった。そして、そのような女性客たちの逸脱によって木炭パーマは流行したのである。

おわりに

本書出口論文で議論されたように、戦時中の経済統制は「経済犯罪」を爆発的に増加させることになった。法的に商取引の買い手側を取り締まることができなかったため、統制の範囲を広げれば広げるほど、闇取引の領域が広がってしまうという結果を生んだ。闇取引を抑制するために強調されるようになったのが、「遵法精神」という精神運動であり、これは全ての経済活動を「公的」=「報国的」な行為として位置づけなおす集団的な意味づけであった。統制によりパーマネント機の製造や販売が困難になっていくこと、そしてパーマネントをかける女性客たち（=買い手側）に対する精神的な「説得」の活動（「パーマネントはやめましょう」）が繰り返されたことは、大きく見るとこのような戦時中の経済環境の変化の中で起きていたと考えることができるだろう。

しかしながら、本論で見たように、パーマネントへの社会の関心は、他の統制対象と比較して突出したものであった。各種原材料の使用制限令や電力の使用制限令など、個々の制限令は幅広い統制対象を持っていたにも関わらず、新聞などでそれが報じられる際は「いよいよパーマネントともお別れ」などの見出しが付き、あたかもパーマネントが統制の目的であるかのように提示された。またパーマネントは戦時中に称揚された女性の「貞節」とは正反対の「奢侈」や「享楽」と意味づけられ、各種婦人団体は「パーマネント禁止」を決議したり、パーマネント排斥のための活動を度々組織した。パーマネントは経済統制と女性規範という二重の関心の交点に位置する問題であり、そのためパーマネント批判は苛烈になり、「公的」な問題として位置づけられるとともに、「非国民的」なものとして繰り返し排斥されることになった。これに対し、美容業者やパーマネント機製造業者、そして美容雑誌関係者などは大日本電髪理容連盟を組織して、国家に対し恭順を示し、パーマネントを「報国的」なものとして再定義して営業を継続しようとしたが、果たせなかった。

しかしながら、戦時中のパーマネントの広がりから見えてくるのは、国家総動員という上からの呼びかけに対し、応答しなかった女性たちやパーマネント業者の存在である。本書米山論文の「貯蓄奨励」に関する議論でも説明されたように、戦時中の動員の一つの重要な特徴は公的領域の「国家」が私的領域の「家」と直接結びつくことになったという点である。すなわち、国の政策の実践の場として「家」という単位が重視されるようになったのである。そして男性が戦場に動員される中、「家」を中心とした活動の実践主体は多くの場合は女性となった。戦争前期は国防婦人会、愛国婦人会などの婦人会組織で、そして一九四〇年以降は町内会や隣組という場で、女性が中心となって国からの呼びかけに応え活動することとなったのである。(100) 木炭パーマに使用された木炭も配給という町内会ベースの活動を通じて各戸に配分されたものであり、配給は国家と「家」、そして「家」の代表としての女性を結びつける装置として機能した。このように配給された木炭を、髪形という「美的目的」のために「私的」に利用するということは、配給の「公的」な役割を否定することであり、戦時の女性規範から逸脱するものであった。

女性客たちやパーマネントをかけ続ける美容師や髪結、そしてパーマネント機やソリューション、「木炭パーマ機」を作り続ける業者たちは、国家に対し表立って戦争や動員に「反対」を表明したのではない。彼女たちの「逸脱」は、政治的な意味での「レジスタンス」とは違ったものである。しかしながら、たとえ女性客、美容業者や製造業者が商業的文脈や文化的文脈で自分たちの行為を理解していたとしても、それを「政治的」=「非国民的」として位置づける解釈枠組みが精動、婦人会、メディアなどによって構築され、喧伝されていたのである。彼女たちの行為は、当時の文脈では「私的」な領域の問題ではなく、「公的」な問題であると位置づけられた。そして苛烈な攻撃を多方面から受ける中で、美容業者や製造業者自身も、彼らの行為の政治性を意識せざるを得なかったのではないだろうか。先述の秋田の美容師中村芳子は、戦時中に東京の山野治一がソリューションの製造法を教えてくれたことを回想している。その際山野治一は「美容の灯を消さないよう頑張ろう」と彼女に語ったという。[101] 美容業を続けること、美容機材や薬剤の製造を続けること、それ自体が美容業を守る「戦い」として意識されたのである。そして女性規範から逸脱し続ける女性客たちは、美容業者の「協力者」であった。

註

（1）モダンガール批判と戦時中のパーマネント批判の連続性については、足立眞理子「奢侈と資本とモダンガール――資生堂と香料石鹼」伊藤るり、坂元ひろ子、タニ・E・バーロウ編『モダンガールと植民地的近代――東アジアにおける帝国・資本・ジェンダー』岩波書店、二〇一一年、五二―五三頁。

（2）高橋晴子『近代日本の身装文化』三元社、二〇〇五年、三八一頁。

（3）男性と女性の近代化の「ずれ」については、民俗の観点からは永原和子「民俗の転換と女性の役割」女性史総合研究会編『日本女性生活史4――近代』東京大学出版会、一九九〇年、五一―八八頁。欧米との差異化を通じたナショナリズムの中で文化的伝統や歴史を投影された女性表象としての問題化は牟田和恵「新しい女・モガ・良妻賢母――近代日本の女性像のコンフィギュレーション」伊藤るり、坂元ひろ子、タニ・E・バーロウ編前掲書、一五一―一七二頁。

（4）高橋前掲書、三八一頁。

（5）江馬務『改訂日本結髪全史』創元社、一九六〇年、二一〇頁。

（6）江馬前掲書、二一三―二一四頁。

（7）束髪会については渡邊友希絵「明治期における『束髪』奨励――『女学雑誌』を中心として」『女性史学』一〇、二〇〇〇年、四九―六三頁。女性の「洋装化」と髪形の問題については坂本佳鶴恵「洋装化と女性雑誌――戦前の関与について」『お茶の水女子大学人文科学研究』六、二〇一〇年、一二三―一三四頁。

（8）一九八〇年代から一九九〇年代の女性史の整理は上野千鶴子『ナショナリズムとジェンダー』岩波書店、一九九八年。

加納実紀代「〈近代〉をひらく」天野正子他編『新編日本のフェミニズム（一〇）──女性史・ジェンダー史』岩波書店、二〇〇九年、一―二四頁。成田龍一「母の国の女たち　奥むめおの〈戦時〉と〈戦後〉」山之内靖、ヴィクター・コシュマン、成田龍一編『総力戦と現代化』柏書房、一九九五年、一六三―一八四頁、など。愛国婦人会については井上直子「愛国婦人会の救済事業と女性の『軍事化』」『史海』六三、二〇一六年、五―一九頁。国防婦人会については藤井忠俊『国防婦人会──日の丸とカッポウ着』岩波書店、一九八五年。

（9）『朝日新聞』（一九三七年一二月一三日付）。

（10）本稿では「美容師」とは大正後期から流行したマルセル・ウェーブの洋髪など、洋風結髪を習得した技術者を指し、「髪結」は日本髪および和風束髪を結う師匠に弟子入りして修業した技術者を指すこととする。

（11）「事変下の風俗──どう変わった？（四）」『朝日新聞』（一九三九年七月一日付）。

（12）岩手県美容業環境衛生同業組合編『いわて美容物語』、一九八七年、一二五頁。

（13）『読売新聞』（一九三九年六月二三日付）。

（14）『読売新聞』（一九四三年八月二九日付）。

（15）第二次大戦終了以前は日本髪系の髪結のもとで徒弟奉公をして技術習得をする技術者が多かった。高橋前掲書、三五八頁。

（16）「ある人生──華々しかった丸善美容院時代」『美容と経営』六五、一九七〇年、一〇月、一一六頁。

（17）美容史編纂委員会編『組合設立四〇周年記念誌──茨城美容のあゆみ』茨城県美容業環境衛生同業組合、一九九九年、四四頁。

（18）戦前から戦後に活動した髪結や美容師の回想は数多く残されている。戦争中から戦後にかけて著名であった山野愛子やメイ牛山のような美容家が書いた回想録の一部は一般向けに出版されたが、それ以外に美容業界誌（新美容出版『美容と経営』など）に連載された美容師や美容関連業者の伝記的記事もある。また戦後に設立された都道府県単位の美容業環境衛生同業組合でまとめた地方美容業者の歴史や回想集も存在する。

（19）上野前掲書、成田前掲論文。

（20）「日本女性」というアイデンティティは「悪い女」を否定することに依存していたと言えるだろう。「良い女／悪い女」の二分法とナショナリズムの関係については若桑みどり『戦争がつくる女性像──第二次世界大戦下の日本女性動員の視覚的プロパガンダ』二章、筑摩書房、一九九五年。またモダンガールと「新しい女」のイメージ上の「近さ」から、知識層の女性がモダンガール排斥に向かったことを小檜山ルイは指摘している。小檜山ルイ「『婦人之友』における洋装化運動とモダンガール」伊藤るり、坂元ひろ子、タニ・E・バーロウ編前掲書、一七五―二〇二頁。

（21）精動婦人部を含め、婦人会指導層などの知識人女性たちがパーマネント排斥に向かったのは、知識層の女性たちが体制内化し、体制の内側から自己の立場を正当化していたことが大きかったと思われる。知識層の女性の体制内化については、小山静子『家庭の生成と女性の国民化』勁草書房、一九九九年。

（22）『朝日新聞』（一九三七年一二月一三日付）。

（23）『朝日新聞』（一九三九年六月一七日付）。

（24）『読売新聞』（一九四一年七月六日付）。

（25）『朝日新聞』（一九四三年二月一七日付）。

（26）『読売新聞』（一九三九年一〇月三一日付）。

（27）中村芳子『想いはるかなりけり』一九九八年、四三頁。岩手県美容業環境衛生同業組合前掲書、六二頁。

（28）富澤洋子『Maquiller――化粧文化研究ノート』三一、二〇一一年、三頁。高橋前掲書、三八六頁。

（29）『読売新聞』（一九三九年六月二三日付）。

（30）「銑鋼の需給調整」『週報』九五、一九三八年八月一〇日、一六―一八頁。

（31）山野治一『美容界を生きる――山野治一語録』女性モード社、一九七八年、六八頁。

（32）『朝日新聞』（一九四三年一〇月一八日付）。

（33）山野治一前掲書、六八―七〇頁。

（34）「実施された新税法」『週報』三三八、一九四三年四月七日、三頁。

（35）前掲「実施された新税法」、五頁。

（36）「勝ち抜くための節電」『週報』三六五、一九四三年一〇月一三日、一三頁。実際にはパーマネント業者に対しては施行が猶予されたため、一九四四年一月からパーマネント機への電力供給がなくなった（『朝日新聞』一九四三年一〇月一日付）。

（37）『読売新聞』（一九四三年三月三一日付）。

（38）『朝日新聞』（一九三九年六月一九日付）。

(39)「徴兵逃れ」をするために、朝鮮半島や満州にソリューションを売り歩いた男性の伝記的記事がある（前掲「ある人生——華々しかった丸善美容院時代」、一一三—一一七頁）ことからすると、朝鮮半島や満州などの植民地化された地域にもパーマネント機が広がっていたことが推測できる。
(40) 小出新次郎「マルセル・ウェーブとパーマネント・ウェーブの周辺」『しんびよう——美容百年記念号』新美容出版、一九六八年一二月、二三六—二四三頁。山野愛子『愛チャンはいつも本日誕生』日本図書センター、二〇〇四年、八六頁。松村重貴智『理容師人生』国際理容協会出版部、一九六〇年、一四〇頁。
(41) 前田昌良編『ピープルtoピープル——私家版日本近現代美容史・人物文化史』オフィスマエダネゴ、九九頁。
(42) 松村前掲書、一四〇頁。
(43) 国産機で低価格化が進んだといっても、一九三六年頃で七〇〇円ほどであった（山野治一前掲書、五四頁）。
(44) 山野治一前掲書、四六頁。
(45) 前田前掲書、二一頁。山野千枝子によると、他にも「パーマネント機普及の機運に便乗し、たちまちのうちに十数社のパーマネント会社が雨後のたけのこのごとく続出した」とある。山野千枝子『光を求めて——私の美容三十五年史』サロン・ド・ボーテ、一九五六年、一五三頁。
(46) 前田前掲書、二一頁。
(47) 山野治一前掲書、五四頁。
(48) 山野愛子『私の五十年』国際美容協会出版局、一九七五年、一三八頁。
(49) 山野愛子前掲『私の五十年』、一二六頁。
(50) 前田前掲書、二一頁。
(51) 渡邊きく江「学校再興を夢見ながら逝った学洋」『面影をしのびて——美容界の先人たち』田中花子編、一九九〇年、一五二—一五三頁。
(52) 山野愛子前掲『私の五十年』、一二七頁。
(53) 山野治一前掲書、五八頁。
(54) 中嶋幹夫『結髪の匠』ヘアトラッド社、二〇〇二年、六三頁。
(55) 茨城県美容業環境衛生同業組合『組合設立40周年記念誌——茨城美容のあゆみ』、一九九九年、四三頁。

（56）岩手で一九三八年にパーマネント機を導入したのは、はま美容院の荒浜イマと東美容院の佐々木サトである。岩手県美容業環境衛生同業組合前掲書、五七頁。
（57）「座談会――美容の今昔」北海道美容業環境衛生同業組合編『美容史――北海道美容業環境衛生同業組合創立25周年記念誌』、一九八二年、一二二―一二七頁。
（58）山野治一前掲書、七一頁。前田前掲書、一〇〇頁。
（59）山野治一や岡野健夫などはパーマネント機を「改造」したと語っているが（山野治一前掲書、七一頁、前田前掲書一〇〇頁）、「木炭パーマ」を「購入した」という回想もある。岩手県水沢市で開業した千葉つた（岩手県美容業環境衛生同業組合前掲書、八八頁）など。
（60）山野治一前掲書、七二頁。
（61）茨城県美容業環境衛生同業組合前掲書、四四頁。岩手県美容業環境衛生同業組合前掲書、五一頁。北海道美容業環境衛生同業組合前掲書、一二五頁。
（62）戦前からの業界の大物である山野治一や岡野健夫などの機材商は戦中の回想の中でしばしば「儲かった」という言葉を繰り返している。山野治一前掲書、七二頁。岡野健夫は前田前掲書、一〇〇頁。
（63）『読売新聞』（一九三九年六月二四日付）。
（64）この時期以降「パーマネント」を業界団体が「電髪」、「淑髪」、「粛髪」などと置き換えたため、業界関係者の回想などではこの団体を「大日本淑髪連盟」と表記している場合もある。例えばこの連盟の結成に携わり業界史を記録している片岡守弘『N.H.D.K. のあゆみ――美容開化の25年史』女性モード社、一九八〇年、七四頁。
（65）『読売新聞』（一九三九年六月二四日付）。
（66）片岡前掲書、七四頁。
（67）片岡前掲書、七四頁。
（68）片岡前掲書、七四頁。
（69）『朝日新聞』（一九三九年六月二四日付）。
（70）『読売新聞』（一九三九年六月二四日付）。「活動的」な髪形としてのパーマネントの提案はこの後も新聞などで時折美容師により続けられた。

(71)山野治一前掲書、七一頁。前田前掲書、二三頁。

(72)大会の様子は島田一郎が社主であったすがた社の『すがた――奉祝記念号』(二六、一九四〇年一二月)が特集している。

(73)前田前掲書、二三頁。パーマネント機の「買い上げ」については片岡前掲書、七五頁。美容家山野千枝子は、美容師たちが女性として初めて企業整備委員になったと述べている。山野千枝子前掲書、一九一頁。

(74)山野千枝子前掲書、一九一―一九二頁。

(75)山野千枝子前掲書、一九二頁。

(76)しかしながらパーマネント反対運動と業界団体との距離感は地方によって差があった。これは精動の影響力や、パーマネント機の広がりに「時差」があったためだと考えられる。

(77)『朝日新聞』(一九三九年五月一〇日付)。

(78)『朝日新聞』(一九三九年六月二三日付)。

(79)「パーマネント経済」『読売新聞』(一九三九年六月二一日付)。

(80)『朝日新聞』(一九三九年六月一九日付)。

(81)山野愛子は自分の「子供までが、近所の子供と一緒になって歌」ったと述べている。山野愛子前掲『私の五十年』、一三八頁。他に岩手県北上市で開業した堀込クニエ(岩手県美容業環境衛生同業組合前掲書、八六頁)など。

(82)名古屋の市電で男性がパーマネントをかけた若い女性の「頭に手を突込んでかきまはした」という記事が『読売新聞』(一九四〇年八月二六日付)に掲載されている。また街頭で街行く女性を呼び留めていたのは婦人会だけではなく、美容師が「淑髪」を指導する業界団体の活動もあった(『読売新聞』一九四〇年八月二八日付)。この意味では、美容師や髪結たちがパーマネントをかけた女性たちを「いじめる」側であると受け止められた場合もあった。妹が淑髪連盟の美容師に街を歩いて「四度」も呼び止められたということに憤った兄による投書もある(「結髪監視」『朝日新聞』一九四〇年九月一日付)。

(83)井出クニ「戦争が私に体験させたこと」岩手県地域婦人団体連絡協議会編『平和を求めて――岩手婦人の昭和時代』、一九九一年、五六―六〇頁。

(84)茨城では防空壕の中に自家発電機の電気を引いてパーマネントをかけたという記述もある(茨城県美容業環境衛生同業組合前掲書、四四頁)。「防空壕の中でもかけた」というのは、客の要望の強さを表す典型的なエピソードとしていろいろな地域で語られている。

(85) 岩手県美容業環境衛生同業組合前掲書、一一二頁。
(86) 岩手県美容業環境衛生同業組合前掲書、一一二頁。
(87) 木炭は一九三九年に木炭統制配給規則により統制の対象となり(『読売新聞』一九三九年一二月一九日付)、一九四〇年の木炭需給調節特別会計法により国家管理されることになった(『読売新聞』一九四〇年三月一四日付)。
(88) 木炭パーマに関する業者の記述では、客が店に木炭を持ってくるのは「当然」として語られている。山野治一前掲書、七一頁など。この時期にパーマネント機が電力規制で「使用不可能」となることに対する営業権の補償交渉があったため、交渉を有利に進めるためにも表立って「木炭パーマ」のために木炭の配給を要求することは業界団体としては行わなかったようである。
(89) 真野房子『着付けひとすじ――真野房子きもの人生』女性モード社、一九八一年、七四頁。
(90) 「節約」が「貯蓄報国」と混同される形でこの時期に公領域の問題とされることになった経緯については、本書米山論文を参照。
(91) 折井美耶子・岩井サチコ「戦争と女の日常生活――一九三七~四五年」女性史総合研究会編前掲書、一九九―二四五頁。
(92) 近藤和子は鹿野政直(『戦前・「家」の思想』創文社、一九八三年)を引用しながら、一九三〇年代に「母性論」が浮上したのは、同時期に伝統的な「家」の解体が進んでいたため、実体のない「家」意識を補完するものとして『母』の観念が十五年戦争下での、『家』の思想の軸として浮上」したと指摘している。近藤和子「女と戦争――母性/家族/国家」織田暁子編『女と男の時空――近代(下)』藤原書店、二〇〇〇年、四八五―四八六頁。
(93) 藤井前掲書、一七四―二一〇頁。
(94) 戦時中に生活領域の活動の基礎単位となった「隣組」のメンバーシップは「主婦」と「世帯主」(男性)を同格で扱った。西川祐子「戦争への傾斜と翼賛の婦人」『日本女性史　第五巻現代』女性史総合研究会編、東京大学出版会、一九八二年、二三七頁。
(95) 折井・岩井前掲書、二三八―二三九頁。
(96) 客が店に「個人で使用する」目的で木炭を持ってきて「使用する」ことは、店側が木炭配給統制規則違反を犯さずに済むという面もあった。配給された木炭を営業目的で売買することは統制違反だったからである。本書執筆者の出口氏の指摘による。

(97) 中村芳子前掲書、四三―四四頁。
(98) 「盛岡・はま美容院――〝パーマは美しく〟」『東北文庫』八―五、一九五三年、二九―三一頁。
(99) 『朝日新聞』(一九四三年五月五日付)。美容師小幡恵津子、佐藤まち子の提案による髪形だが、この時点では両者は「東京産報」に所属すると記されている。
(100) 藤井前掲書、一九五―一九六頁。
(101) 中村芳子前掲書、四五頁。

終章　勤労イデオロギーに包摂される労働と生活

松田　忍

事変の勃発から戦時期へ、そして敗戦から戦後へと連なる一九三〇年代から一九五〇年代は、人びとの労働と生活の現場に大きな負荷がかけられた時代であった。戦争遂行あるいは戦後復興を目指す国家目標が明確とされるなかで、人員および物資に対する統制の必要性が強く打ちだされ、人びとを動員するための地域と職域の組織化が進行した。

本書に集った研究者が専門とする分野は、経済史、政治史、法制史、思想史、女性史、消費史など幅広い。しかし本書を編むにあたって議論を重ねた結果、統制と動員の実現を戦時期日本が目指すにあたり、自覚的に、あるいは無自覚的に取られた方法の析出と分析へと問題関心は集約されていった。

◉

幸福な生活のみならず、生存をも脅かすような事態が生じた非常時においては、もっとも根深いところで、社会の秩序を支えている基本原理が現出する。「日本の戦争」を戦うにあたって、人びとが最終的な拠り所としたものはなんであったのか。

戦争を遂行するにあたって、暴力の論理に基づく経済外的強制あるいは法の論理に基づく政治的強制によって、社会秩序の維持を目指す方向もありえた。第三章で考察されたドイツ労働戦線（ＤＡＦ）はその典型的事例であろう。戦争体制の構築にとって、労働組合が桎梏になると考えたナチスの出した答えは極めてシンプルであった。ナチス突撃隊による全国工場の「革命的」な占領から組合幹部の逮捕を経て、労働戦線の組織化へと突き進むＤＡＦの発想は産報とは異質のものであった。労働組合の掃討と労資協調を目指す点で、産報とＤＡＦが一致していたとしても、そこに至る道筋が全く異なり、当然ながら人びとの戦争経験も全く異なるものとして立ち現れてくるのである。

また英米がそうであったように、個人主義に基づく、経済的自由や政治的自由を旗印に掲げ、労働組合の存在を前提とした戦時体制の構築を目指す道も一応はありえた。しかし自由を強調する欧米の政治秩序が結果的に第一次世界大戦を防ぎえず、経済的な自由が世界恐慌を招来し、さらにはＩＬＯから枢軸国が脱退していくに至る現実を目の当たりにしたとき、最後まで国際協調の道を模索し続けた国際派の鮎澤巌にとってすらも、自由によって世界を再び一つにまとめようとする「シングル・フォミユラ」の存在を信じつづけることはもはや不可能となった。たとえ鮎澤自らが望んだ道ではなかったとしても、勤労を掲げ労働組合を排した産報を黙認し、奉仕を協調する日本的な「生活」を前提とした戦後の国際構想を描かざるを得なかったのである（第二章）。そして「シングル・フォミユラ」の崩壊は、強制でもなく自由でもない、日本的「生活」への確信をより強めさせる。

「全体主義」でも「個人主義」でもなく「生粋の天の道」を進み、「一切のものに処を得せしめ」ることを良しとする政治的視線は、「防共」概念を梃子にして、日本からアジア、さらには世界へと拡大していく。結果的に

「防共」概念は国際政治の現実に裏切られることになるのであるが、「防共」概念を生みだした後景思想（名実一致・まつろはし・所を得る他）は新たな凝集点である「大東亜共栄圏」へと向かって結集していくことになる（第一章）。

かくして、一九三〇年代以降の国際環境のなかで、統制と動員を進める戦時期日本が一貫して志向したのは、人びとが奉仕の精神を持って勤労し、戦争遂行の負担を受けとめることを求める方式なのであった。

◉

強制でもなく自由でもない日本的「生活」とはなにか。それは政治課題を自らのものとして受け止め、自発性でもって協力していく精神態度であった。

新体制運動を初めとして、戦時期にはさまざまな運動が展開した。本書は、それらの運動が、なぜ運動の形態を取らねばならなかったのかなる問いに対する回答ともなっている。諸運動に共通する要素としては、人びとの生活を縛る強い組織を作りたい衝動と、人びととの自発性に対する期待が併存していた点があげられる。

経済統制法令の確実な遂行が目的であるならば、法であるがゆえに遵守させればよいのである。心からの遵法であれ、表面的な遵法であれ、遵法している「外見」が整っていれば、当座の政治目的は達成されるはずである。しかし法学者川島武宜はその立場を取らなかった。「全生活関係の秩序を具体的に確保し形成するところの、『空気の如くどこにでも入り込む』倫理」に支持されることによって、はじめて「統一の秩序」が構成されると川島が述べるとき、経済統制を倫理として受け入れる運動（＝遵法運動）が必然的に必要とされるのであった（第八章）。

貯蓄奨励運動においても同様である。悪性インフレの排除という明確な政治目標があり、人びとの消費を抑制したいのであれば、強制貯蓄の方法もありえる。しかし現実的には、経済的合理性のもとに人びとを納得させる方向ではなく、倫理性や道徳性が付与された貯蓄奨励「運動」の枠組みが推進される（第九章）。

本書の各章で繰り返し提示される「倫理」「道徳」「日本的精神」「義理人情」は、同時代的に見れば、いずれも「生活」のなかで体得すべきであると主張された語である。そして動員に対して、精神的・物質的に堪ええる「生活」を自発的に送ることが国民の義務として課されたのであった。

その前提があってこそ、労働組合を一掃した産業報国会の傘下に入った労研において、暉峻義等が抱き続けた自負心も理解できよう。戦時期においても、「政治的支配と、資本家的経営経済的支配」を一貫して拒絶することで、消費生活と労働生活をつなぐ生活科学をうち立てようとしてきたと暉峻は振り返るが（第五章）、このことばは弁解ではない。すなわち国家や社会の土台に「生活」が位置していると考える暉峻にとっては、「生活」を分析し「生活」を強化することは、一点の曇りもなく、生涯を捧げ得る研究対象であったからである。

日本において、動員に対する政治的合意が「運動」の形態を取った／取らざるをえなかった／取りえたことの歴史的意義は今後より深く研究を進めていく必要があるだろう。

◉

こうした「運動」の時代は敗戦後まで継続する。

たとえば戦後の新生活運動は、復興、独立、国際社会復帰を目指す国家目標に応じて求められる動員に対して、政治的合意を与え、さらに生活課題の解決を通じて、動員に自発的に応じていく構造を持っていた。[1]アンドルー・ゴードンが、消費と娯楽の分野にて戦前・戦時・戦後を貫くプロセスとして「貫戦期」を理解するのに対して、[2]動員に対する「運動」による合意形式が強く推進された時期として「貫戦期」を設定することもまた可能となるだろう。

二つの「貫戦期」は単に時期が重なるだけではない。なぜならば双方が共にターゲットとしたのが「生活」であるからである。前者の「貫戦期」が消費と欲望とを肯定し、豊かさに彩られた「生活」を目指すのだとすれば、後者の「貫戦期」は国家目標や社会的な責任を自らの課題として受けとめて、自ら律する「生活」を目指していた。そして両者は「生活」を主戦場として、時には手を結び、時には切り結んだ。

そのことが最も鮮明に現れているのが、第十章である。戦時期における金属類や電力の欠乏がパーマネント機の利用を著しく困難にしたとは言え、法令によってパーマネント自体が禁止されたわけではない。ここでもまたパーマネントの是非は倫理の問題におしこめられ、それゆえ「パーマネント排斥」は婦人団体の「運動」として展開したのであった。「パーマネント報国」やパーマネントの合理性を主張する形にて、二つの「貫戦期」が手を結ぶ局面がある一方で、子どもたちの罵声を浴びながらもパーマネントを求める女性たちが列をなす、緊迫した局面が併存したのである。

また統制と動員の基盤を「生活」に置く以上、政治的関心は性別を問わず国民に注がれる。新規の未婚女性動員計画が予定通りに進まず、一般女性工員の現員徴用方式による労働力確保へと移行したことや、女性労働者を分析する視線がその「身体」をも貫き、女性たちを出身階層ごとに分類して、月経に代表される健康状態を可視化することが目指されたこと、さらには男女同一労働同一賃金の思想が広がり、結果的に女性同士の賃金調整がおこなわれたことは、労働を忌避する女性たちの取り込みに体制側が苦慮した結果とも考えられる（第七章）。女性たちの「生活」の分析にようやく着手される一方で、国家が女性たちに期待した「自発性」は女性たちの現実に裏切られたのである。

消費の主たる担い手としての女性や、勤労を忌避する女性の存在は、日本の戦時動員の特質を検討する際の有力な手がかりを示しているといえよう。

「貫戦期」と「生活」のかかわりでもっとも関心を集めて来た論点は福祉国家との関係であろう。総力戦体制と福祉国家の起源に深い関係があることはよく知られているが、近年では高岡裕之の研究によってこの古典的とも言うべき問題に再び注目が集まった。[3] 本書の第四章と第六章は高岡の研究とは異なる視点から、それぞれこの問題に光を当てた研究と位置づけることが可能である。

第四章では、従来、優生政策との観点から注目されてきた人口政策確立要綱について、戦後の福祉国家構想の柱の一つであった完全雇用に先立つ雇用行政の整備との関係や、戦後の「国土の均衡ある発展」に先立つ農工間バランス、とりわけ都市・農村間の人口バランスの位置づけという水脈を、それぞれ第一次世界大戦期から一九三〇年代における議論より考証している。

第六章では、医師会という支持基盤を持つ議員に注目することで、著者自身もその一端を担っている近年の政治史で盛んになっている戦時期の各省委員の役割という分析視角を引き継ぎつつ、従来あまり明らかにされていなかった厚生省委員の役割を一つの事例から明らかにしている。そのことは、翼政会政調会各省委員会に戦後の自民党の政調会部会と類似する要素が現われていることを示している。

◉

本書執筆にあたっては、異なる分野の研究者と問題関心が共鳴しあう喜びを幾度も感じた一方で、積み残された論点はなおも多いことを自省させられた。戦時期の「勤労」イデオロギーをめぐる議論に包摂された「労働と生活」の世界を内在的に分析した本書を叩き台として、多くの議論が展開されれば望外の幸せである。

註

（1）大門正克編著『新生活運動と日本の戦後——敗戦から1970年代』（日本経済評論社、二〇一二年）。

（2）アンドルー・ゴードン「消費、生活、娯楽の『貫戦史』」（『岩波講座アジア・太平洋戦争6　日常生活の中の総力戦』岩波書店、二〇〇六年）。

（3）高岡裕之『総力戦体制と「福祉国家」——戦時期日本の「社会改革」構想』（岩波書店、二〇〇九年）。

索　引

サ行

タ行

ナ行

ハ行

マ行

ヤ行

ラ行

堀川祐里（ほりかわ・ゆうり）　中央大学大学院経済学研究科博士課程後期課程。社会政策、ジェンダー史専攻。論文に「戦時期の『女子労務管理研究』と女性労働者の健康――労働科学研究所を中心に」（『中央大学経済研究所年報』49号、2017年）、「戦時動員政策と既婚女性労働者――戦時期における女性労働者の階層性をめぐる一考察」（『社会政策』9巻3号、2018年）、「戦時期の女性労働者動員政策と産業報国会――赤松常子の思想に着目して」（『大原社会問題研究所雑誌』715号、2018年）がある。

出口雄一（でぐち・ゆういち）　桐蔭横浜大学法学部教授。日本近現代法史、法文化論専攻。著書に『戦後法制改革と占領管理体制』（慶應義塾大学出版会、2017年）、共編著に『戦時体制と法学者　1931 ～ 1952』（国際書院、2016年）、『概説　日本法制史』（弘文堂、2018年）がある。

米山忠寛（よねやま・ただひろ）　法政大学大原社会問題研究所研究員、東京大学先端科学技術研究センター研究員。日本政治史（昭和戦前期の政治）専攻。著書に『昭和立憲制の再建　1932 ～ 1945年』（千倉書房、2015年）、論文に「貿易行政機構の変遷とその意義――貿易省・交易局・通産省」（『本郷法政紀要』14号、2005年）、「戦時体制再考――戦後システムの前史として」（『年報日本現代史　第20号　戦後システムの転形』現代史料出版、2015年）がある。

飯田未希（いいだ・みき）　立命館大学政策科学部准教授。社会学、文化研究、ジェンダー論専攻。論文に「『相対的な丁寧さ』と分業――関西の美容室での観察から」（『比較文化研究』92号、2010年）、「婦人束髪会の初期の議論について――髪結との関連から」（『政策科学』23巻2号、2016年）、「髪結の伝記的記事について――読売新聞を中心に」（『政策科学』24巻3号、2017年）がある。

編　者

榎 一江（えのき・かずえ）　法政大学大原社会問題研究所教授。日本労働史専攻。著書に『近代製糸業の雇用と経営』（吉川弘文館、2008年）、共編書に『労務管理の生成と終焉』（日本経済評論社、2014年）がある。

著　者（執筆順）

立本紘之（たてもと・ひろゆき）　法政大学大原社会問題研究所兼任研究員。日本近現代史専攻。論文に「昭和初期プロレタリア文化運動の組織化に伴う運動権威の形成」（『東京大学日本史学研究室紀要』15号、2011年）、「一九二〇年代日本左翼運動における『知』の転換――ドイツからロシアへ」（『東京大学日本史学研究室紀要』17号、2013年）、「解題」（『占領期日本社会党機関紙集成』第Ⅰ期～Ⅳ期、全3冊、柏書房、2014-2015年）がある。

松田 忍（まつだ・しのぶ）　昭和女子大学人間文化学部准教授。日本近現代史専攻。著書に『系統農会と近代日本―― 1900 ～ 1943年』（勁草書房、2012年）、『雑誌「生活」の六〇年――佐藤新興生活館から日本生活協会へ』（昭和女子大学近代文化研究所、2015年）、論文に「新生活運動協会――一九四〇年代後半～一九六〇年代半ば」、「総括と展望」（以上、大門正克編『新生活運動と日本の戦後――敗戦から1970年代』日本経済評論社、2012年、所収）がある。

枡田大知彦（ますだ・たちひこ）　専修大学経済学部准教授。ドイツ経済史、ドイツ労働史専攻。著書に『ワイマール期ドイツ労働組合史――職業別から産業別へ』（立教大学出版会／有斐閣、2009年）、論文に「2000年代前半のドイツにおける労働組合と協約自治――ハルツ改革および法定最低賃金制度との関係から」（『専修大学社会科学研究所月報』639号、2016年）、「ワイマール期ドイツにおける国家的仲裁制度と協約自治――自由労働組合における議論を中心に」（『専修大学社会科学研究所月報』640号、2016年）がある。

金子良事（かねこ・りょうじ）　法政大学大原社会問題研究所兼任研究員。労働史、社会政策史専攻。著書に『日本の賃金を歴史から考える』（旬報社、2013年）がある。

手塚雄太（てづか・ゆうた）　國學院大學文学部助教。日本近現代史専攻。著書に『近現代日本における政党支持基盤の形成と変容――「憲政常道」から「五十五年体制」へ』（ミネルヴァ書房、2017年）、論文に「戦後渋谷区の総合計画――昭和四八年『渋谷区長期基本計画』を中心に」（上山和雄編著『渋谷　にぎわい空間を科学する』雄山閣、2017年、所収）、「戦時期における衆議院議員の活動と支持基盤――翼賛選挙非推薦議員安藤正純と無尽・仏教界を中心に」（『國學院雑誌』119巻1号、2018年）がある。

法政大学大原社会問題研究所叢書
戦時期の労働と生活

2018年3月9日　初版第1刷発行

編　者　法政大学大原社会問題研究所／榎 一江
発行所　一般財団法人　法政大学出版局
〒102-0071 東京都千代田区富士見 2-17-1
電話 03(5214)5540　振替 00160-6-95814
組版：HUP　印刷：日経印刷　製本：積信堂

Printed in Japan

ISBN978-4-588-62539-8